中等职业教育国家示范学校系列

教改教材

化学基础

余红华　主　编

沈佳渊　姜　晶　副主编

化学工业出版社

·北京·

本书内容以浙江省九年义务教育《科学》为基础，注意与初中化学教材衔接，针对职业学校的学生特点，图文并茂，设有说一说、想一想、做一做、练一练、看一看等多个模块，章后面附阅读材料，有趣味性的，有实用性的，有拓展性的。注重与生产实际的紧密联系，力求达到更贴近学生的生活、生产，使学生对本门课程的学习能更好地学以致用。

全书分理论和实验两大部分，共十二章，二十一个实训项目。理论部分包括化学基础绪论、无机化学和有机化学三个方面。无机化学包括化学原理和概念、元素及化合物等。有机化学包括烃、烃的衍生物和其他常见有机物等内容。基础化学实训包括基础化学实训的一般知识和基础化学实训项目共二十一个项目。

本书可供职业院校学生学习基础化学知识使用。

图书在版编目（CIP）数据

化学基础/余红华主编．一北京：化学工业出版社，2014.6（2022.1重印）
中等职业教育国家示范学校系列教改教材
ISBN 978-7-122-20306-9

Ⅰ.①化…　Ⅱ.①余…　Ⅲ.①化学课-中等专业学校-教材　Ⅳ.①G634.81

中国版本图书馆CIP数据核字（2014）第069034号

责任编辑：旷英姿　　文字编辑：刘志茹
责任校对：边　涛　　装帧设计：王晓宇

出版发行：化学工业出版社（北京市东城区青年湖南街13号　邮政编码100011）
印　　装：三河市延风印装有限公司
787mm×1092mm　1/16　印张$17^1/_4$　彩插1　字数395千字　2022年1月北京第1版第7次印刷

购书咨询：010-64518888　　售后服务：010-64518899
网　　址：http://www.cip.com.cn
凡购买本书，如有缺损质量问题，本社销售中心负责调换。

定　价：48.00元

FOREWORD

本书以浙江省九年义务教育《科学》为基础，将无机化学、有机化学等基础化学知识有机地融合在一起。根据中等职业教育化工专业的培养目标及职业特点，结合了当地化工企业对化工人才培养的要求。在内容上既满足了化工专业所必需的化学基本知识、基本理论、基本运算和基本技能的需要。针对职业学校的学生特点，降低难度，力求做到言简意赅，难度适中，能够注意与初中化学教材衔接，教材内容注重与生产实际的紧密联系，力求达到更贴近学生的生活与生产，使学生对本门课程的学习能更好地学以致用。

本书具有以下特点：

1. 图文并茂，设有说一说、想一想、做一做、练一练、看一看等多个模块，每章后面看一看阅读材料，或具有趣味性，或具有实用性，或具有拓展性。

2. 本教材更注重与生活、生产实际相结合，使化学知识更加贴近生活和生产。

3. 对各类相关教材的内容进行了精选，化学实训中更加突出任务驱动法。

4. 每章后面设有本章小结，帮助学生更好地归纳和复习本章内容。

5. 习题在保证质量的基础上，形式和数量更多，更加符合中职学生的特点。

6. 为方便教学，本书配有电子课件。

本书由平湖职业中等专业学校余红华担任主编，沈佳渊、姜晶担任副主编。余红华编写了绪论、第五章，沈佳渊编写了第一、第八章，田娟娟编写了第二、第三、第四章，沈张迪编写了第六、第七

FOREWORD

章，姜晶编写了第九、第十一章，俞小芳编写了第十章，朱玉林负责编写了第十二章。

全书分理论和实验两大部分，共十二章，二十一个实训项目。余红华统稿并对全书进行了校对，杭州职业技术学院童国通副教授担任主审。

本书在编写时，参考了旷英姿教授主编的《化学基础》，张克荣主编的《化学》以及高中《化学》课本等，在此一并表示衷心的感谢。

由于编者水平有限，时间仓促，书中不妥之处在所难免，敬请同仁及读者批评指正。

编　者

2014年1月

目录 CONTENTS

目录 CONTENTS

目录 CONTENTS

目录 CONTENTS

绪　论

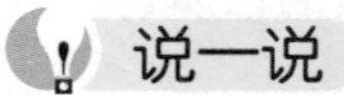

化学与衣、食、住、行有什么关系？

一、化学是什么

化学是一门研究物质的组成、结构、性质及其变化规律的科学。

1. 组成

世界是由物质组成的，那么物质是由什么组成。例如：熟悉而陌生的空气，它的组分是单一的还是几种物质组成的？所以化学研究物质的组成；我们离不开的水，它又是由什么组成的？

2. 结构

学习了后面的化学知识，就会知道铅笔芯和钻戒的组成是一样的，都是由碳（C）元素组成的，那么为什么二者价格相差悬殊呢？化学就会帮我们解答：虽然它们组成相同，但结构不同。所以化学要研究物质的结构。

3. 性质

医院都要给病危病人输氧，为什么不给他们输煤气呢？原来呀，氧气和煤气性质不同（氧气可以供给呼吸，而煤气是有毒的，可以致人死亡），所以化学要研究物质的性质。

4. 变化规律

现在我们家里用途最多的金属是什么？铁最容易发生什么现象呢？那么为什么坚硬的金属光泽的铁会变成松软的铁锈呢？因为铁在空气中与氧气发生一系列复杂的化学变化……所以化学要研究物质的变化，知道了铁，那么其他金属呢？

化学——在原子、分子或离子层次上研究物质的组成、结构、性质化学变化及其规律和外界条件变化的科学。

二、基础化学的分支

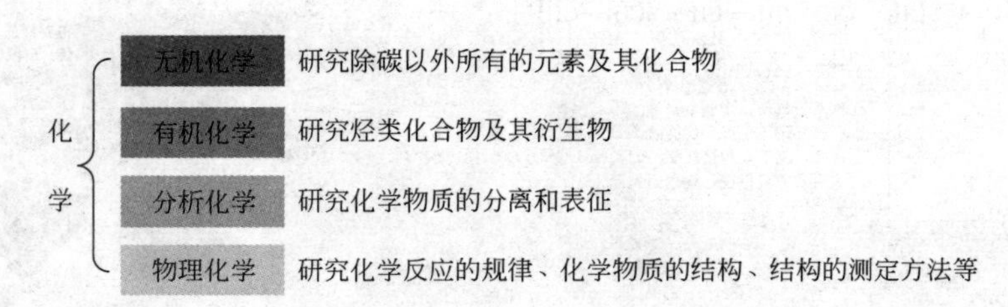

三、中国化学的发展

化学起源于人类的生产劳动和科学实践。我国是世界文明发展最早的国家之一，在化学学科上也有着光辉的成就，对世界科学文化的发展作出了巨大的贡献。我们的祖先远在三千多年前，就已掌握了青铜（图0-1）的冶炼和铸造技术；在两千多年前就能冶铁炼钢。

图0-1 青铜器

造纸、火药、瓷器堪称中国古代化学工艺的三大发明。我国又是世界上最早发现并利用石油、煤气和天然气的国家。酿酒、染色、涂料、制糖、制革、玻璃、食品、制药等化学工艺，在我国历史上都有令人瞩目的重大成就。图0-2为汉代造纸工艺流程。

图0-2　汉代的造纸工艺流程

新中国成立后，我国科学技术事业有了很大的发展，使我国的化学工业、石油化学工业的面貌有了巨大变化。我国化学工业已发展成为一个具有一定规模、行业基本齐全的工业部门。化肥、农药、酸、碱等基本化工产品的产量迅速增长；石油化工生产突飞猛进，合成材料工业基地基本建成；用于火箭、导弹、人造卫星及核工业等所需的各种特殊材料已能独立生产。我国在原子能利用、航天技术方面的卓越成就，集中标志着我国科学技术，也包括化学科学，已达到世界先进水平。

1965年，我国科学工作者用化学方法在世界上首次完成了具有生物活性的蛋白质——结晶牛胰岛素的人工合成（图0-3），以后相继完成了猪胰岛素晶体结构的测定和酵母丙氨酸转移核糖核酸的合成。

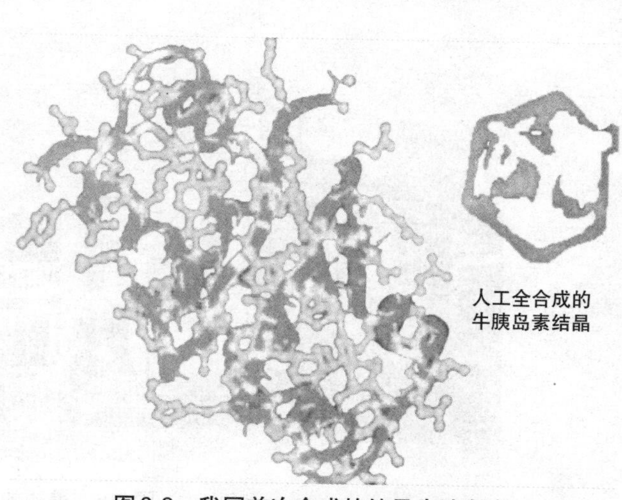

图0-3　我国首次合成的结晶牛胰岛素

1990年11月，我国在世界上第一次观察到DNA变异结构——三链辫态缠绕结构片段（图0-4），在生命科学领域又取得重大进展。

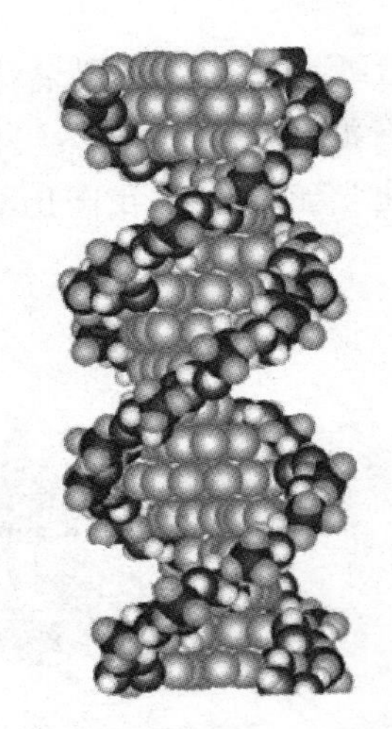

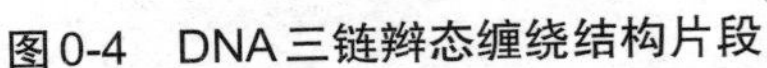
图0-4 DNA三链辫态缠绕结构片段

四、我们为什么要学化学

想一想

为什么人们的衣、食、住、行都离不开化学？

漂亮的衣服（图0-5）是用什么做成的？它与化学有什么关系？

图0-5 合成纤维及用合成纤维做成的校服

请到超市的食品架上看看方便面、饼干、饮料等中都含有哪些化学成分？

漂亮的房子（图0-6）由哪些化学材料建成？

图0-6 美丽的家园

图0-7 现代交通工具

还有如药品、营养保健品、化妆品、洗涤剂、文化用品等日常生活用品，也都是化学制品。如何更好地发挥各种化学制品的作用，以丰富人们的生活，就必须了解有关的化学知识。

说一说

你还能列举日常生活中的化学产品吗？

化学对实现工业、农业、国防和科学技术现代化，促进社会发展具有重要作用。农、林、牧、副、渔各业的全面发展，在很大程度上依赖于化学的成就。现代农业需要大量农用塑料，需要高效、无毒、低污染的新农药，需要长效、复合化肥等化学产品；农副产品的综合利用和合理储运也都需要应用化学知识。因此，农业的发展和农民生活的提高都离不开化学。在工业现代化和国防现代化方面，化学的作用更为突出。工业和国防离不开金属、合金、高分子材料和能源。导弹的制造、人造卫星的发射，也需要许多具有特殊性能的化学产品，如高能燃料、高能电池、高敏胶片及耐高温、耐辐射的材料等（图0-8）。

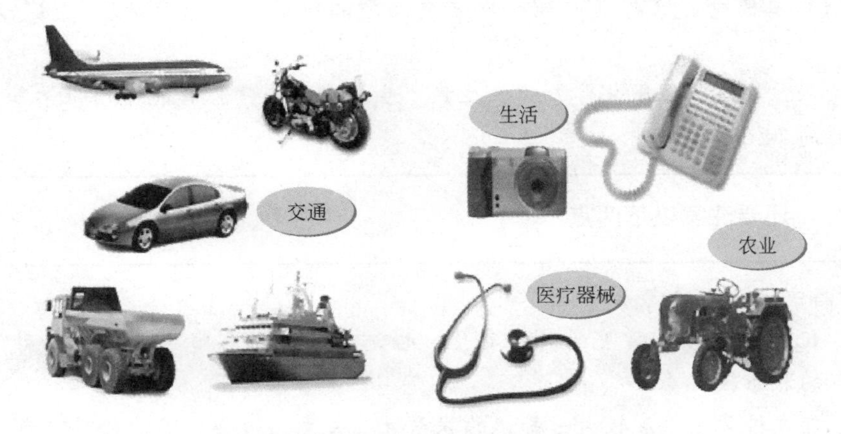

图0-8 化学在工、农业等中的作用

五、化学课的教学目的和学习方法

本课程的教学目的是：使学生在初中化学知识的基础上，进一步学习和掌握化学的基础知识和基本理论；加强基本实验技能的训练；加强辩证唯物主义和爱国主义的教育；培养学生的动手能力、解决实际问题的能力和创新精神，并能适应继续学习的需要。

说一说

交流与讨论：说一说学习化学的目的。

通过认识物质化学变化规律，去指导化学工业生产，以便从自然资源中提取或合成对人类有用的物质产品，造福人类。

化学可解决如下问题。

1. 人类的生存保证：如在解决人类粮食、能源、合理使用自然资源以及保护环境方面所作出的努力和贡献。

2. 提高人类的生活品质：如合成新的材料，使人类衣、食、住、行的条件有大幅度的提高。

3. 延长人类的寿命：如探明生命中的化学奥秘，合成新的药物等。

说一说

怎样才能学好化学？

除了要明确为什么要学习化学及遵循一般的学习规律之外，还要针对化学学科的特点，掌握正确的学习方法：

要正确理解和使用化学用语，如用化学方程式来表明物质的变化；

要理解基本概念，掌握基本理论和重要物质的组成、结构，以此来指导对物质的学习；

要理论联系实际，了解化学知识在生产、生活中的应用，并能运用化学知识解释社会生活中的简单化学现象。

除此之外，还要注意以下两点。

1. 初高中化学的对比

初中：记忆东西多；常见的物质变化、性质；是一种直观的学习、一种结论的接受；知识点的联系较少。

高中：内容较多；难度较大；知识的联系性及关系性较强；实验相对较多。

2. 学好化学的几个关键

摆正心态、充满自信、重视实验；

课前要做好充分的预习；

参与课堂学习，仔细做好课堂笔记；

在听完课的当天，对所学的内容进行整理、归纳和总结；

勤于思考，用所学的基本概念、根据自己的理解来解释一些日常生活中的现象；

疑问不可积累，善于提问。

化学是一门以实验为基础的学科，因此一定要重视化学实验。在实验中要规范操作、仔细观察、认真记录，并能分析、解释实验现象，以培养科学探索精神和实践动手能力。

第一章 化学基本量及其计算

1. 能说出物质的量的概念，能解释符号mol、N_A、N、M_n的意义，掌握有关n、M、m的计算。
2. 能说出气体摩尔体积的概念，掌握符号V_m的意义、标准状况的概念，会计算气体摩尔体积。
3. 知道溶液的概念，能说出溶液浓度的表示方法，能说出物质的质量分数、物质的量浓度的概念，会计算质量分数、物质的量浓度以及它们之间的相互换算。
4. 知道化学方程式的意义，能根据化学方程式进行计算，了解某一反应物过量的计算。

物质的量是国际单位制中7个基本物理量之一，它和“长度”、“质量”、“时间”等概念一样，是一个物理量的整体名词。物质的量是把微观粒子与宏观物质联系起来的一种物理量，它给分析、研究、计算物质化学反应前后的数量、物料平衡、产率等问题带来了很大的方便。因此，学习和掌握“物质的量”是非常重要的。

第一节 物质的量

水是大家非常熟悉的物质，水是由水分子构成的（图1-1）。一滴水大约含有1.7×10^{22}个水分子。如果一个一个去数，即使分秒不停，一个人一生也无法完成这项工作。那么怎样才能即科学又方便地知道一定量的水中含有多少个水分子呢？

图 1-1　水和水分子构成示意

想一想

1. 用肉眼能看见分子、原子等微观粒子吗？
2. 微观粒子与宏观物质之间有联系吗？
3. 联系它们的桥梁是什么？

一、物质的量及其单位

就像长度可以用来表示物体的长短，温度可以表示物体的冷热程度一样，物质的量可用来表示物质所含粒子数目的多少，其符号为n，它是国际单位制中的基本物理量。物质的量的单位是摩尔，符号mol，简称摩。

实验测得，1mol任何粒子的数目等于0.012kg ^{12}C中所含的碳原子数目，约为6.02×10^{23}个。1mol粒子的数目又叫阿伏伽德罗常数，符号为N_A，单位为mol^{-1}。

看一看

N_A—— 一个惊人的数字

1．将6.02×10^{23}个一角硬币排起来，可在地球和太阳间来回400亿次之多。

2．如果1kg谷子有4万粒，6.02×10^{23}粒谷子有1.505×10^{19}kg，地球上按60亿人计算每人可有2.5×10^{4}kg谷子，按人均每年消耗500kg，可供全世界人用500万年。

例如：1mol H_2中约含有6.02×10^{23}个氢分子；

1mol C中约含有6.02×10^{23}个碳原子；

1mol H_2SO_4中约含有6.02×10^{23}个硫酸分子；

1mol H_2O中约含有6.02×10^{23}个水分子，约含有6.02×10^{23}个氧原子，约含有$2\times6.02\times10^{23}$个氢原子。

粒子总数（N）、阿伏伽德罗常数（N_A）、物质的量（n）三者的关系为：

$$N = nN_A$$

练一练

1．0.5mol O_2 中含有__________个氧分子。
2．2mol H_2O 中含有__________个水分子，__________个氢原子。
3．3mol H_2 含有__________个氢分子，含有__________个氢原子。
4．1mol H_2SO_4 中含有__________个氧原子，__________个硫酸根离子。

二、摩尔质量

我们知道，1mol粒子的数目是0.012kg ^{12}C中所含的碳原子数目，约为6.02×10^{23}个。但由于不同微粒的质量是不同的，所以1mol不同物质的质量也是不同的（表1-1）。

表1-1　1mol不同物质的质量

粒子符号	物质的相对分子质量	每个粒子的质量/（g/个）	1mol物质含有的粒子数/个	1mol物质质量/g
C	12	1.993×10^{-23}	N_A	
Fe	56	9.032×10^{-23}	N_A	
H_2SO_4	98	1.628×10^{-22}	N_A	
H_2O	18	2.990×10^{-23}	N_A	
Na^+	23	3.821×10^{-23}	N_A	
OH^-	17	2.824×10^{-23}	N_A	

单位物质的量的物质所具有的质量称为该物质的摩尔质量，用符号M表示，单位为g/mol。因此摩尔质量可理解为：1mol物质所具有的质量。

通过对物质的量的概念的学习，我们知道1mol ^{12}C的质量为0.012kg，即0.012kg是6.02×10^{23}个^{12}C的质量。利用1mol任何粒子集体中都含有相同数目的粒子这个关系，就可以推知1mol任何粒子的质量。例如，1个^{12}C与1个H的质量比约为12∶1，所以，1mol H的质量也就为1g。

摩尔质量在数值上等于该物质的相对原子质量或相对分子质量。

例如：铁的摩尔质量为56g/mol，水的摩尔质量为18g/mol，氯化钠的摩尔质量为58.5g/mol。

三、有关物质的量的计算

物质的量（n）、物质的质量（m）、物质的摩尔质量（M）之间的关系：

$$m = nM$$

【例1-1】 90g水相当于多少摩尔水？

解　水的相对分子质量是18，水的摩尔质量是18g/mol

$$\frac{90g}{18g/mol}=5mol$$

答：90g水相当于5mol水。

【例1-2】 2.5mol铜原子的质量是多少克？

解　铜的相对原子质量是63.5，铜的摩尔质量是63.5g/mol

$$2.5mol铜原子的质量=63.5g/mol\times2.5mol=158.8g$$

答：2.5mol铜原子的质量等于158.8g。

【例1-3】 4.9g硫酸中含有多少个硫酸分子？

解　硫酸的相对分子质量是98，硫酸的摩尔质量是98g/mol

$$\frac{4.9g}{98g/mol}=0.05mol$$

$$4.9g硫酸的分子数=6.02\times10^{23}mol^{-1}\times0.05mol=3.01\times10^{22}$$

答：4.9g硫酸里含有3.01×10^{22}个硫酸分子。

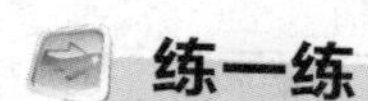

练一练

1．9.8g H_2SO_4的物质的量是___________。
2．10.6g Na_2CO_3的物质的量是___________。
3．0.25mol $CaCO_3$的质量是___________。
4．2.0mol H_2O的质量是___________。

第二节　气体的摩尔体积

一、气体的摩尔体积

日常生活中接触到的物质丰富多彩，例如自由流动的空气、香气扑鼻的咖啡、晶莹剔透的水晶等。这些物质都是由大量原子、分子、离子等微观粒子聚集在一起构成的。物质常见的聚集状态有气态、液态和固态（图1-2和图1-3）。不同聚集状态物质的微粒结构与性质见表1-2。

图1-2　气体、液体、固体示意

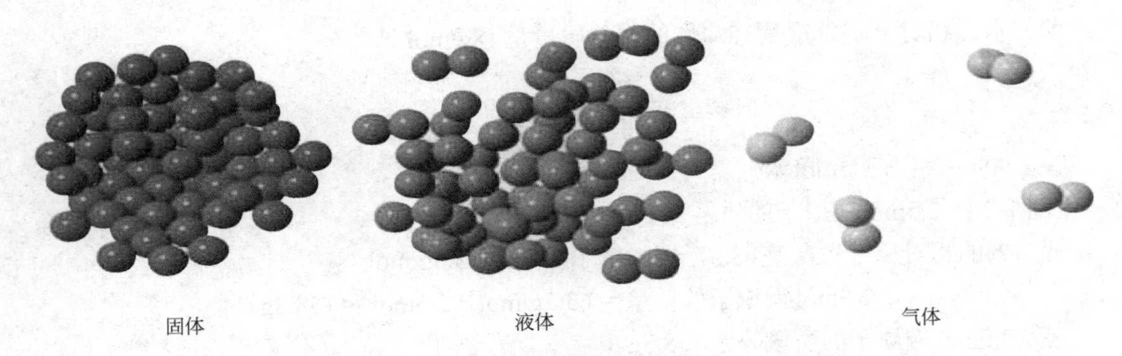

图1-3　物质的微观结构模型

表1-2　不同聚集状态物质的微粒结构与性质

物质的聚集状态	微观结构	微粒的运动方式	宏观性质
固态	微粒排列紧密，空隙很小	在固定的位置上振动	有固定的形状，几乎不能被压缩
液态	微粒排列紧密，空隙较小	可以自由移动	没有固定的形状，但不易被压缩
气态	微粒之间距离很大	可以自由移动	没有固定的形状，且容易被压缩

想一想

1mol任何微粒的集合体所含的微粒数目都相同，那么1mol物质的体积是否相同呢?

练一练

计算表1-3中1mol这些物质的体积。

表1-3　1mol不同物质的体积

化学式	状态	物质的量/mol	质量/g	密度/（g/cm^3）	体积/cm^3
Fe	固态	1	56	7.8	
Al	固态	1	27	2.7	
Pb	固态	1	207	11.3	
H_2O	液态	1	18	1.0（4℃）	
H_2SO_4	液态	1	98	1.83	

结论：1mol不同固体或液体物质，其体积__________。

1mol不同物质的体积见图1-4。

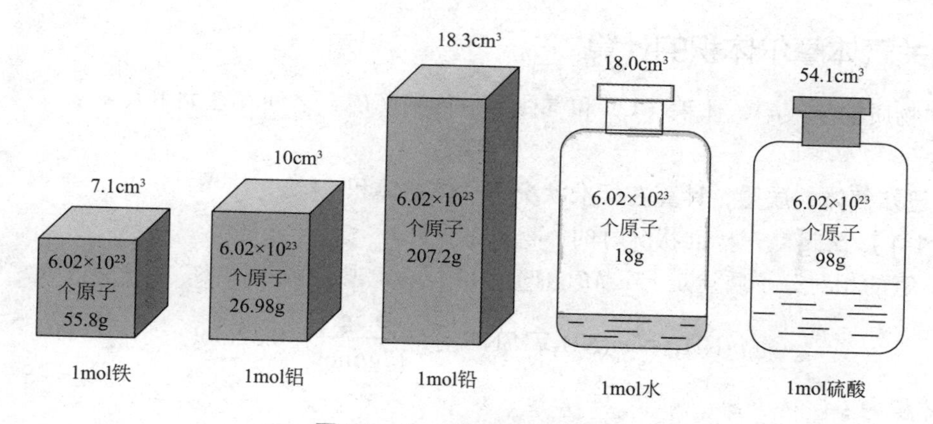

图 1-4　1mol不同物质的体积

练一练

计算表1-4中1mol这些物质的体积。

表 1-4　1mol不同气体体积（0℃，101.325kPa）

化学式	状态	物质的量/mol	质量/g	密度/（g/L）	体积/L
H_2	气态	1	2.016	0.0899	
CO_2	气态	1	44.01	1.977	
O_2	气态	1	32.00	1.429	

结论：在0℃，101.325kPa下，1mol不同气体所占的体积基本______，约为______。

在温度和压力一定时，物质的体积主要取决于物质所含微粒的数目、微粒的大小和微粒之间的距离。

任何1mol固态物质或液态物质所含微粒数相同。微粒之间的距离很小，但是微粒的大小不同，所以1mol固态物质或液态物质的体积往往是不同的。

任何1mol气态物质所含微粒数相同。虽然微粒的大小不同，但微粒间的距离要比微粒本身的直径大很多倍，所以1mol气体的体积主要取决于气态物质中微粒之间的距离，与外界的温度和压力有关（图1-5）。

温度、压力一定时，任何具有相同微粒数的气体都具有大致相同的体积。

单位物质的量的气体所占的体积称为气体摩尔体积，用符号V_m表示。单位为L/mol，即$V_m=22.4$L/mol。

大量实验数据证明，在标准状况下，即温度为0℃、压力为1.01×10^5Pa条件下，1mol任何气体的体积都约为22.4L。

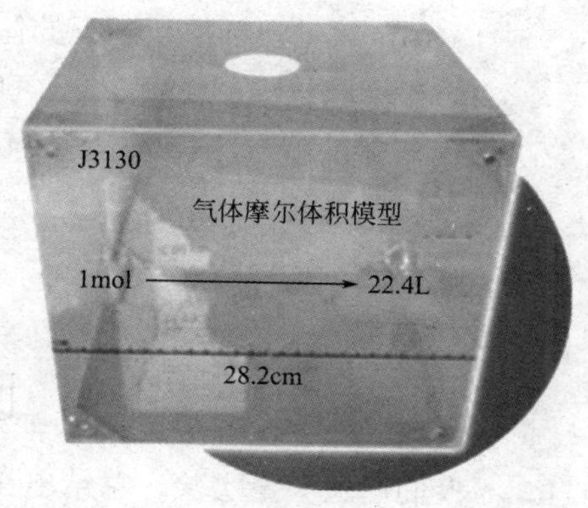

图 1-5　标准状况下，1mol气体的体积

二、有关气体摩尔体积的计算

气体物质的量（n）、体积（V）和气体摩尔体积（V_m）之间存在如下关系：

$$V = nV_m$$

1. 已知气体的质量，计算在标准状况下气体的体积

【例1-4】 5.5g氨在标准状况时的体积是多少升？

解 氨的相对分子质量是17，$M(NH_3) = 17g/mol$，则物质的量为

$$n(NH_3) = m(NH_3)/M(NH_3) = \frac{5.5g}{17g/mol} = 0.32mol$$

其体积为：

$$V = n(NH_3)V_m = 0.32mol \times 22.4L/mol = 7.2L$$

答：5.5g氨在标准状况时的体积是7.2L。

2. 已知标准状况下气体的体积，计算气体的质量

【例1-5】 在标准状况下，1.12L二氧化碳气体的质量是多少克？

解 已知CO_2在标准状况下占有的体积是1.12L，则：

$$n(CO_2) = V/V_m = \frac{1.12L}{22.4L/mol} = 0.05mol$$

$$m(CO_2) = n(CO_2)M(CO_2) = 0.05mol \times 44g/mol = 2.2g$$

答：在标准状况下，1.12L二氧化碳气体的质量是2.2g。

3. 已知标准状况下气体的体积和质量，计算相对分子质量

【例1-6】 在标准状况下，200mL的容器里所含的CO气体的质量是0.25g，计算CO的相对分子质量。

解 已知$m(CO) = 0.25g$，在标准状况下CO所占有的体积$V(CO) = 0.2L$，则：

$$n(CO) = V(CO)/V_m = \frac{0.2L}{22.4L/mol} = 0.009mol$$

$$M(CO) = m(CO)/n(CO) = 0.25g/0.009mol = 28g/mol$$

答：CO的相对分子质量是28。

练一练

1．6.4g氧气在标准状况下的体积是多少升？

2．在标准状况下，11.2L氨气的质量是多少克？

3．在标准状况下，0.32g某气体的体积是0.224L，该气体的相对分子质量是多少？16g该气体的体积是多少？

看一看

理想气体状态方程

人们通过大量实验，总结出在压力不太高和温度不太低时，气体的体积、压力与温度之间的关系如下：$PV = nRT$，该方程称为理想气体状态方程。

P——压力，Pa；

V——体积，m^3；

T——温度，K；

n——物质的量，单位mol；

R——摩尔气体常数，其值等于8.314J/(mol·K)，且与气体种类无关。

理想气体是一种假想气体，这种气体的分子之间没有吸引力。分子本身不占体积。实际上理想气体并不存在，它只是一种科学的抽象。但对于处于低压、高温下的实际气体来说，分子间距离很大，相互之间的作用力极为微弱，分子本身大小相对于整个气体的体积可以忽略。因此，可以近似地看成理想气体。

第三节　溶液浓度的表示方法及计算

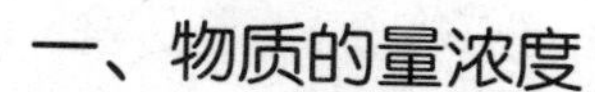

一、物质的量浓度

我们在初中学习过溶液中溶质的质量分数，用这种表示溶液浓度的方法，可以计算一定质量的溶液中所含溶质的质量。但是，很多化学反应都在溶液中进行，对于溶液我们通常不称其质量，而是量它的体积。下面介绍一种在生产和科研中最常用的表示溶液组成的方法——物质的量浓度。

单位体积溶液中所含溶质的物质的量叫做溶质的物质的量浓度，简称浓度，用符号c_B表示，单位是mol/L。

二、有关物质的量浓度的计算

物质的量浓度（c_B）、物质的量（n_B）、溶液的体积（V）之间的关系：

$$c_B=\frac{n_B}{V}$$

1. 已知溶质的质量和溶液体积，求溶液的物质的量浓度

【例1-7】 将1.2g NaOH溶于水中，配成300mL溶液，计算该NaOH溶液的物质的量浓度。

解

$$n(\text{NaOH})=\frac{m(\text{NaOH})}{M(\text{NaOH})}=\frac{1.2\text{g}}{40\text{g/mol}}=0.03\text{mol}$$

$$c(\text{NaOH})=\frac{n(\text{NaOH})}{V(\text{NaOH})}=0.03\text{mol}/0.3\text{L}=0.1\text{mol/L}$$

答：NaOH溶液的物质的量浓度为0.1mol/L。

2. 已知溶液的物质的量浓度，求一定体积的溶液中所含溶质的质量

【例1-8】 配制0.2mol/L Na_2CO_3溶液500mL，需称量Na_2CO_3固体多少克？

解 $n(Na_2CO_3) = n(Na_2CO_3)V = 0.2mol/L \times 0.5L = 0.1mol$

$m(Na_2CO_3) = n(Na_2CO_3)M(Na_2CO_3) = 0.1mol \times 106g/mol = 10.6g$

答：需称量Na_2CO_3固体10.6g。

3. 溶质的质量分数与物质的量浓度之间的换算

【例1-9】 计算质量分数28%，密度为$0.898g/cm^3$的氨水的物质的量浓度。

解
$$c = \frac{1000\rho w}{M(NH_3)} = \frac{1000cm^3 \times 0.898g/cm^3 \times 28\%}{17g/mol} = 15mol/L$$

答：氨水的物质的量浓度为15mol/L。

4. 有关溶液稀释的计算

浓溶液稀释前后，溶液的体积发生了变化，但溶液中溶质的物质的量不变。

$c_1V_1 = c_2V_2$，其中1，2分别表示浓溶液和稀溶液。

【例1-10】 将25mL 2mol/L的硝酸稀释至0.1mol/L的稀溶液时，该溶液的体积是多少？

解
$$c_1V_1 = c_2V_2$$
$$25mL \times 2mol/L = 0.1mol/L \times V_2$$
$$V_2 = 500mL$$

答：该溶液的体积是500mL。

三、一定物质的量浓度溶液的配制

1. 实验仪器

除试剂外，配制中必须用到的实验仪器有：容量瓶、烧杯、玻璃棒、胶头滴管，用固体配制还需用托盘天平和药匙，用液体配制还需用量筒（或滴定管、移液管）等。

容量瓶，是一种细颈梨形平底的容量器，带有磨口玻塞，颈上有标线，表示在所指示温度下液体凹液面与容量瓶颈部的标线相切时，溶液体积恰好与瓶上标注的体积相等。

容量瓶上标有：温度、容量、刻度线。容量瓶有多种规格，实验中常用的是100mL和250mL的容量瓶（图1-6）。

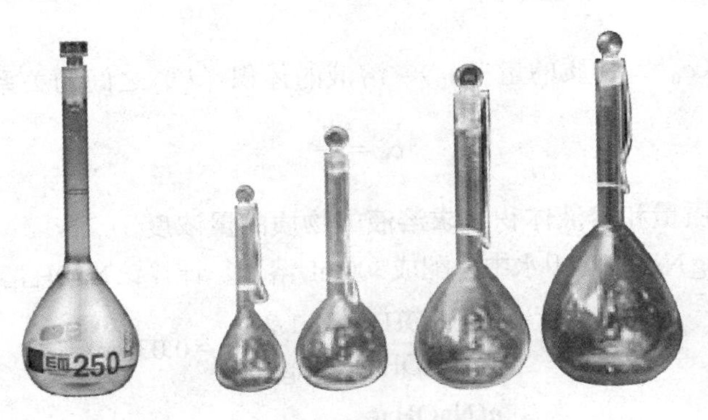

图1-6 不同规格的容量瓶

容量瓶使用前需检查瓶塞处是否漏水。往瓶中倒入2/3容积的水，塞好瓶塞，用手指顶住瓶塞，另一只手托住瓶底，把瓶子倒立过来停留一会儿，反复几次后，观察瓶塞周围是否有水渗出。

2. 配制步骤

配制一定物质的量浓度的溶液一般按以下步骤：

现以配制500mL 0.4mol/L的KCl溶液为例来介绍一定物质的量浓度溶液的配制过程（图1-7）。

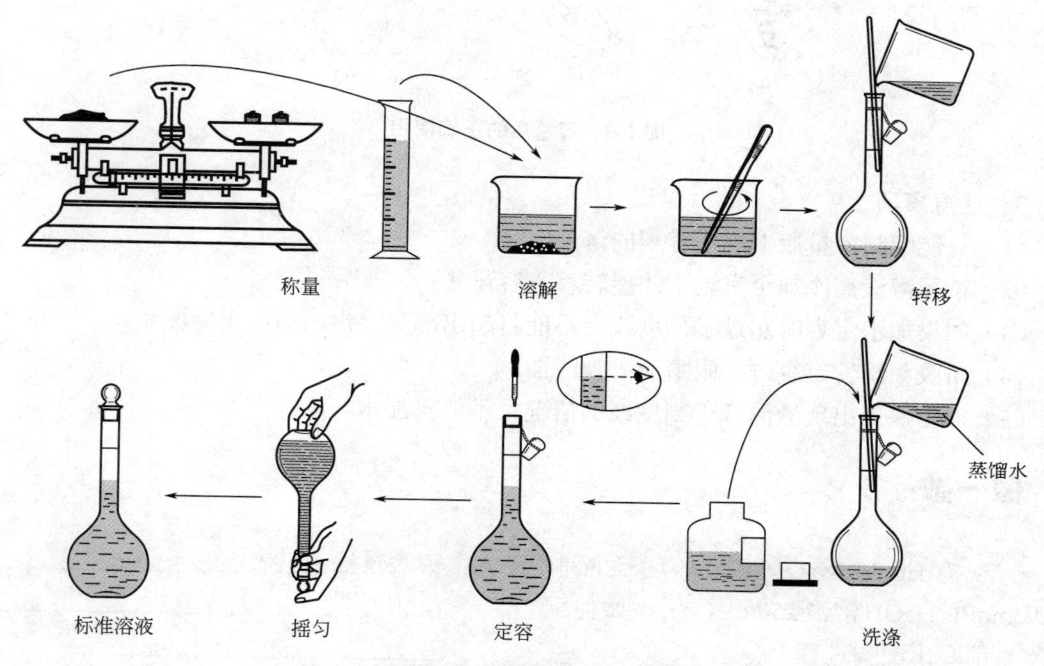

图1-7 一定物质的量浓度溶液的配制过程

（1）计算 计算配制所需固体溶质的质量或液体浓溶液的体积。

$$n(\mathrm{KCl}) = 0.5\mathrm{L} \times 0.4\mathrm{mol/L} = 0.2\mathrm{mol}$$

$$m(\mathrm{KCl}) = n(\mathrm{KCl})M(\mathrm{KCl}) = 0.2\mathrm{mol} \times 74.5\mathrm{g/mol} = 14.9\mathrm{g}$$

（2）称量 用托盘天平称量固体KCl 14.9g。

（3）溶解 在烧杯中溶解或稀释溶质，用玻璃棒搅拌，冷却至室温（如不能完全溶解，可适当加热）。

（4）转移 将烧杯内冷却后的溶液沿玻璃棒小心转入500mL的容量瓶中（玻璃棒下端应靠在容量瓶刻度线以下）。

（5）洗涤 用蒸馏水洗涤烧杯和玻璃棒2～3次，并将洗涤液转入容量瓶中，振荡，使溶液混合均匀。

（6）定容 继续向容量瓶加水，直到加水至刻度线以下1～2cm处时，改用胶头滴管加水，使溶液凹液面恰好与刻度线相切。

（7）摇匀 盖好瓶塞，用食指顶住瓶塞，另一只手的手指托住瓶底，反复上下颠倒，使溶液混合均匀。

（8）装瓶贴签 最后将配制好的溶液倒入试剂瓶中（图1-8），贴好标签。

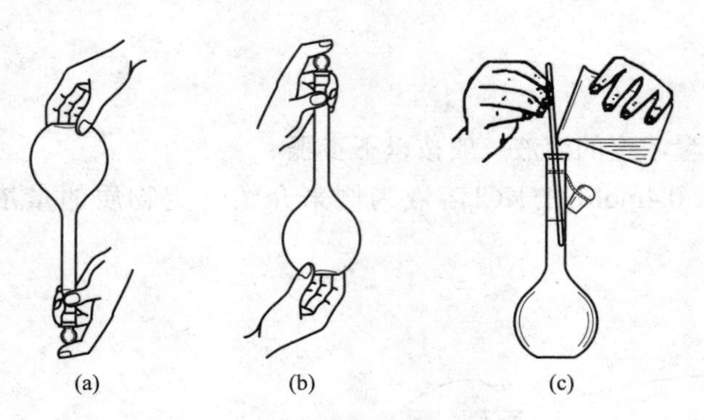

图1-8 容量瓶的正确使用

3. 注意事项

（1）只能配制容量瓶上规定容积的溶液。

（2）待配溶液需冷却至室温下才能转移入容量瓶。

（3）如果加水定容时超过了刻度线，不能将超出部分吸走，而应重新配制。

（4）用胶头滴管定容时，眼睛应平视液面。

（5）摇匀后若出现液面低于刻度线的情况，不能再加水。

做一做

现有1mol/L NaOH溶液，现欲配制0.2mol/L NaOH溶液250mL，应该如何配制？请写出配制过程。

实验过程：________________________

____

____

第四节 根据化学方程式的计算

一、化学方程式

用化学式（有机化学中有机物一般用结构简式）来表示化学反应的式子，叫做化学方程式。

化学方程式不仅表明反应物、生成物和反应条件。同时，化学计量数代表了各反应物、生成物之间物质的量关系，通过相对分子质量或相对原子质量还可以表示各物质之间的质量关系，即各物质之间的质量比。对于气体反应物、生成物，还可以直接通过化学计量数得出体积比。

例如：	$H_2(g)$ +	$Cl_2(g)$ ══	$2HCl(g)$
化学计量数	1 ：	1 ：	2
各物质的分子数（N）之比	1 ：	1 ：	2

扩大（N_A）倍　　$1N_A$ ： $1N_A$ ： $2N_A$

物质的量（n）之比　　1 ： 1 ： 2

相同条件下气体体积（V）之比　　1 ： 1 ： 2

二、根据化学方程式的计算

现在我们将物质的量（n）、气体摩尔体积（V_m）、物质的量浓度（c_B）等概念应用于化学方程式，来解决实际的计算问题。

1. 已知某物质的量的计算

【例1-11】 完全中和0.5mol NaOH需多少摩尔的HNO_3？其质量是多少克？

解　$NaOH + HNO_3 = NaNO_3 + H_2O$

　　1　　1

0.5mol　$n(HNO_3)$

$n(HNO_3) = 0.5mol$

因为HNO_3的摩尔质量为63g/mol

所以$m = 0.5mol \times 63g/mol = 31.5g$

答：完全中和0.5mol NaOH需0.5mol的HNO_3，其质量是31.5g。

2. 已知某物质的质量，进行有关计算

此类计算利用物质的摩尔质量，把物质的质量换算成物质的量，然后再进行计算。

【例1-12】 实验室用60g含$CaCO_3$80％的大理石与足量12mol/L的浓盐酸完全反应（杂质不参加反应），求：①参加反应的浓盐酸的体积；②生成CO_2的体积（标准状况下）。

分析思路：求出参加反应$CaCO_3$物质的量，再根据化学方程式中的化学计量数，求题目所求。

解　$CaCO_3$摩尔质量为100g/mol

$$n(CaCO_3) = \frac{m(CaCO_3)w(CaCO_3)}{M(CaCO_3)} = \frac{60g \times 80\%}{100g/mol} = 0.48mol$$

$$CaCO_3(s) + 2HCl = CaCl_2 + CO_2 + H_2O$$

1mol　　2mol　　　22.4L

0.48mol　$12mol/L \times V(HCl)$　$V(CO_2)$

$$V(HCl) = \frac{2 \times 0.48mol}{1 \times 12mol/L} = 0.08L$$

$$V(CO_2) = \frac{0.48mol \times 22.4L}{1mol} = 10.75L$$

答：参加反应的浓盐酸的体积为0.08L，生成CO_2的体积（标准状况下）为10.75L。

3. 已知标准状况下，进行某气体的有关计算

此类解题途径是根据$n = V/V_m$把体积换算成物质的量，然后再进行计算。

【例1-13】 5mol H_2SO_4和Zn完全反应，能生成多少克H_2？这些H_2标准状况下体积为多少升？

解 设能生成氢气的物质的量为x mol

$$Zn + H_2SO_4 = ZnSO_4 + H_2$$

$$\begin{array}{ll} 1mol & 1mol \\ 5mol & x\ mol \end{array}$$

$$1mol : 5mol = 1mol : x\ mol$$

$$x = 5mol$$

$$m(H_2) = 5mol \times 2g/mol = 10g$$

$$V(H_2) = 5mol \times 22.4L/mol = 112L$$

答：能生成10g H_2，这些H_2标准状况下体积为112L。

4. 已知物质的量浓度的计算

根据$c_B = n_B/V$求出某些物质的量后再进行计算。

【例1-14】 在200mL 0.5mol/L NaCl溶液中滴入足量$AgNO_3$溶液，生成多少克沉淀？

解

$$n(NaCl) = 0.5mol/L \times 0.2L = 0.1mol$$

$$NaCl + AgNO_3 = AgCl + NaNO_3$$

$$\begin{array}{ll} 1 & 1 \\ 0.1mol & n(AgCl) \end{array}$$

$$n(AgCl) = 0.1mol$$

$$m(AgCl) = 0.1mol \times 143.5g/mol = 14.35g$$

答：生成14.35g AgCl沉淀。

练一练

1. 4g NaOH与盐酸完全反应，需要多少克3.65%盐酸？
2. 2mol HCl和Fe完全反应，能生成多少克H_2？这些H_2标准状况下体积为多少升？
3. 4mol氯酸钾加热催化完全分解，产生氯化钾多少克？在标准状况下，可得氧气多少升？

本章小结

一、物质的量

1. 物质的量

物质的量可用来表示物质所含粒子数目的多少，其符号为n，它是国际单位制中的基本物理量。物质的量的单位是摩尔，符号mol，简称摩。

2. 摩尔质量

单位物质的量的物质所具有的质量称为该物质的摩尔质量，用符号M表示，单位为g/mol。其数值上等于相对基本单元质量。

3. 物质的量（n），物质的质量（m），物质的摩尔质量（M）之间的关系：

$$m = nM$$

二、气体摩尔体积

1．标准状况

温度为0℃、压力为1.01×10^5Pa。

2．气体摩尔体积

单位物质的量的气体所占的体积称为气体摩尔体积，用符号V_m表示，单位为L/mol。在标准状况下，1mol任何气体的体积都约为22.4L。

3．气体物质的量（n）、体积（V）和气体摩尔体积（V_m）之间存在如下关系：

$$V=nV_m$$

三、物质的量浓度

1．物质的量浓度

单位体积溶液中所含溶质的物质的量叫做溶质的物质的量浓度，简称浓度，用符号c表示，单位是mol/L。物质的量浓度（c_B）、物质的量（n_B）、溶液的体积（V）之间的关系：

$$n_B=c_BV$$

2．质量分数和物质的量浓度之间的换算：

$$c=\frac{1000\rho w}{M}$$

3．有关溶液稀释的计算：$c_1V_1=c_2V_2$

四、根据化学方程式的计算

化学计量数代表了各反应物、生成物物质的量关系，通过相对分子质量或相对原子质量还可以表示各物质之间的质量关系，即各物质之间的质量比。

本章习题

一、选择题

1．摩尔是（　　）。

A．物质的数量单位

B．表示物质的质量单位

C．表示物质的量的单位

D．既是物质的数量单位，又是物质的质量单位

2．30mL 0.5mol/L NaOH溶液加水稀释到500mL，稀释后溶液中NaOH的物质的量浓度为（　　）。

A．0.03mol/L　　B．0.3mol/L　　C．0.05mol/L　　D．0.04mol/L

3．在0.5mol Na_2SO_4中，含有的Na^+数约是（　　）。

A．3.01×10^{23}　　B．6.02×10^{23}　　C．0.5　　D．1

4．配制2L 1.5mol/L Na_2SO_4溶液，需要Na_2SO_4固体（　　）。

A．213g　　B．284g　　C．400g　　D．426g

5．钠的摩尔质量为（　　）。

A．23　　B．23g　　C．23g/mol　　D．23mol/g

6．下列叙述错误的是（　　）。

A．1mol任何物质都含有约6.02×10^{23}个原子

B．0.012kg ^{12}C含有约6.02×10^{23}个碳原子

C．在使用摩尔表示物质的量的单位时，应用化学式指明粒子的种类

D．物质的量是国际单位制中七个基本物理量之一

7．如果1g水中含有n个氢原子，则阿伏伽德罗常数是（　　）。

A．$n/1\ mol^{-1}$　　B．$9n\ mol^{-1}$　　C．$2n\ mol^{-1}$　　D．$n\ mol^{-1}$

8．相同质量的SO_2和SO_3它们之间的关系是（　　）。

A．所含硫原子的物质的量之比为1：1

B．氧原子的物质的量之比为3：2

C．氧元素的质量比为5：4

D．硫元素的质量比为5：4

9．用N_A表示阿伏伽德罗常数的值，下列叙述正确的是（　　）。

A．含有N_A个氦原子的氦气在标准状况下的体积约为11.2L

B．25℃，1.01×10^5Pa，64g SO_2中含有的原子数为$3N_A$

C．在常温常压下，11.2L Cl_2含有的分子数为$0.5N_A$

D．标准状况下，11.2L H_2O含有的分子数为$0.5N_A$

10．相同状况下，下列气体所占体积最大的是（　　）。

A．80g SO_3　　B．16g O_2　　C．32g H_2S　　D．3g H_2

11．在一定温度和压力下的理想气体，影响其所占体积大小的主要因素是（　　）。

A．分子直径的大小　　B．分子间距离的大小

C．分子间引力的大小　　D．分子数目的多少

12．下列溶液中，跟100mL 0.5mol/L NaCl溶液所含的Cl^-物质的量浓度相同的是（　　）。

A．100mL 0.5mol/L $MgCl_2$溶液　　B．200mL 0.25mol/L $CaCl_2$溶液

C．50mL 1mol/L NaCl溶液　　D．25mL 1mol/L HCl溶液

13．实验室里需要480mL 0.100mol/L的$CuSO_4$溶液，现选取500mL容量瓶进行配制，以下操作正确的是（　　）。

A．称取7.68g $CuSO_4$，加入500mL水　　B．称取12.0g胆矾，配成500mL溶液

C．称取8.0g $CuSO_4$，配成500mL溶液　　D．称取12.5g胆矾，配成500mL溶液

二、填空题

1．摩尔是__________的基本单位。1mol物质所含的基本单元数是__________，这个数值称为__________，符号为______。

2．摩尔质量：______________，1mol任何物质的质量以______为单位，在数值上等于__________。

3．标准状况是指温度为________，压力为________。

4．气体摩尔体积是________________________。常用单位________，在标准状况下，任何气体的摩尔体积都约________。

5．一定物质的量浓度溶液配制步骤：____________。

6．0.5mol 水中含有____个水分子，含____个氢原子，____个氧原子。

7．M(Cl) = ________，$M(CaCl_2)$ = ________，$M(CO_3^{2-})$ = ________。

8．0.2mol NaOH 中含 Na^+____mol，含 OH^-____mol，与____mol $Ba(OH)_2$ 所含 OH^- 相同。

9．19g 某二价金属的氯化物 ACl_2 中含有 0.4mol Cl^-，ACl_2 的摩尔质量是____g/mol，相对分子质量是____，A 的相对原子质量是____。

10．4g NaOH 溶解在水中，要使 Na^+ 数与水分子数之比为 1 ∶ 100，则需水的物质的量为________mol，其溶液中有____mol OH^-，中和这些 OH^-，需要____mol H^+，需要____g H_2SO_4。

三、实验题

下面是用 98% 的浓 H_2SO_4（ρ = 1.84g/cm^3）配制 500mL 0.5mol/L 的稀 H_2SO_4 的操作，请按要求填空：

1．所需浓 H_2SO_4 的体积为________mL。

2．如果实验室有 15mL、20mL、50mL 量筒，应选用____mL 量筒最好。量取时发现量筒不干净，用水洗净后直接量取，所配溶液浓度将____（偏高、偏低、无影响）。

3．将量取的浓 H_2SO_4 沿烧杯内壁慢慢注入盛有约 100mL 水的________里，并不断搅拌，目的是________。

4．将________的上述溶液沿________注入________中，并用 50mL 蒸馏水洗涤烧杯 2 ～ 3 次，洗涤液要________中，并摇匀。

5．加水至距刻度________外，改用________加水，使溶液的凹液面最低处正好跟刻度相平。

四、计算题

1．4.4g CO_2 在标准状况下所占的体积是多少？

2．将 30mL 0.5mol/L NaOH 溶液加水稀释到 500mL，稀释后溶液中 NaOH 的物质的量浓度为多少？

3．6.5g Zn 与足量的 HCl 反应，计算生成的气体在标准状况下的体积是多少？

4．标准状况下，1 体积水中溶解 400 体积的氨，测得密度为 0.98mol/L。求此氨水的质量分数和物质的量浓度。

5．把含 $CaCO_3$ 质量分数为 0.9 的大理石 100g 与足量的盐酸反应（杂质不参加反应），在标准状况下，能生成 CO_2 多少毫升？

第二章 原子结构与元素周期律

学习指导

1. 了解原子的组成、核外电子的运动状态和核外电子的排布规律。
2. 理解原子结构和元素周期律的关系。
3. 掌握主族元素性质的递变规律。
4. 能用元素性质的递变规律判断和比较元素及其化合物的性质。

第一节　原子的构成同位素

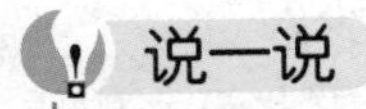

说一说

同学们，在我们周围的世界里有很多形形色色的物质，比如：食盐、水晶、药物、水果等（图2-1），你知道它们都是由什么物质构成的吗？

图2-1　形形色色的物质

想一想

你能从图2-2中知道原子是由哪些微粒构成的吗?

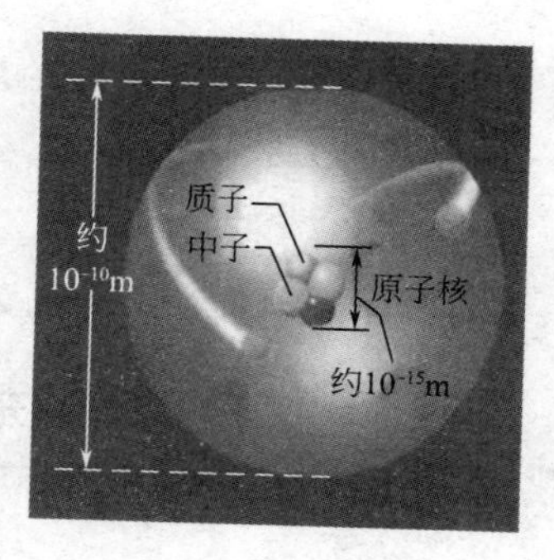

图2-2　原子结构示意

一、原子的构成

原子由原子核和核外电子组成。原子核带正电荷，居于原子的中心，电子带负电荷，在原子核周围空间作高速运动。原子核所带的正电荷数（简称核电荷数）与核外电子所带的负电荷数相等，所以整个原子是电中性的。原子很小，原子核更小，它的半径小于原子的万分之一，它的体积只占原子体积的几千亿分之一。原子核虽小仍可再分。原子核由质子和中子构成。

质子带一个单位正电荷，中子不带电荷，因此原子核所带的电荷数（Z）由核内质子数构成（表2-1）。即：

核电荷数（Z）＝质子数＝核外电子数

表2-1　构成原子的微粒和性质

粒子种类	电性	质量/kg	相对质量
质子	1个单位正电荷	1.6726×10^{-27}	1.007
中子	不带电	1.6749×10^{-27}	1.008
电子	1个单位负电荷	9.041×10^{-31}	1/1836

想一想

原子的质量主要集中在哪些微粒上?

如果忽略电子的质量，将原子核内所有的质子和中子的相对质量取近似整数值加起来，所得的数值，称质量数，用符号A表示。中子数用符号N表示，则：

质量数（A）＝质子数（Z）＋中子数（N）

归纳起来，如以X代表一个质量数为A、质子数为Z的原子，那么，构成原子的粒子间的关系可以表示如下：

原子（$^{A}_{Z}X$）
- 原子核
  - 质子（Z个，每个质子带1个单位正电荷）
  - 中子（<$A-Z$>个，不带电）
- 核外电子（Z个，每个电子带1个单位负电荷）

练一练

已知硫原子的核电荷数为16，质量数为32，则其中子数是多少?

你的答案：________________

____

二、同位素

想一想

根据所学知识补充表2-2，看看你会发现什么？

表2-2 氢元素的三种原子的构成

名称	符号	俗称	质子数	中子数	电子数	质量数
氕（音撇）	$^{1}_{1}H$或H	氢（普通氢）	1	0		
氘（音刀）	$^{2}_{1}H$或D	重氢	1	1		
氚（音川）	$^{3}_{1}H$或T	超重氢	1	2		

同种元素原子的质子数________，中子数、质量数________相同。

这种具有相同质子数，而中子数不同的同种元素的不同原子互称为同位素。

科学视野

许多元素都有同位素。同位素有的是天然存在的，有的是人工制造的；有的具有放射性，而有的没有放射性。上述$^{1}_{1}H$、$^{2}_{1}H$、$^{3}_{1}H$是氢的三种同位素，其中$^{2}_{1}H$、$^{3}_{1}H$是制造氢弹的材料。铀元素有$^{234}_{92}U$、$^{235}_{92}U$、$^{238}_{92}U$等多种同位素，$^{235}_{92}U$是制造原子弹的材料和核反应的燃料。碳元素有$^{12}_{6}C$、$^{13}_{6}C$和$^{14}_{6}C$等几种同位素，而$^{12}_{6}C$就是我们将它的质量当做原子量标准的那种碳原子。利用放射性同位素可以给金属制品探伤。在医疗方面，可以利用某些同位素放射出的射线治疗癌症等。

同一元素的各种同位素虽然质量不同，物理性质有差异，但它们的化学性质几乎完全相同。在天然存在的元素里，不论是游离态还是化合态，各种同位素原子含量（又称丰度）一般是不变的。我们平常所说的某种元素的相对原子质量，是按各种天然同位素原子的相对原子质量算出来的平均值。例如，元素氯有$^{35}_{17}Cl$和$^{37}_{17}Cl$两种同位素，通过下列数据即可计算出氯元素的相对原子质量：

符号	同位素的相对原子质量	丰度
$^{35}_{17}Cl$	34.969	75.77
$^{37}_{17}Cl$	36.966	23.23

$$34.969 \times 75.77\% + 36.966 \times 24.23\% = 35.453$$

即Cl的相对原子质量为35.453。

同理，根据同位素的质量数和丰度，也可以计算出该元素的近似相对原子质量。

练一练

计算银元素的相对原子质量：$^{107}_{47}Ag$ 占51.35%，$^{109}_{47}Ag$ 占48.65%。

你的答案：________________

____

第二节　原子核外电子的排布

说一说

同学们，在我们周围的世界里有很多宏观物质，如火车、轮船、飞机等，它们在运行的时候有没有确定的运行轨迹呢？

电子是质量很小的带负电荷的微粒，它在原子这样小的空间（直径约为10^{-10}m）做高速运动。它的运动有什么特殊规律？现在对这些问题做些初步的探讨。

一、原子核外电子运动的特征

核外电子是微观粒子，质量极小，它在原子核外极小的空间内做高速运动（接近光速），因此，核外电子的运动没有宏观物体那样确定的轨道，我们不能测定或计算出它在某一时刻所在的位置，也不能描画它的运动轨迹。只能用统计的方法描述它在核外空间某区域出现的机会的多少。

为了便于理解，用假想的给氢原子照相的比喻来说明。氢原子核外仅有一个电子，为了在一瞬间找到电子在氢原子核外的确定位置，设想有一架特殊的照相机，可以用它来给氢原子照相，记录下氢原子核外一个电子在不同瞬间所处的位置。先给某个氢原子拍五张照片。得到如图2-3所示的不同图像。图中的＋表示原子核，小黑点表示电子。

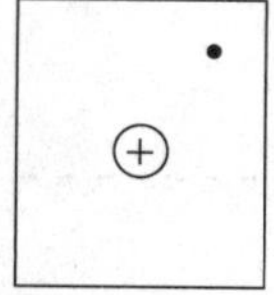
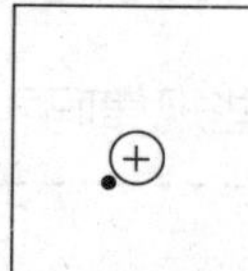
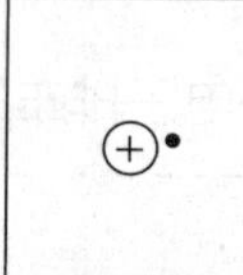
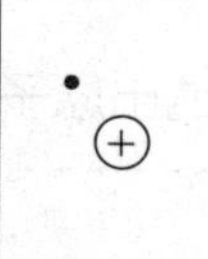
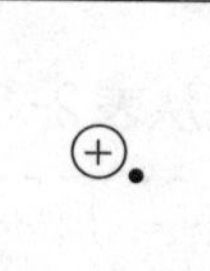

图2-3　氢原子的5次瞬间照相像

然后继续给氢原子拍照，拍上近千万张，并将这些照片对比研究，这样，就获得一个印象，电子好像是在氢原子核外做毫无规律的运动，一会儿在这里出现，一会在那里出现。如果将这些照片叠印，就会看出如图2-4所示的图像。

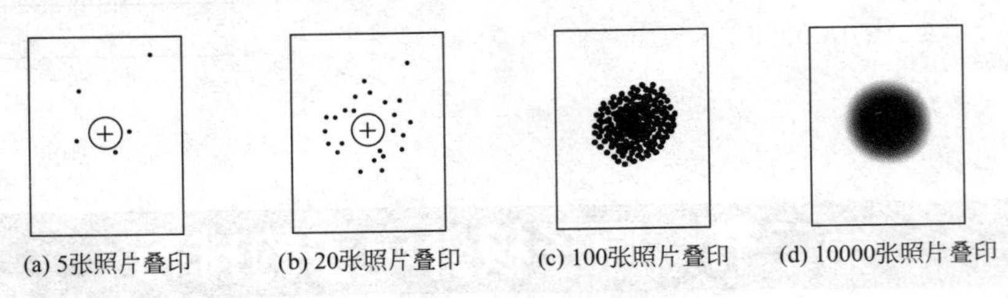

图2-4 若干张氢原子瞬间照相叠印

这图像说明，对氢原子的照片叠印张数越多，就越能使人形成一团“电子云雾”笼罩原子核的印象，这种图像形象地称为“电子云”。

电子云图像中，小黑点较密集的地方表示电子在该空间单位体积内出现的概率大，小黑点较稀疏的地方表示电子在该空间单位体积内出现的概率小。在离核越近处单位体积内的空间中电子出现的机会越多，在离核越远处单位体积内的空间中电子出现的机会越小。

必须明确，电子云中的许许多多的小黑点绝不表明核外有许许多多的电子，它只是形象地表明氢原子仅有的一个电子在核外空间出现的统计情况。

二、原子核外电子的排布

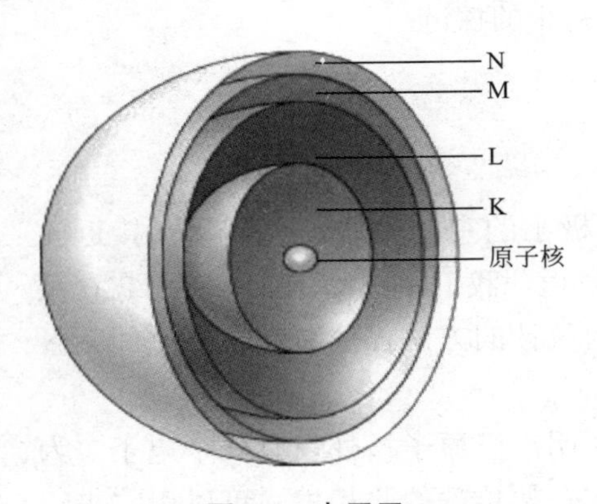

图2-5 电子层

原子中的电子在原子核外做高速运动，在含有多个电子的原子中，各个电子的能量并不相同，通常能量低的在离核较近的区域运动，能量较高的电子在离核较远的区域运动，即核外电子按能量的高低由内至外分层排布的，如图2-5所示。

能量最低、离核最近的叫第一层（电子层的序数$n=1$），能量稍高、离核稍远的叫第二层（$n=2$），由里向外依次类推，叫第三（$n=3$）、四（$n=4$）、五（$n=5$）、六（$n=6$）、七（$n=7$）层。也可依此用K、L、M、N、O、P、Q等符号来表示。

想一想

你能从表2-3中归纳出原子核外电子排布的一些规律吗？

表2-3 核电荷数为1～20的原子的核外电子排布

核电荷数	元素名称	元素符号	各电子层电子数			
			K	L	M	N
1	氢	H	1			
2	氦	He	2			
3	锂	Li	2	1		
4	铍	Be	2	2		
5	硼	B	2	3		
6	碳	C	2	4		
7	氮	N	2	5		
8	氧	O	2	6		
9	氟	F	2	7		
10	氖	Ne	2	8		
11	钠	Na	2	8	1	
12	镁	Mg	2	8	2	
13	铝	Al	2	8	3	
14	硅	Si	2	8	4	
15	磷	P	2	8	5	
16	硫	S	2	8	6	
17	氯	Cl	2	8	7	
18	氩	Ar	2	8	8	
19	钾	K	2	8	8	1
20	钙	Ca	2	8	8	2

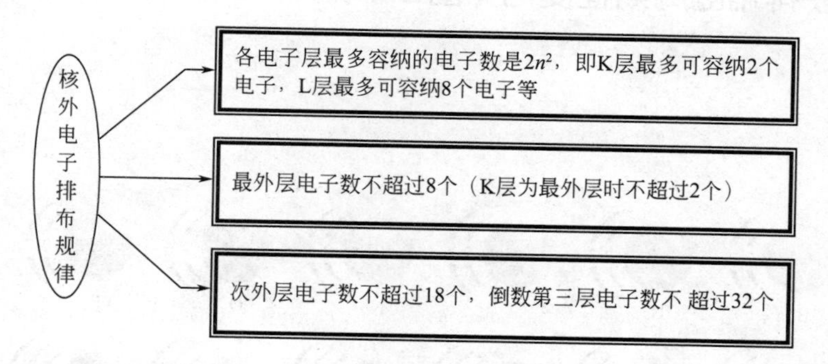

知道原子的核电荷数和电子层排布以后，可以画出原子结构示意图。例如，图2-6是钠原子和氯原子的结构示意图。

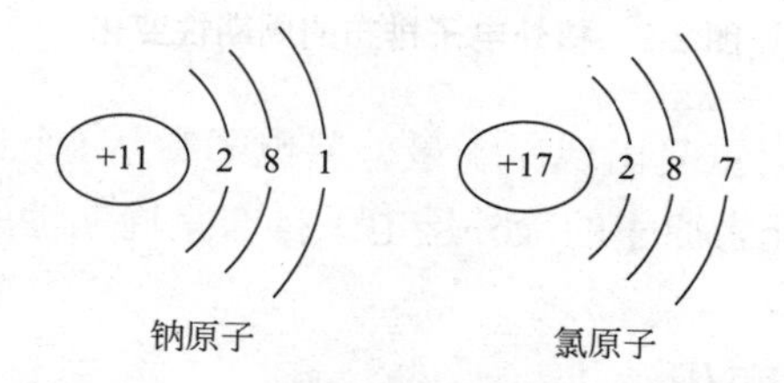

图2-6 钠原子和氯原子结构示意图

小圈和圈内数字分别表示原子核和核内质子数，弧线表示电子层，弧线上的数字表示该层的电子数。

练一练

$^{35}_{17}Cl$原子中含有____个质子，____个中子，____个电子，质量数是____，其原子结构示意图为____。

你的答案：________________________

第三节　元素周期律

想一想

元素的性质和元素的核电荷数是密切相关的，那么它们之间有什么内在联系呢？

人们按核电荷数由小到大的顺序给元素编号，这种序号叫做该元素的原子序数。

原子序数＝核电荷数

一、核外电子排布的周期性变化（图2-7）

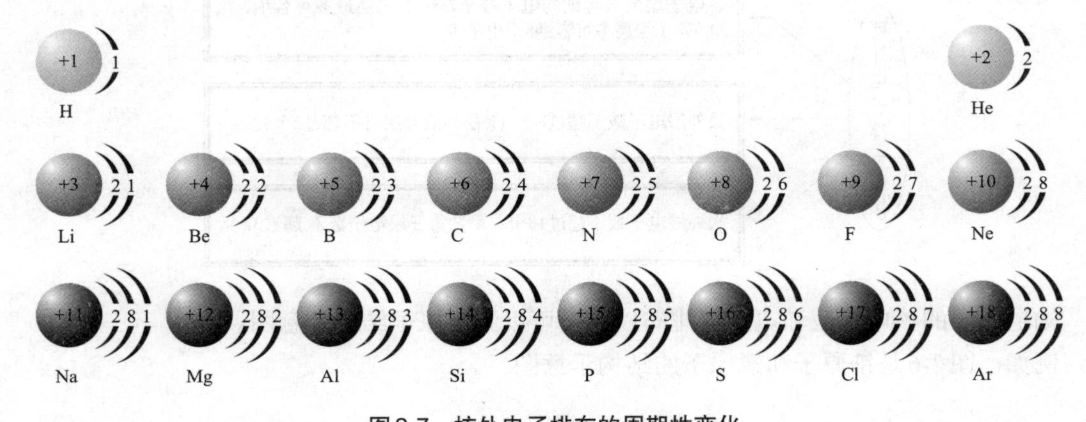

图2-7　核外电子排布的周期性变化

每隔一定数目的元素，会重复出现原子最外层电子数从1个递增到8个的情况。也就是说，随着原子序数的递增，元素原子的最外层电子排布呈周期性的变化。

二、原子半径的周期性变化

从图2-8可以看出，由碱金属Li到卤素F，随着原子序数的递增，原子半径由大逐渐变小。再由碱金属Na到卤素Cl，随着原子序数递增，原子半径又是从大逐渐变小。

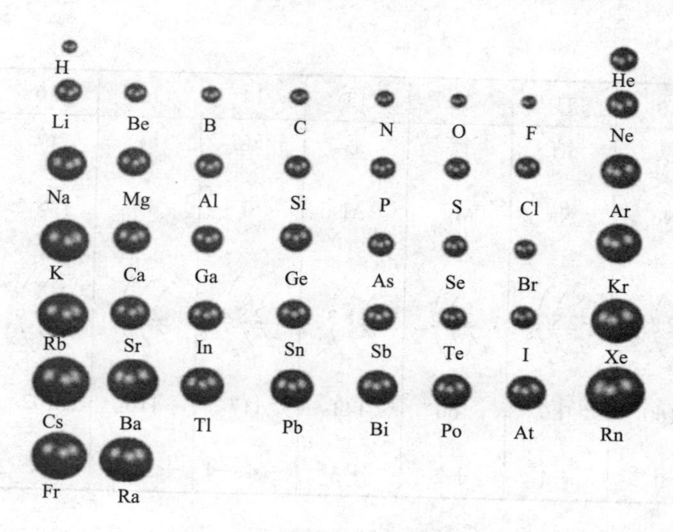

图2-8　原子半径的周期性变化

如果把所有的元素按原子序数递增的顺序排列起来，将会发现，随着原子序数的递增，元素的原子半径发生周期性的变化。

三、元素主要化合价的周期性变化

从图2-9可以看到，从原子序数为11到18的元素在极大程度上重复着从3到10的元素所表现的化合价的变化，即从＋1（Na）逐渐递变到＋7（Cl），以稀有气体元素零价结束。从中部的元素开始有负价，负价从-4（Si）递变到-1（Cl）。

如果研究18号元素以后的元素的化合价，同样可以看到前面18种元素相似的变化。也就是说，元素的化合价随着原子序数的递增呈现周期性变化。

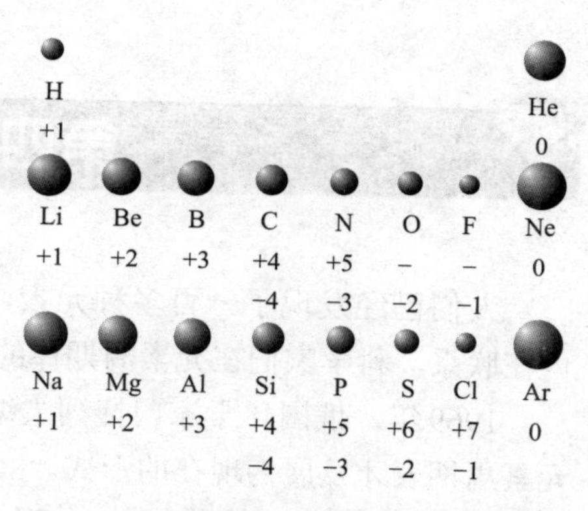

图2-9　元素主要化合价的周期性变化

表2-4　元素性质随着核外电子周期性的排布而呈周期性的变化

原子序数	1	2	3	4	5	6	7	8	9
元素名称	氢	氦	锂	铍	硼	碳	氮	氧	氟
元素符号	H	He	Li	Be	B	C	N	O	F
电子层结构	1	2	2 1	2 2	2 3	2 4	2 5	2 6	2 7
原子半径/pm	37	122	123	89	82	77	75	74	71
化合价	＋1	0	＋1	＋2	＋3	＋4、-4	＋5、-3	-2	-1

续表

原子序数	10	11	12	13	14	15	16	17	18
元素名称	氖	钠	镁	铝	硅	磷	硫	氯	氩
元素符号	Ne	Na	Mg	Al	Si	P	S	Cl	Ar
电子层结构	2 8	2 8 1	2 8 2	2 8 3	2 8 4	2 8 5	2 8 6	2 8 7	2 8 8
原子半径/pm	160	186	160	143	117	110	102	99	191
化合价	0	+1	+2	+3	+4、-4	+5、-3	+6、-2	+7、-1	0

想一想

从表2-4中可以看出，元素性质随着核外电子周期性的排布有何递变规律?

元素的性质随着元素原子序数的递增而呈周期性变化，这个规律叫做元素周期律。

第四节 元素周期表

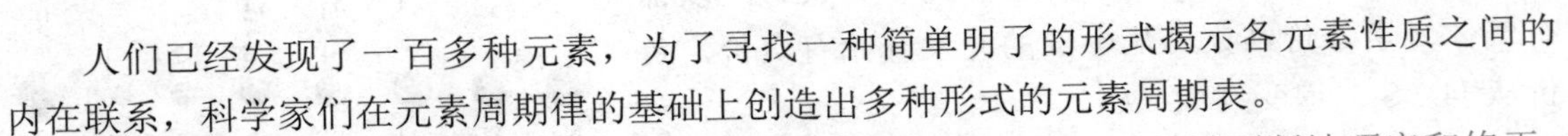

人们已经发现了一百多种元素，为了寻找一种简单明了的形式揭示各元素性质之间的内在联系，科学家们在元素周期律的基础上创造出多种形式的元素周期表。

1969年，俄国化学家门捷列夫编制了第一张元素周期表，以后经过不断地研究和修正，元素周期表才发展为现在的形式。

按原子序数递增的顺序从左到右排成横行，再把不同横行中最外层的电子数相同的元素按电子层数递增的顺序由上到下排列成纵行，这样得到的一个表，叫做元素周期表（见表2-5）。

一、元素周期表的结构

1. 周期

元素周期表中有7行，一行为一个周期，即共有7个周期。其中1、2、3为短周期，4、5、6为长周期，各有18种元素，第7周期为不完全周期。每一行的电子层数相同，即周期的序数就是该周期元素原子具有的电子层数。

周期序数＝电子层数

镧系元素：第六周期中性质极其相似的元素周期律，$_{57}La$ ～ $_{71}Lu$ 15种。

锕系元素：第七周期中性质极其相似的元素周期律，$_{89}Ac$ ～ $_{103}Lr$ 15种。

表2-5　化学元素周期表

化学元素周期表

1 氢 H 1.0079																	2 氦 He 4.0026
3 锂 Li 6.941	4 铍 Be 9.012											5 硼 B 10.811	6 碳 C 12.011	7 氮 N 14.007	8 氧 O 15.999	9 氟 F 18.998	10 氖 Ne 20.17
11 钠 Na 22.989	12 镁 Mg 24.305											13 铝 Al 26.982	14 硅 Si 28.085	15 磷 P 30.974	16 硫 S 32.06	17 氯 Cl 35.453	18 氩 Ar 39.94
19 钾 K 39.098	20 钙 Ca 40.08	21 钪 Sc 47.956	22 钛 Ti 47.9	23 钒 V 50.9415	24 铬 Cr 52.996	25 锰 Mn 54.938	26 铁 Fe 55.84	27 钴 Co 58.9332	28 镍 Ni 58.69	29 铜 Cu 63.54	30 锌 Zn 65.38	31 镓 Ga 69.72	32 锗 Ge 72.5	33 砷 As 74.922	34 硒 Se 78.9	35 溴 Br 79.904	36 氪 Kr 83.8
37 铷 Rb 85.467	38 锶 Sr 87.62	39 钇 Y 88.906	40 锆 Zr 91.22	41 铌 Nb 92.9064	42 钼 Mo 95.94	43 锝 Tc 99	44 钌 Ru 101.07	45 铑 Rh 102.906	46 钯 Pd 106.42	47 银 Ag 107.868	48 镉 Cd 112.4 1	49 铟 In 114.82	50 锡 Sn 118.6	51 锑 Sb 121.7	52 碲 Te 127.6	53 碘 I 126.905	54 氙 Xe 131.3
55 铯 Cs 132.905	56 钡 Ba 137.3 3	57～71 La～Lu 镧系	72 铪 Hf 178.4	73 钽 Ta 180.947	74 钨 W 183.8	75 铼 Re 186.207	76 锇 Os 190.2	77 铱 Ir 192.2	78 铂 Pt 195.08	79 金 Au 196.967	80 汞 Hg 200.5	81 铊 Tl 204.3	82 铅 Pb 207.2	83 铋 Bi 208.98	84 钋 Po (209)	85 砹 At (201)	86 氡 Rn (222)
87 钫 Fr (223)	88 镭 Ra 226.03	89～103 Ac～Lr 锕系	104 𬬻 Rf (261)	105 𬭊 Db (262)	106 𬭳 Sg (263)	107 𬭛 Bh (262)	108 𬭶 Hs (265)	109 鿏 Mt (266)	110 𫟼 Ds (269)	111 𬬭 Rg (272)	112 Uub (277)	113 Uut 284	114 Uuq 289	115 Uup 288	116 Uuh 292	117 Uus	118 Uuo 294

镧系	57 镧 La 138.905	58 铈 Ce 140.12	59 镨 Pr 140.91	60 钕 Nd 144.2	61 钷 Pm 147	62 钐 Sm 150.4	63 铕 Eu 151.96	64 钆 Gd 157.25	65 铽 Tb 158.93	66 镝 Dy 162.5	67 钬 Ho 164.93	68 铒 Er 167.2	69 铥 Tm 168.934	70 镱 Yb 173.0
锕系	89 锕 Ac 227.03	90 钍 Th 232 .04	91 镤 Pa 231.04	92 铀 U 238 .03	93 镎 Np 237 .05	94 钚 Pu 244	95 镅 Am 243	96 锔 Cm 247	97 锫 Bk 247	98 锎 Cf 251	99 锿 Es 254	100 镄 Fm 257	101 钔 Md 258	102 锘 No 259

2. 族

周期表有18列，除8、9、10这3列合称为第ⅧB族，其余15列，每一列构成一族。族又分为主族和副族。由短周期和长周期元素共同构成的族，叫做主族，共8个主族，主族元素在族的序数（习惯用罗马数字表示）后面标A字，如ⅠA、ⅡA、ⅢA…

主族序数＝最外层电子数

完全由长周期元素构成的族，叫做副族，共有8个副族。副族元素在族的序数后面标B字，如ⅠB、ⅡB、ⅢB…

元素周期表中最右边一族是稀有气体元素，化学性质非常不活泼，在通常情况下不发生化学变化，其化合价为零，因而也叫做零族。

想一想

在整个周期表中，有几个主族？几个副族？

科学视野

1. 主族的别名

第ⅠA族叫做“碱金属族”；第ⅡA族叫做“碱土金属族”；第ⅢA族叫做“硼族”；第ⅣA族叫做“碳族”；第ⅤA族叫做“氮族”；第ⅥA族叫做“氧族”；第ⅦA族叫做“卤素族”；第ⅧA族叫做“零族”。

2. 过渡元素

8个副族元素位于周期表的中部，共10列63种元素，习惯上称为过渡元素，它们属于第四周期到第七周期。过渡元素都是金属元素，它们的单质叫做过渡金属。它们原子的最外层电子数不超过2个，容易失去电子，显示金属元素的性质。

练一练

查阅元素周期表，指出下列元素在周期表中的位置：

（1）钾 （2）镁 （3）氮

（4）铁、（5）氧 （6）氯

你的答案：________________

____

____

____

二、周期表中主族元素性质的递变规律

1. 主族元素的金属性和非金属性的递变

元素的金属性通常是指它的原子失去电子的能力。

元素的非金属性通常是指它的原子获得电子的能力。

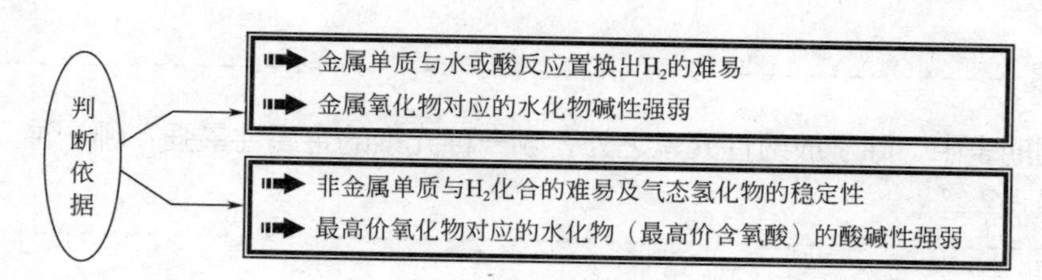

周期表中11～13号、14～17号元素的性质变化见表2-6和表2-7。一般地说，在周期表中：

同一主族元素从下到上，同一周期中的主族元素从左到右都存在这样的变化规律：元素的金属性逐渐减弱，非金属性逐渐增强。

表2-6　11～13号元素性质的变化

金属元素性质	$_{11}Na$	$_{12}Mg$	$_{13}Al$
单质和水（或酸）的反应情况	与冷水剧烈反应	与沸水反应放出H_2，与酸剧烈反应放出H_2	与酸能反应放出H_2
最高价氧化物对应水化物碱性	NaOH强碱	$Mg(OH)_2$中强碱	$Al(OH)_3$两性氢氧化物

表2-7　14～17号元素性质的变化

项　目	$_{14}Si$	$_{15}P$	$_{16}S$	$_{17}Cl$
对应氧化物	SiO_2	P_2O_5	SO_3	Cl_2O_7
氧化物的水化物	H_2SiO_3	H_3PO_4	H_2SO_4	$HClO_4$
酸性强弱	弱酸	中强酸	强酸	最强酸
	酸性逐渐增强 →			
单质与H_2反应条件	高温	加热	加热	点燃火光照
气态氢化物及稳定性	SiH_4	PH_3	H_2S	HCl
	稳定性逐渐增强 →			
氧化物水溶液的酸性	酸性逐渐增强 →			

如图2-10：

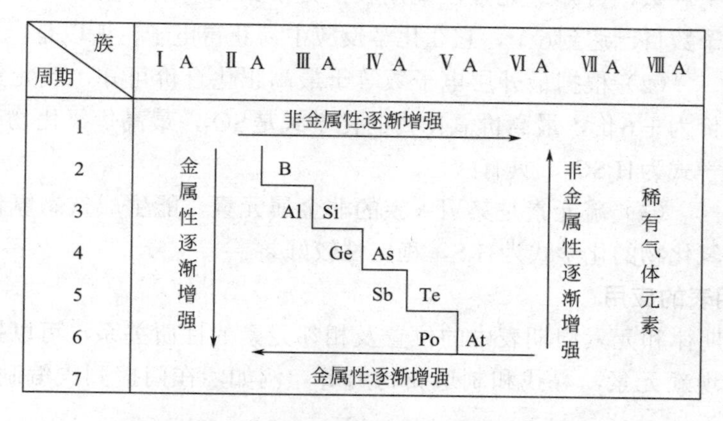

图2-10　主族元素金属性和非金属性的递变性

想一想

在周期表中，除了放射性元素之外，哪一种元素的金属性最强？哪一种元素的非金属性最强？

2. 主族元素化合价的递变

元素的化合价与原子的电子层结构，特别是与最外层电子数目有密切的关系。

一般把能够决定化合价的电子（参加化学反应的电子），叫做价电子。

主族元素原子的最外层电子都是价电子。表2-8列出了主族元素主要化合价和气态氢化物、最高价氧化物及其水化物的通式。

表2-8 主族元素主要化合价和气态氢化物、最高价氧化物及其水化物的通式

族序数	ⅠA	ⅡA	ⅢA	ⅣA	ⅤA	ⅥA	ⅦA
最外层电子数	1	2	3	4	5	6	7
最高正化合价	+1	+2	+3	+4	+5	+6	+7
负化合价				−4	−3	−2	−1
气态氢化物的通式				RH_4	RH_3	H_2R	HR
最高价氧化物的通式	R_2O	RO	R_2O_3	RO_2	R_2O_5	RO_3	R_2O_7
最高价氧化物对应水化物的通式	ROH	$R(OH)_2$	$R(OH)_3$	H_2RO_3	H_3RO_4	H_2RO_4	HRO_4

最高正化合价＝主族序数＝价电子数

负化合价＝最高正化合价−8

总之，元素的性质是由原子结构决定的，元素在周期表中的位置可反映元素的原子结构和一定的性质。所以，根据元素在周期表中的位置，可以很容易地来推断某一个元素的性质。

例如，要推断原子序数为16的硫元素的性质，硫的原子结构示意见图2-11。从图2-11可分析得出了以下结论：

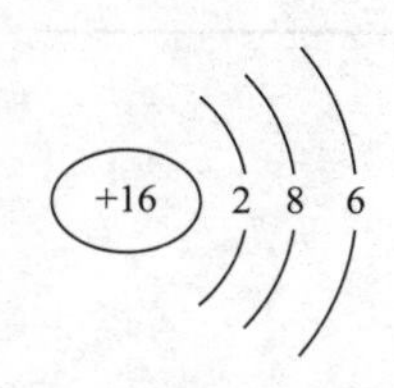

图2-11 硫原子结构示意图

（1）根据原子的电子层数等于周期序数，最外层上的电子数等于所在主族数，可知硫元素在周期表中处于第三周期，第ⅥA族，由于最外层电子数目已达到6个，它在化学反应中易获得电子，所以是一个非金属元素。

（2）根据最外层电子数等于最高正化合价可知，硫元素的最高正化合价为＋6价，最高价氧化物的化学式是SO_3，最高价氧化物对应水化物的化学式为H_2SO_4，具有酸性。

（3）硫元素是第ⅥA族的非金属元素，能生成气态氢化物，负化合价为−2价，故气态氢化物的化学式为H_2S，稳定性较好。

3. 元素周期表的应用

运用元素周期律和元素周期表中的位置及相邻元素的性质关系，可以推断元素的一般性质，预言和发现新元素，寻找和制造新材料等。例如，在门捷列夫编制周期表的时候，

当时还有许多元素没有发现，他根据元素周期律，在表里留出了好些空格，并根据空格周围元素的性质，预言了几种未知元素（原子序数为21、31和32等元素）的性质，以后这些元素陆续被发现了，根据实验测得的这些元素的性质与门捷列夫所预言的非常相似。

元素周期表对工农业生产具有一定的指导作用。因为周期表中位置靠近的元素性质相近，这样为人们寻找新材料提供了一定的线索。例如通常在农药中含有氟、氯、硫、磷、砷等元素，这些元素都位于周期表的右上角。对这个区域的元素的化合物进行研究，有助于制造新农药。又如在金属与非金属的分界线附近寻找半导体材料，在过渡元素中选择良好的催化剂材料以及耐高温、耐腐蚀性材料等。

练一练

已知元素R的原子核外电子层结构为：

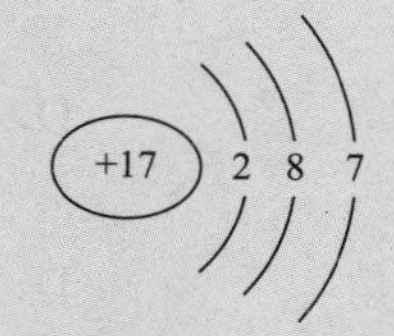

（1）试确定元素R处于周期表中哪一周期？哪一族？

（2）写出它的最高价氧化物的化学式和该氧化物对应水化物的化学式。

（3）元素R能否形成气态氢化物？若能，写出它的化学式，并与H_2S比较哪一个更稳定。

你的答案：________

本章小结

1. 原子的构成 同位素

（1）原子的构成：原子由原子核和核外电子构成。

（2）同位素：具有相同质子数和不同中子数的同一元素的原子互称同位素。

2. 原子核外电子的排布

（1）核外电子的运动特征——电子云。

（2）把核外电子能量最低、离核最近的叫第一层（电子层的序数$n=1$），能量稍高、离核稍远的叫第二层（$n=2$），由里向外依次类推，叫第三（$n=3$）、四（$n=4$）、五（$n=5$）、六（$n=6$）、七（$n=7$）层。也可依此用K、L、M、N、O、P、Q等符号来表示。

3. 元素周期律

元素的性质随着元素原子序数的递增而呈周期变化。这个规律叫做元素周期律。

4. 元素周期表

（1）根据元素周期律，把元素按原子序数递增的顺序以一定规律排列，形成元素周期表，在周期表中，具有相同电子层数，并按照原子序数递增的顺序排列的一系列元素，称为一个周期。周期表中每个纵列叫做一个族（第ⅧB族包括三个纵列）。在整个周期表里，共分7个周期，16个族。

（2）在周期表中元素性质的递变规律：同一周期中，从左到右，元素的金属性逐渐减弱，非金属性逐渐增强。同一主族中从上到下，元素的金属性逐渐增强，非金属性质逐渐减弱。

本章习题

一、选择题

1．决定元素种类的是（　　）。

A．核外电子　　B．质子数　　C．质量数　　D．中子数

2．在周期表最活泼的金属位于周期表的（　　）。

A．左上角　　B．左下角　　C．右上角　　D．右下角

3．在周期表中最活泼的非金属位于周期表的（　　）。

A．左上角　　B．左下角　　C．右上角　　D．右下角

4．下列物质结构、性质的比较顺序正确的是（　　）。

A．金属性：Mg＞Al＞Na＞K

B．非金属性：F＞O＞S＞P

C．水溶液碱性：$KOH > NaOH > Mg(OH)_2 > Ca(OH)_2$

D．氢化物稳定性：$HF > HCl > H_2S > PH_3 > SiH_4$

5．在短周期元素中，原子最外电子层只有1个或2个电子的元素是（　　）。

A．金属元素　　B．稀有气体元素

C．非金属元素　　D．无法确定为哪一类元素

二、填空题

1．原子呈中性，是因为核内质子带的正电荷与核外电子带的负电荷__________。

2．原子核内所有质子和中子的相对原子质量取整数相加所得的数值叫__________。

3．化学上，把具有质子数________而中子数________的一类原子互称同位素。

4．填表：

原子组成	质量数	质子数	中子数	电子数
$^{23}_{11}Na$				
$^{27}_{13}Al$				
$^{24}_{12}Mg$				
$^{52}_{24}Cr$				

5．元素周期表包括____个周期，____个族，ⅥB表示的是____族。

6．主族元素的原子最外层电子数与______相等，主族元素的原子的电子层数与______

相等。Cl位于周期表中的第______周期，第______族。

7．第ⅠA和ⅡA两个主族元素的主要化合价分别为______和______。

8．同周期的主族元素，从左到右，最外层电子数逐渐____，原子半径逐渐____，原子核对核外电子的吸引能力逐渐____，失去电子的能力逐渐____，金属性逐渐____，非金属性逐渐____，最高价氧化物对应水化物的碱性逐渐____，酸性逐渐____。

9．同主族的主族元素，从上往下，原子的电子层数逐渐____，原子半径逐渐____。原子核对最外层电子吸引力逐渐____，金属元素的金属性逐渐____，非金属元素的非金属性逐渐____。

10．元素最高价氧化物水化物的碱性越强，它的金属性____；元素最高价氧化物水化物的酸性越强，它的非金属性____。

11．碱性比较：NaOH、$Mg(OH)_2$、$Al(OH)_3$

____

12．酸性比较：$HClO_4$、$HBrO_4$、HIO_4

____

13．元素的金属性比较：Al、Mg、Na

____

三、推断题

1．右图是周期表中短周期的一部分，A、B、C三种元素原子核外电子数之和等于B原子的质量数。B原子核内质子数和中子数相等。

则A、B、C分别为什么元素？

A______________________

B______________________

C______________________

A		C
	B	

2．同一周期的X、Y、Z三元素，已知最高价氧化物对应水化物的化学式是：H_3XO_4、H_2YO_4、HZO_4，则：

（1）X、Y、Z的非金属性强弱顺序为______________________

（2）气态氢化物的稳定性强弱顺序为______________________

（3）最高价氧化物对应水化物的酸性强弱顺序为______________________

（4）X、Y、Z的原子半径大小顺序为______________________

四、计算题

1．主族元素R，它的氢化物为RH_3，它的最高正价的氧化物含氧为56.34%（质量分数），求该元素的相对原子质量，并指明该元素的名称。

2．已知氯元素有两种同位素原子$^{35}_{17}Cl$和$^{37}_{17}Cl$，其中$^{35}_{17}Cl$的相对原子质量是34.969，在自然界中的百分比是75.77%，$^{37}_{17}Cl$的相对原子质量是36.966，在自然界中的百分比是24.23%，分别计算Cl元素的相对原子质量和近似相对原子质量。

第三章

化学键与分子结构

学习指导

1. 理解离子键和共价键的概念和特征。
2. 了解分子间作用力的类型和氢键的概念。
3. 了解物质性质和分子间作用力的关系。
4. 了解晶体基本类型和特征。

第一节　化学键

说一说

大家说一说，分子是由什么构成的？分子为什么能够稳定存在？

分子是由原子结合而成，但分子能够稳定存在，说明分子中的原子之间必然存在着相互作用。

化学上把分子中直接相邻的原子或离子之间强烈的相互作用力叫做化学键（见图3-1）。

化学键不仅存在于直接相邻的原子之间，而且也存在于分子内非直接相邻的原子之间。直接相邻原子之间相互作用力比较强烈，破坏它要消耗较大的能量，它是使原子互相结合成分子的主要因素。

化学键的主要类型有离子键、共价键和金属键。

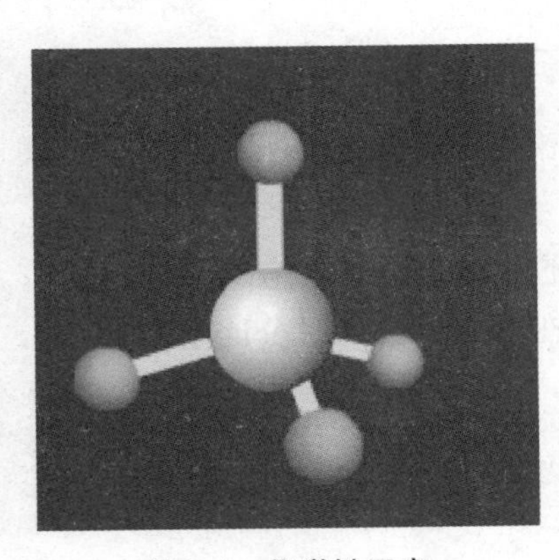

图3-1　化学键示意

一、离子键

活泼金属和活泼非金属很容易反应，它们的原子可以失去和得到电子而趋向于使核外电子层结构形成稳定状态。

例如：金属钠在氯气中燃烧生成氯化钠的反应过程。

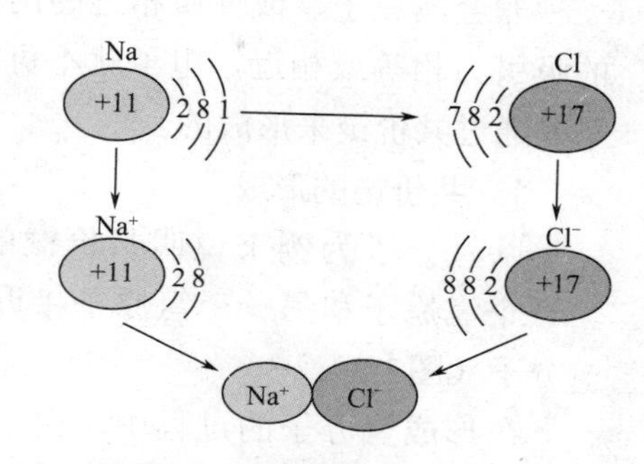

图3-2　氯化钠的形成过程

钠原子的最外层只有1个电子，容易失去，氯原子最外层有7个电子，容易得到1个电子，从而使最外层都达到8个电子的稳定结构。

当钠与氯气反应时，钠原子的最外电子层的1个电子转移到氯原子的最外电子层上去。这时钠原子因失去了1个电子形成了带正电荷的钠离子（Na^+），而氯原子因得到了1个电子形成带负电荷的氯离子（Cl^-）。

Na^+和Cl^-之间依靠静电吸引而相互靠近。随着两种离子的逐渐接近，两者之间的电子和电子、原子核和原子核的相互排斥作用也逐渐增强，当两种离子接近到一定距离时，吸引和排斥作用达到平衡，于是阴、阳离子都在一定平衡位置上振动，形成了稳定的化学键（见图3-2）。

凡由阴、阳离子间通过静电作用所形成的化学键叫做离子键。

在化学反应中，一般是原子的最外层电子发生变化，为简便起见，可以在元素符号周围用小黑点·（或×）来表示原子的最外层电子个数，这种式子叫做电子式。例如：

H·	·Ö·	:C̤̈l·	×Mg×	Na×
氢原子	氧原子	氯原子	镁原子	钠原子

$[:\ddot{\underset{..}{Cl}}:]^-$	$[:\ddot{\underset{..}{O}}:]^{2-}$	Mg^{2+}	Na^+
氯离子	氧离子	镁离子	钠离子

同时，可以用电子式来表示物质形成的过程。例如，氯化钠的形成过程用电子式表示如下：

$$Na^{\times} + \cdot\ddot{\underset{..}{Cl}}: \longrightarrow Na^+[:\ddot{\underset{..}{Cl}}:]^-$$

活泼金属（如钾、钠、钙）和活泼非金属（如氯、溴、氧等）反应生成化合物时，都形成离子键。例如，溴化镁和氧化钙都是由离子键结合成的：

$$:\ddot{\underset{..}{Br}}\cdot + {}_{\times}Mg_{\times} + \cdot\ddot{\underset{..}{Br}}: \longrightarrow [:\ddot{\underset{..}{Br}}:]^- Mg^{2+} [:\ddot{\underset{..}{Br}}:]^-$$

$${}_{\times}Ca_{\times} + \cdot\ddot{\underset{..}{O}}\cdot \longrightarrow Ca^{2+}[:\ddot{\underset{..}{O}}:]^{2-}$$

以离子键结合成的化合物称为离子化合物。绝大多数的盐、碱和金属氧化物都是离子化合物。

二、共价键

上面介绍的是活泼金属元素与活泼非金属元素以离子键结合形成离子化合物。当由同一种非金属原子，或性质相近的两种非金属原子结合成分子时，由于它们的原子核对电子的吸引力相等或相近，电子就不可能从一个原子转移到另一个原子上。实际上，这一类分子是通过共价键来形成的。

1. 共价键的形成

以氢分子为例来说明共价键的形成，在通常状况下，当一个氢原子和另一个氢原子接近时，就相互作用而生成氢分子（图3-3）。

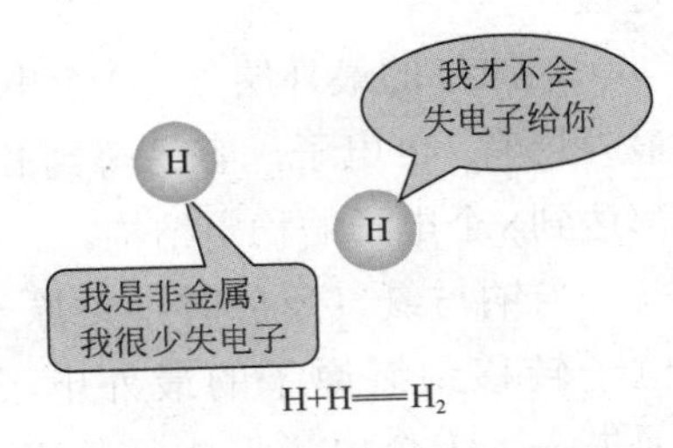

图3-3 氢分子的形成过程

在形成氢分子的过程中，由于两个氢原子吸引电子的能力相等，所以电子不是从一个氢原子转移到另一个氢原子上，而是在两个氢原子间共用两个电子，形成共用电子对，这两个共用的电子在两个原子核周围。因此，在氢分子中每个氢原子都好像具有类似氦原子的稳定结构。氢分子的生成可用电子式表示为：

$$H\cdot+\cdot H \longrightarrow H{:}H$$

再以氯化氢形成为例来说明共价键的形成过程（图3-4）：

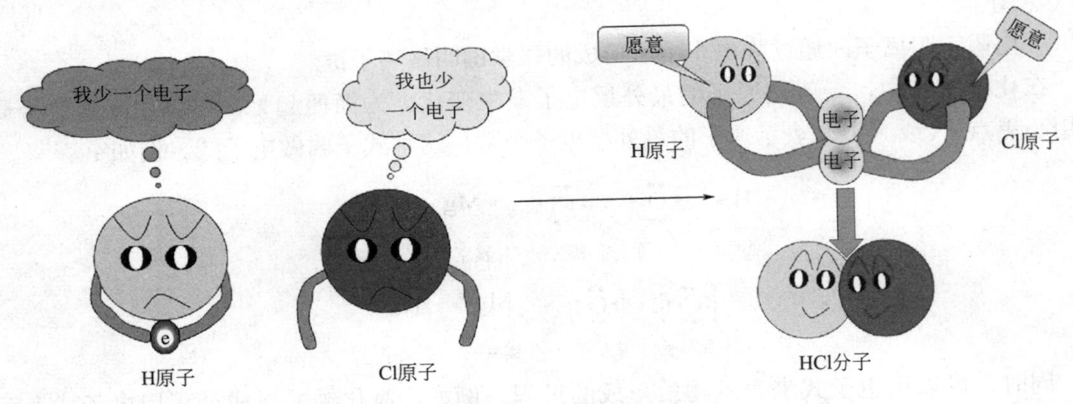

图3-4 氯化氢分子的形成过程

在化学上常用一根短线来表示一对共用电子对，因此氢分子又可表示为：H—H，这种表示形式称为氢分子的结构式。

原子间通过共用电子对所形成的化学键，叫做共价键。非金属元素的原子之间都是以共价键相结合的。

练一练

写出Cl_2、HCl、H_2O、N_2、CO_2的电子式和结构式。

你的答案：________________

2. 共价键的属性

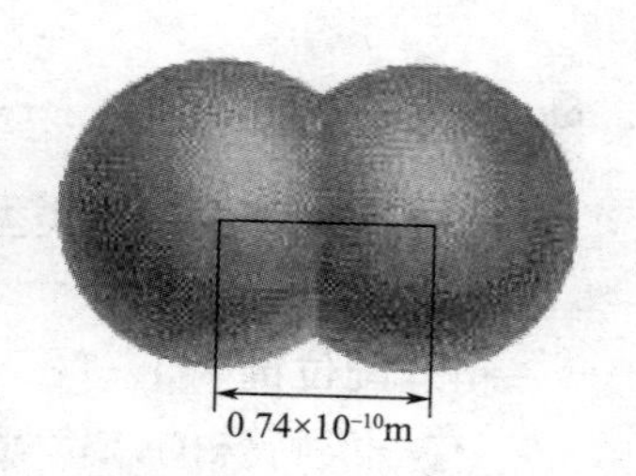

图3-5　H—H键长

键长、键能、键角称为共价键的属性，或称为共价键的参数。

在分子中，两个成键的原子间的核间距离叫做键长。例如，H—H键长为0.74×10^{-10}m（图3-5），C—C键长为1.54×10^{-10}m，Cl—Cl键长为1.98×10^{-10}m。

一般地说，两个原子之间所形成的键越短，键能就越强，键越牢固。

科学视野

某些共价键的键能/（kJ/mol）

键	键能	键	键能
H—H	436	C—H	431
Cl—Cl	243	O—H	463
Br—Br	193	N—H	391
I—I	152	H—Cl	431
C—C	346	H—I	299

水分子的结构式表示为：H—O—H（角形），水分子中两个O—H键间的夹角是104°30′，这种分子中键之间的夹角叫做键角。例如，二氧化碳分子中两个C═O键成直线，夹角是180°，甲烷分子中两个C—H键间的夹角是109°28′。如图3-6所示。

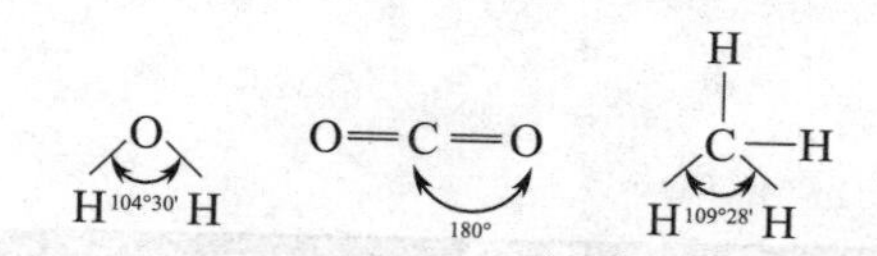

图3-6　H_2O、CO_2、CH_4分子中的键角

3. 非极性键和极性键

在一些非金属单质分子中，存在同种原子形成的共价键，由于两个原子吸引电子的能力相同，共用电子对不偏向任何一个原子，成键的原子不显电性。这样的共价键叫做非极性共价键，简称非极性键。

在不同的非金属元素的原子所形成的化合物分子中，由于不同种类的原子吸引电子的能力不同，共用电子对必然偏向吸引电子能力强的一方，因此吸引电子能力较强的原子就带部分负电荷，吸引电子能力较弱的原子就带部分正电荷，这样的共价键叫做极性共价键，简称极性键。

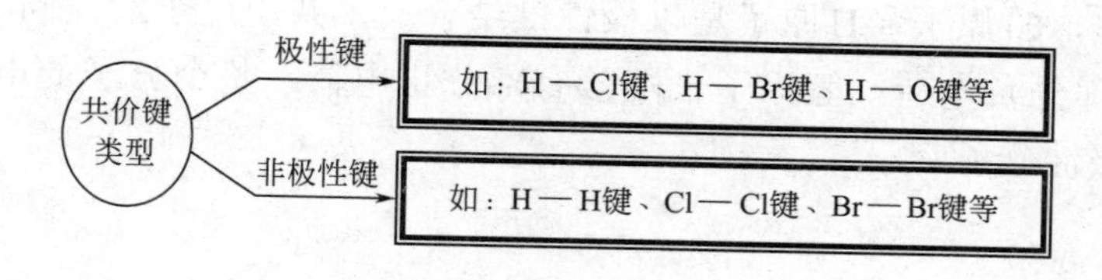

想一想

化合物中键的类型是不是单一的？在NaOH中存在哪几种化学键？

4．配位键

有一类特殊的共价键，共用电子对是由一个原子或离子单方面提供，而与另一个原子或离子（不需要提供电子）共用，这样的共价键叫做配位键。

配位键是有极性的，配位键用A→B表示，其中A是单方面提供电子的一方，B是接受电子的一方。如铵根离子（NH_4^+）中就存在配位键：

$$\left[H\overset{H}{\underset{H}{\overset{\times}{\cdot}N\overset{\cdot}{\times}}}H\right]^+ \qquad \left[H-\overset{H}{\underset{H}{\overset{|}{\underset{|}{N}}}}\rightarrow H\right]^+$$

NH_4^+中氮原子与其中三个氢原子各提供的一个电子形成三个N—H共价键，还有一个氮原子单方面提供的一对电子与氢原子共用形成配位键，即N→H键。

练一练

1．用电子式来表示NaBr、$CaCl_2$离子键的形成。

2．用电子式和结构式表示Br_2、HF、H_2S和NH_3分子。

你的答案：1. ______________________

____

2. ______________________

____

第二节 分子的极性

说一说

共价键有极性和非极性之分，那么分子呢？有没有极性分子和非极性分子呢？如果有，那么H_2、HCl分别是什么分子？

在H_2分子里，两个H原子是以非极性键结合的，共用电子对不偏向于任何一个原子，从整个分子看，分子里电荷分布是对称的，这样的分子叫做非极性分子。

在HCl分子里，Cl原子和H原子是以极性键结合的，共用电子对偏向于Cl原子，因此Cl原子一端带有部分负电荷，氢原子一端带有部分正电荷，整个分子的电荷分布不对称，这样的分子叫做极性分子。

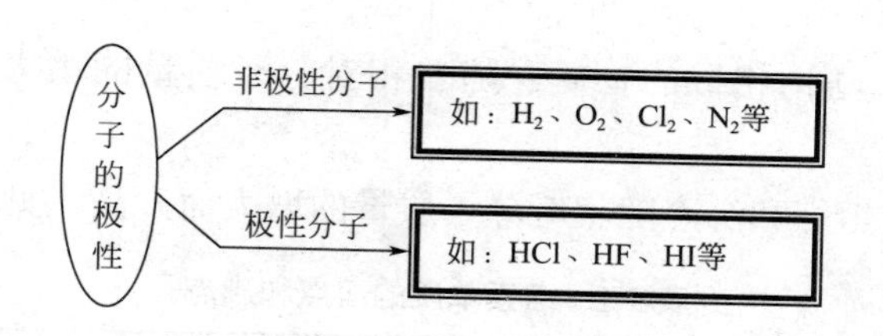

想一想

CO_2是极性分子还是非极性分子？H_2O呢？

多原子分子是否具有极性是由分子的组成和分子中各键的空间排列所决定。例如，CO_2是非极性分子，H_2O是极性分子。

*第三节　分子间力和氢键

说一说

化学键讨论的是原子之间的相互作用，那么，分子与分子之间是否也存在相互作用呢？

一、分子间力

经验告诉我们，在温度足够低时，许多气体能凝聚为液体，甚至凝结为固体，这说明分子间存在着一种相互吸引的作用力，即分子间力。1837年，荷兰物理学家范德华（J.D.Vander Waals）首先对分子间力进行了研究，因此分子间力又称为范德华力。

从能量上来看，分子间力比化学键要小得多。化学键键能在125.4～836kJ/mol，而分子间力的能量为10～40kJ/mol。例如，HCl分子的H—Cl键能为431kJ/mol，而分子间力的能量为21.14kJ/mol。

分子间作用的范围较小（在300～500pm范围内较显著），所以固态时分子间作用力较大，液态次之，而气态时分子间力很小。

想一想

分子间力的大小对物质的熔点、沸点、溶解度等物理性质有没有影响？

分子间力的大小对物质的熔点、沸点、溶解度等物理性质有一定影响。分子间力越大，物质的熔点、沸点就越高。

一般地说，组成和结构相似的物质，随着相对分子质量的增大，其分子间力也增大，熔点、沸点也随之升高。

例如，卤素单质的熔点和沸点随相对分子质量的增大而升高，见表3-1。

表3-1 卤素单质的熔点和沸点

卤素单质	F_2	Cl_2	Br_2	I_2
相对分子质量	38.00	70.90	159.80	253.80
熔点/K	53.38	172	265.8	385.5
沸点/K	84.86	238.4	331.8	457.4

相对分子质量增大，熔点、沸点升高 →

人们从大量的事实总结出了“相似相溶”的规律，即“结构相似的物质，易互相溶解”、“极性分子易溶于极性溶剂中，非极性分子易溶于非极性溶剂中”。

例如，结构相似的乙醇（CH_3CH_2OH）和水（H_2O）可以互溶；非极性分子I_2易溶于非极性溶剂CCl_4中，而难溶于水。

二、氢键

科学视野

有些氢化物的熔点、沸点的递变规律与以上规律不完全相符。如下表：

某些氢化物的沸点

氢化物	相对分子质量		沸点/K
H_2O	18	相对分子质量增大 ↓	373
H_2S	34		212
H_2Se	81		232
H_2Te	130		271
氢化物	相对分子质量		沸点/K
HF	20	相对分子质量增大 ↓	293
HCl	36.45		188
HBr	80.9		206
HI	127.9		238

从上表大家可以看出：相对分子质量较小的H_2O和HF出现了沸点较高的反常现象，这是为什么？

原因是H_2O和HF分子之间除上面所述的分子间力外，还存在着一种特殊的作用力——氢键。

在水分子中，由于氧原子吸引电子的能力比氢强得多，H—O键极性很强，共用电子对强烈地偏向氧原子的一端，氢原子的电子被氧原子所吸引，几乎是完全带正电荷的质子。于是，这个半径很小，带正电荷，近似质子的氢原子，能够和带负电荷的另一水分子中的氧原子之间产生静电引力（H—O···H）。

H_2O分子间的氢键

像这样，当氢原子与吸引电子能力很强的元素（如F、O、N）的原子结合时，它能与另一分子中吸引电子能力很强、带负电荷的分子之间产生的静电吸引力叫做氢键。除上述水分子间能形成氢键外，其他如氨（NH_3）分子之间、氟化氢（HF）、醇、胺、羧酸、蛋白质、脂肪与糖等有机物之间也能形成氢键。

第四节 晶体的基本类型

原子、分子和离子按一定的方式相互聚集可以形成气体、液体、固体等状态的物质。其中，固体不只具有一定体积，而且还具有一定形状。

固体物质可分为晶体和非晶体两大类。

绝大多数固体属于晶体。

一、晶体的特征

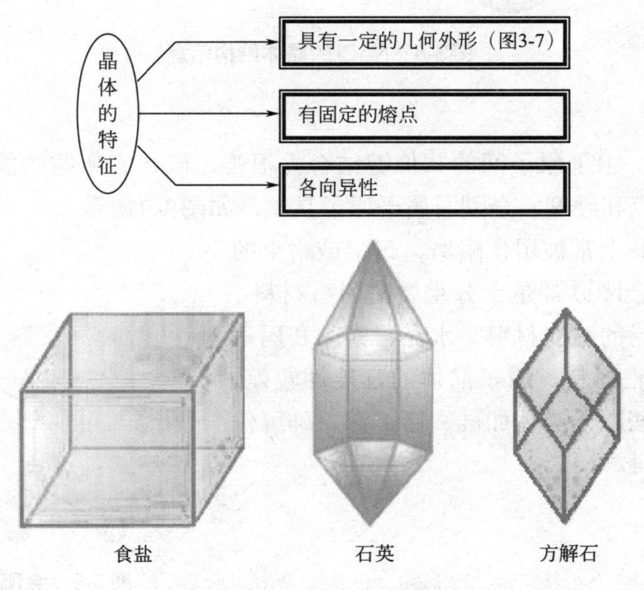

图3-7 几种晶体的外形

二、晶体的基本类型

根据组成晶体的微粒，以及微粒之间的作用力，可将晶体的基本类型分为以下四种：离子晶体、原子晶体、分子晶体和金属晶体（金属晶体不在本章介绍）。

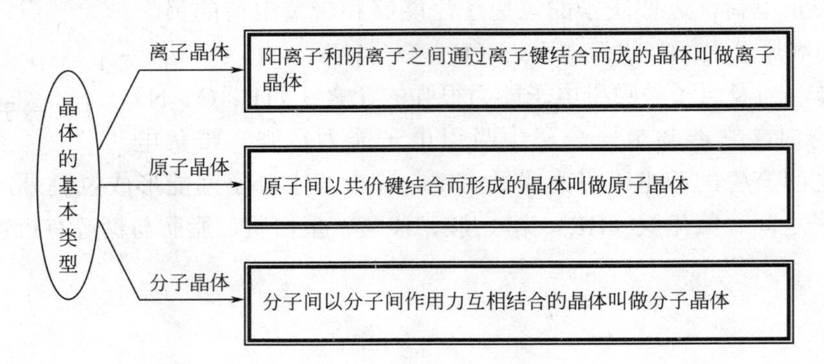

1. 离子晶体

由于阴、阳离子之间存在着较强的离子键，作用力较大，因此，离子晶体一般具有较高的熔点、沸点和较大的硬度、密度，难以压缩和挥发。NaCl属于离子晶体，如图3-8所示。

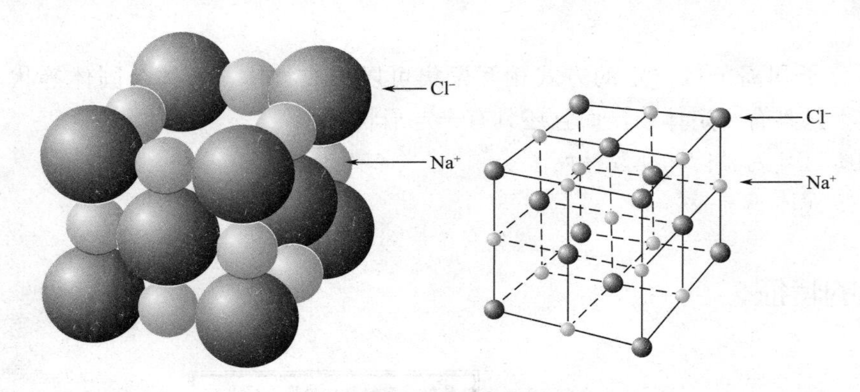

图3-8 NaCl的晶体结构示意

2. 原子晶体

在原子晶体中，由于原子间的共价键结合力很强，破坏它所需的能量很高，因此这类晶体具有很高的熔点和硬度。金刚石属于原子晶体，如图3-9所示。

原子晶体在工业上常被用作耐磨、耐熔或耐火的材料。如金刚石、金刚砂都是十分重要的耐磨材料；SiO_2是应用极为广泛的耐火材料；水晶、紫晶和玛瑙等，是工业上的贵重材料。原子晶体的延展性较差，一般不导电，但某些原子晶体如硅、锗、镓、砷可作为优良的半导体材料。

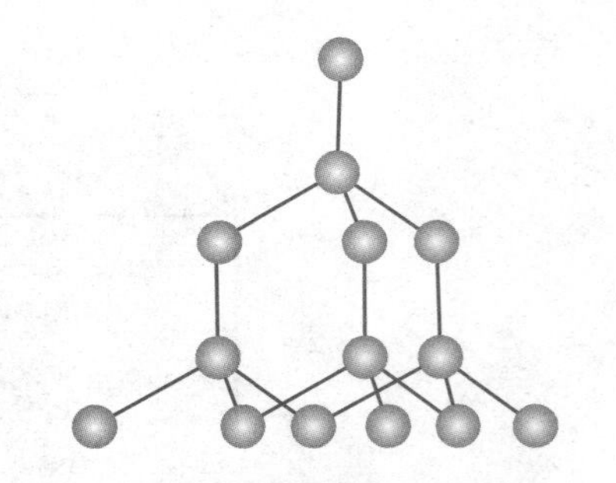

图3-9 金刚石的晶体结构示意

3. 分子晶体

由于分子间作用力很弱，只要供给较少的能量，分子晶体就会被破坏，因此分子晶体的硬度较小，熔点、沸点较低，挥发性大，在常温下多数以气态或液态存在。固态二氧化碳（干冰）就是分子晶体，如图3-10所示。

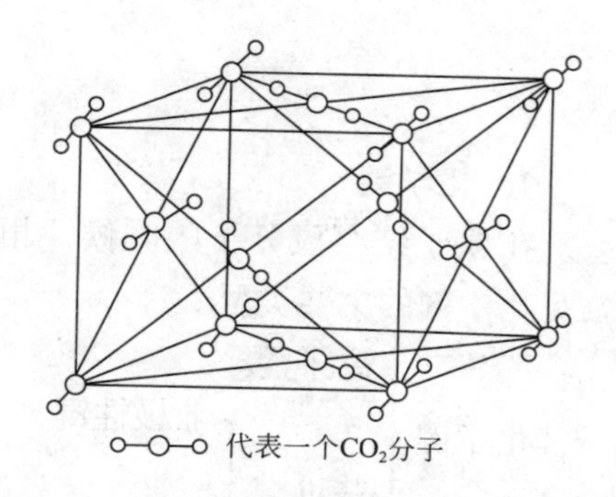

图3-10　固态二氧化碳的晶体结构示意

想一想

石墨质软，金刚石却非常坚硬，这是为什么？

科学视野

有些晶体，如石墨是介于原子晶体和分子晶体之间的一种过渡性晶体。石墨具有层状结构，在每一层内，碳原子排列成六边形，一个六边形排开成平面的网状结构，每一个碳原子都跟其他3个碳原子以共价键相结合，键长为1.42×10^{-10}m。同一平面层中，有可以流动的电子，使石墨具有良好的导电性和传热性。

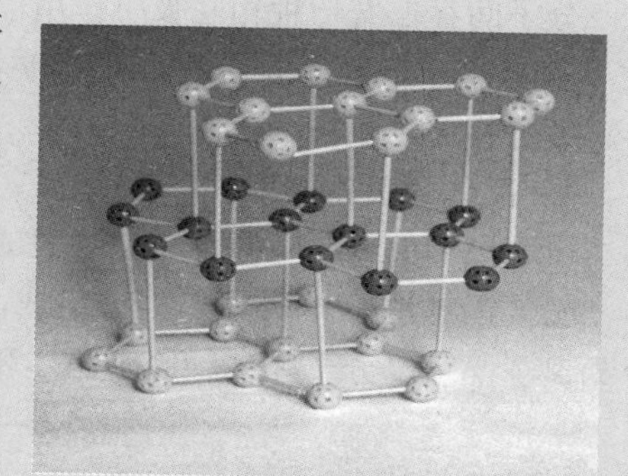

石墨的晶体结构示意

在工业上用石墨制作电极和冷却器。此外，由于同一平面层上的碳原子间结合力很强，极难破坏，所以石墨的化学性质很稳定，熔点也很高。在石墨晶体中，层与层之间以微弱的分子间力结合，因此石墨片之间容易滑动，性质柔软，可用作固体润滑剂和铅笔芯。

练一练

三种晶体的类型比较

晶体类型	微粒	结合力	熔、沸点	典型实例
离子晶体				
原子晶体				
分子晶体				

本章小结

1. 化学键

在原子结合成分子的时候，相邻的两个或多个原子之间强烈的相互作用——化学键。常见化学键的主要类型：

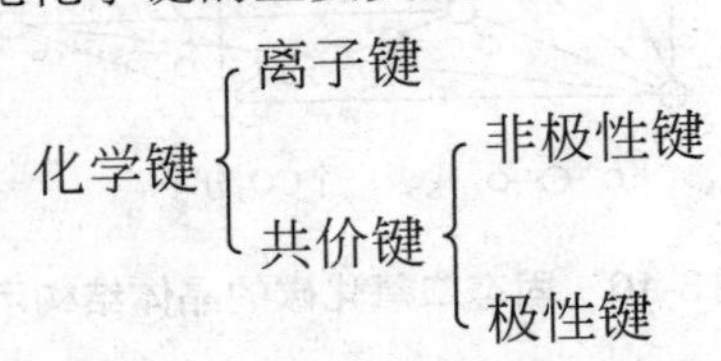

共价键具有键能、键长、键角等属性。

2. 非极性分子和极性分子

① 双原子分子的极性取决于键的极性。

② 以极性键结合的多原子分子，可能是极性分子，也可能是非极性分子，这取决于分子的组成和分子中各键的空间排列。

3. 分子间力

分子间存在着一种相互吸引作用，称为分子间力，也叫做范德华力。

从能量上来看，分子间力比化学键要小得多。分子间力的大小对物质的熔点、沸点、溶解度等物理性质有一定的影响。

4. 晶体的基本类型

（1）晶体的特征：晶体具有规整的几何外形、固定的熔点和各向异性。

（2）晶体的基本类型：根据组成晶体的微粒的种类及微粒之间的作用不同，可将晶体分为离子晶体、分子晶体、原子晶体和金属晶体。

本章习题

一、选择题

1. 下列关于化学键的描述正确的是（　　）。

A．原子与原子之间的相互作用　　B．分子之间的一种相互作用

C．相邻原子之间的强烈相互作用　　D．相邻分子之间的强烈相互作用

2. 下列电子式正确的是（　　）。

A．$Na^+[:\ddot{\underset{..}{S}}:]^{2-}H^+$　　B．$Na^+[:\ddot{\underset{..}{O}}:]^{2-}Na^+$

C．$[H:\ddot{\underset{..}{O}}:]^-Ba^{2+}[:\ddot{\underset{..}{O}}:H]^-$　　D．$S::C::S$

3. 下列电子式正确的是（　　）。

A．$H:\underset{..}{S}:H$　　B．$H^+[:\ddot{\underset{..}{Cl}}:]^-$　　C．$:\ddot{O}:C:\ddot{O}:$　　D．$\begin{matrix} & Cl & \\ Cl: & \ddot{\underset{..}{C}} & :Cl \\ & Cl & \end{matrix}$

4. 下列化合物的电子式书写正确的是（　　）。

A．$[Na^+]:\ddot{\underset{..}{Cl}}:^{2-}[Na^+]$　　B．$\left[\begin{matrix} & H & \\ H: & \ddot{\underset{..}{N}} & :H \\ & H & \end{matrix}\right]^+[Cl^-]$　　C．$\begin{matrix} & H \\ H: & \ddot{\underset{..}{N}} \\ & H \end{matrix}$　　D．$H^+[:\ddot{\underset{..}{O}}:]^{2-}H^+$

5．下列物质的电子式书写正确的是（　　）。

A．$\mathrm{H}\ \overset{\mathrm{H}}{\underset{\mathrm{H}}{\ddot{\mathrm{C}}}}{:}\mathrm{OH}$　　B．$\mathrm{H}{:}\ddot{\underset{..}{\mathrm{Cl}}}{:}\ddot{\underset{\times\times}{\mathrm{O}}}{:}$　　C．$:\mathrm{N}\vdots\vdots\mathrm{N}:$　　D．$[\,:\ddot{\underset{..}{\mathrm{O}}}{:}\mathrm{H}\,]^{-}$

6．下列各对化合物中，化学键类型相同的一组是（　　）。

A．H_2S、KCl　　B．NaCl、HF　　C．$MgCl_2$、CaO　　D．CCl_4、KCl

7．下列物质中，不含共价键的化合物是（　　）。

A．碘化氢　　B．烧碱　　C．液溴　　D．食盐

8．下列物质属于离子化合物的是（　　）。

A．H_2O　　B．HNO_3　　C．Na_2O　　D．HF

9．下列化合物，仅由共价键形成的一组是（　　）。

A．HBr、CO_2、$CaCO_3$　　B．HCl、H_2S、CH_4

C．HCl、H_2O、NaOH　　D．HF、N_2、NH_4Cl

10．下列各对物质，化学键完全相同的是（　　）。

①NaCl和NaOH　②Cl_2和O_2　③Na_2S和$(NH_4)_2S$　④SiO_2和CO_2

⑤晶体硅和水晶

A．①②③　　B．②④　　C．②　　D．②④⑤

11．下列物质的分子中，共用电子对数目最多的是（　　）。

A．N_2　　B．NH_3　　C．CO_2　　D．CH_4

12．下列叙述正确的是（　　）。

A．两个非金属原子间不可能形成离子键　　B．非金属原子间不可能形成离子化合物

C．离子化合物中可能有共价键　　D．共价化合物中可能有离子键

13．下列说法中不正确的是（　　）。

A．在共价化合物中也可能含有离子键

B．非金属之间形成的化学键一定是共价键

C．含有共价键的化合物不一定是共价化合物

D．含有离子键的化合物一定是离子化合物

14．在共价化合物中，元素化合价有正负的主要原因是（　　）。

A．电子有得失　　B．共用电子对有偏移

C．电子既有得失又有电子对偏移　　D．有金属元素存在

二、填空题

1．K原子的电子式是________，Br原子的电子式________，用电子式表示KBr的形成过程________________________________。

2．分子晶体的晶格粒子是________，它们之间靠________结合在一起，熔点________，如________即为分子晶体。

3．一般来说，分子间力越大，物质熔点、沸点就越________。

4．氮化钠（Na_3N）是科学家制备的一种重要的化合物，它与水作用可产生NH_3。回答问题：

（1）Na_3N的电子式是________________，该化合物由__________键形成。

（2）Na_3N与盐酸反应生成_________种盐，其电子式为_______，_______。

（3）Na_3N与水反应属于_____________反应。

5．如图是钾、氧两元素形成的一种晶体的一个晶胞（晶体中最小的重复单元）。晶体中氧的化合价可看作是部分为0价，部分为-2价。

①该结构与_______的结构相似（填选项字母，下同）。

A．NaCl　　B．CsCl　　C．干冰　　D．SiO_2

②钾、氧两元素所形成化合物的化学式是_______。

A．K_2O　　B．K_2O_2　　C．K_2O_3　　D．KO_2

③下列对KO_2晶体结构的描述正确的是_______。

A．晶体中与每个K^+距离最近的K^+有8个

B．晶体中每个K^+周围有8个O_2^-，每个O_2^-周围有8个K^+

C．每个O_2^-周围最近且等距离的K^+所围成的空间构型为正八面体

D．晶体中，0价氧原子与-2价氧原子的数目比为3∶1

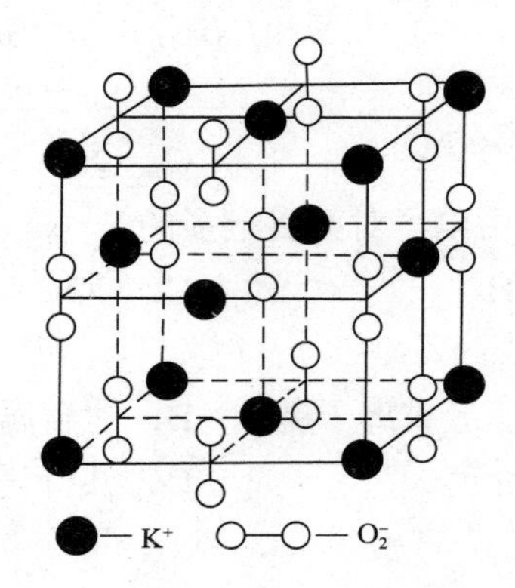

第四章

化学反应速率和化学平衡

学习指导

1. 了解化学反应速率的概念及表示方法。
2. 理解浓度、压力、温度和催化剂对化学反应速率的影响。
3. 掌握化学平衡知识，了解化学平衡移动原理。
4. 能分析生活、生产中有关化学反应速率的问题。

对任何一个化学反应的研究，不仅要注意其产物的种类，还必须注意另外两个重要问题，一是反应的快慢，也就是化学反应速率问题，二是反应进行的程度，即有多少反应物可以转化为生成物，也就是化学平衡问题。

第一节　化学反应速率

说一说

同学们，生活中哪些现象是由化学反应引起的，不同化学反应的速率都是一样的吗？你能说出生活中化学反应快或慢的例子吗？

火药爆炸非常迅速，瞬间即可完成。金属的腐蚀、塑料和橡胶的老化，却需要很长时间，煤和石油的形成，则要亿万年的时间，这些反应的速率一样吗？

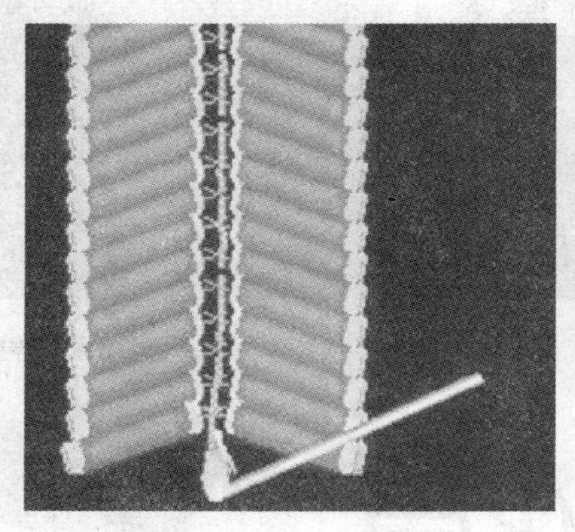

我们根据实际需要，怎样使一个进行得比较慢的反应变快？怎样使一个进行得比较快的反应变慢？这些都涉及化学反应速率问题。

一、反应速率的表示方法

在化学反应中，随着反应的进行，反应物浓度不断减小，生成物浓度不断增大。

我们通常用单位时间内反应物浓度的减少或生成物浓度的增大来表示化学反应速率（用符号v表示）。时间单位可用秒、分、时（分别用符号s、min、h表示），浓度单位为mol/L，反应速率的单位为mol/(L·s)或mol/(L·min)或mol/(L·h)。应该指出该反应速率实际上是一定时间间隔内的平均反应速率，而不是瞬时速率。

例如某一反应物的浓度是2mol/L，经过2s后，其浓度变成了0.8mol/L，即2s后反应物的浓度减小了2mol/L−0.8mol/L＝1.2mol/L，这就是说在这2s内，该反应物的平均反应速率为0.6mol/(L·s)。

注意：同一化学反应，用不同反应物或生成物浓度的变化来表示其反应速率时，结果是不同的。

例如：在一定条件下，氮气和氢气在密闭的容器中合成氨的反应，各物质的浓度变化如下：

	N_2	$+\ 3H_2$	$\rightleftharpoons 2NH_3$
起始浓度/(mol/L)	1.0	3.0	0
2s后的浓度/(mol/L)	0.8	2.4	0.4
变化浓度/(mol/L)	0.2	0.6	0.4

用氮气的浓度变化表示该反应速率时，则：

$$v(N_2) = (1.0-0.8)/2 = 0.1\text{mol/(L·s)}$$

用氢气的浓度变化表示该反应速率时，则：

$$v(H_2) = (3.0-2.4)/2 = 0.3\text{mol/(L·s)}$$

用氨气的浓度变化表示该反应速率时，则：

$$v(NH_3) = (0.4-0)/2 = 0.2\text{mol/(L·s)}$$

经分析：$v(N_2)$ ∶ $v(H_2)$ ∶ $v(NH_3)$ = 1 ∶ 3 ∶ 2，与化学方程式中各相应物质化学计量数之比相等。用具体数值表示某一反应的速率时，必须指明用哪种物质的浓度变化作标准。

二、影响反应速率的因素

化学反应速率的快慢，首先决定于反应物的性质，这是内因。

例如镁、锌、铁与稀盐酸的反应现象差距较大（图4-1），就是由于镁、锌、铁的性质所决定。其次，浓度、压力、温度、催化剂等外界条件对反应速率也有较大影响。

图4-1　镁、锌、铁与稀盐酸的反应现象

1. 浓度对反应速率的影响

做一做

取2支试管，在第一个试管中加入5mL 0.1mol/L $Na_2S_2O_3$溶液，在第二个试管中加入2mL 0.1mol/L $Na_2S_2O_3$溶液后，再加入3mL蒸馏水。然后，同时往两支试管中各加入5mL 0.1mol/L H_2SO_4溶液，并振荡试管，观察哪支试管内首先开始出现浑浊。

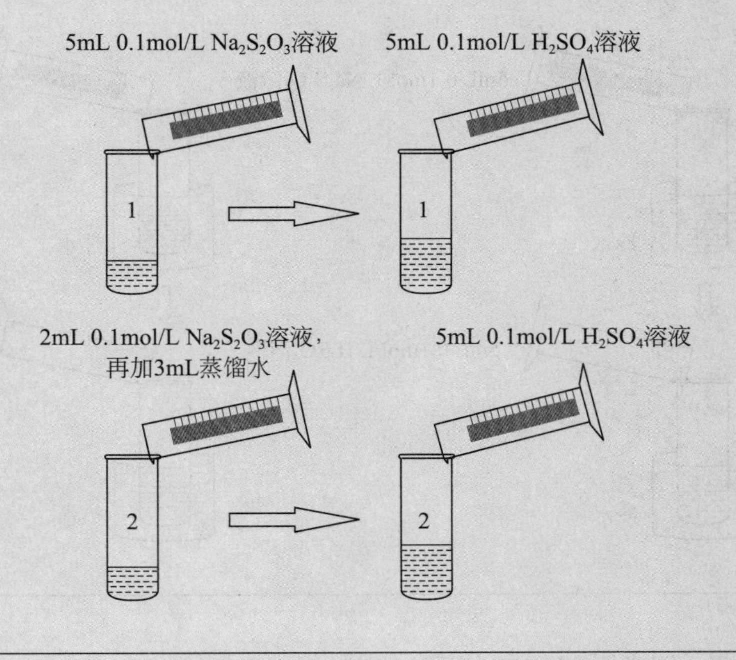

实验现象：____

提示：

稀硫酸和硫代硫酸钠的反应为

$$Na_2S_2O_3 + H_2SO_4(稀) = Na_2SO_4 + S\downarrow + SO_2 + H_2O$$

生成的单质硫不溶于水，而使溶液浑浊，可以利用从溶液混合到出现浑浊所需要的时间来比较反应在不同浓度时的反应速率。

当其他外界条件都相同时，增大反应物的浓度会加快反应速率；而减少反应物的浓度，会减慢反应速率。

2. 压力对反应速率的影响

对于气体来说，当温度一定时，一定量的气体的体积与其所受的压力成反比，如图4-2所示，因此，改变压力的实质是改变了反应物的浓度。

增大压力，反应物浓度增大，化学反应速率加快，减小压力，反应物浓度减小，化学反应速率减慢。

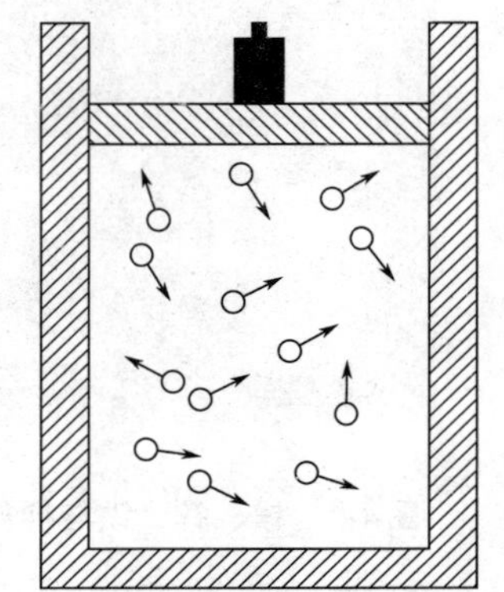
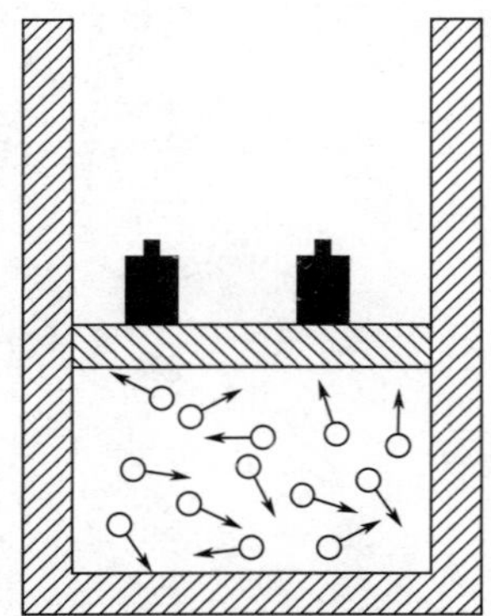

图4-2 压力对反应速率的影响

3. 温度对反应速率的影响

做一做

在两支试管中分别加入5mL 0.1mol/L $Na_2S_2O_3$溶液，再将两支试管分别插入冷水和热水中。另取两试管分别加入5mL 0.1mol/L H_2SO_4溶液，然后同时分别倒入前两个试管中，观察实验现象。

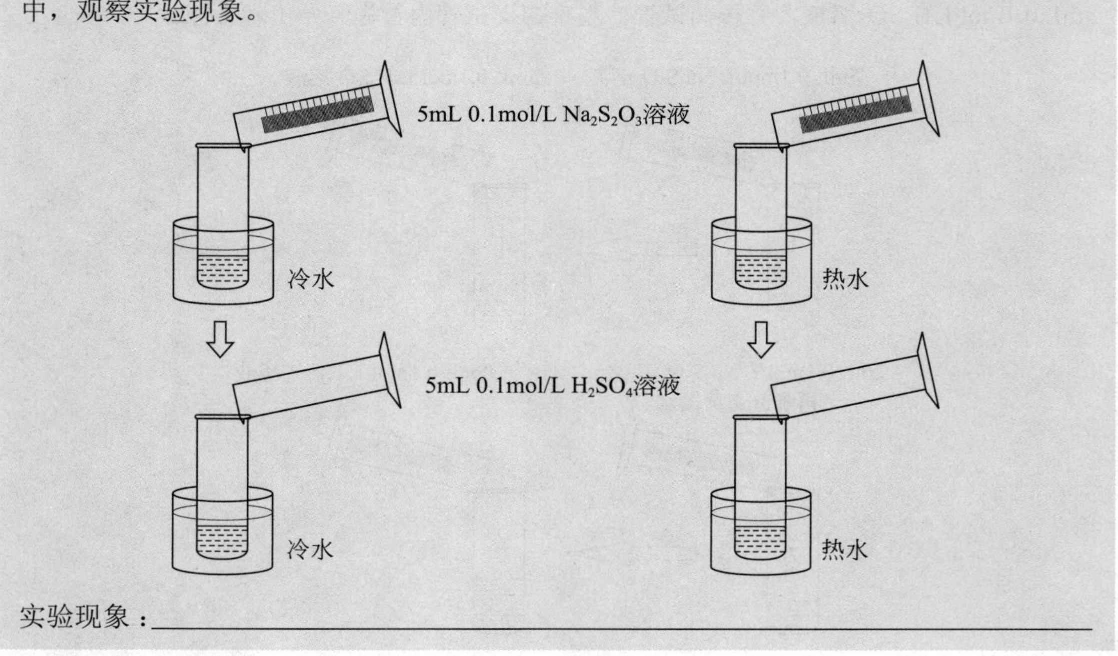

实验现象：____________________

大量实验表明，温度每升高10K，反应速率大约增高2～4倍。

电冰箱为什么可以保存食物呢？

4. **催化剂对反应速率的影响**

在试管1和试管2中，各加入5mL 3% H_2O_2溶液，再往试管2中加入少量二氧化锰，观察实验现象。

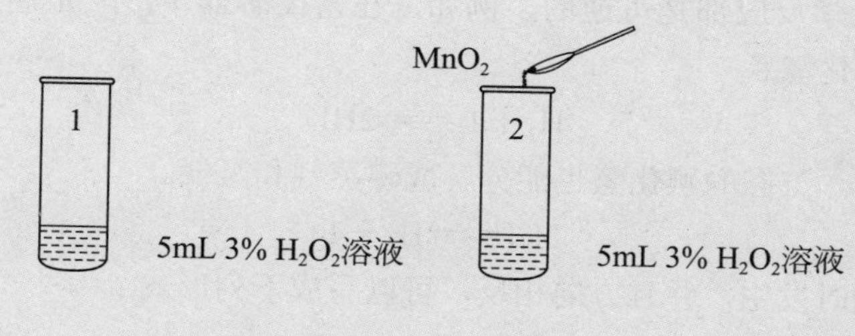

实验现象：________________

从实验中发现，试管1中气泡产生得慢而且少，而试管2中很快有气泡生成。这是因为二氧化锰加快了H_2O_2的分解速率，故对该反应有催化作用，能加快该反应的速率。

$$2H_2O_2 \xlongequal{MnO_2} 2H_2O + O_2\uparrow$$

凡能改变反应速率而它本身的组成、质量和化学性质在反应前后保持不变的物质，称为催化剂。

催化剂分正催化剂和负催化剂两类，能加快化学反应速率的催化剂称为正催化剂，能减慢化学反应速率的催化剂称为负催化剂。

练一练

在一块大理石（主要成分是$CaCO_3$）上，先后滴加1mol/L和0.1mol/L的HCl溶液，______mol/L的HCl溶液反应较快，理由是____________；

假如先后滴加同浓度的热盐酸和冷盐酸，__________盐酸反应快，理由是____。

第二节　化学平衡

我们所知的化学反应只能向一个方向进行到底吗？化学反应有没有一定的限度呢？

一、可逆反应与化学平衡

1. 可逆反应与不可逆反应

各种化学反应中，反应物转化为生成物的程度各有不同。有些反应几乎能进行到底，这类反应的反应物实际上全部转化为生成物，例如$KClO_3$的分解反应：

$$2KClO_3 \xlongequal[\triangle]{MnO_2} 2KCl + 3O_2\uparrow$$

该反应逆向进行的趋势很小。

像这种实际上只能向一个方向上进行“到底”的反应叫做不可逆反应。

但是，大多数化学反应都是可逆的，例如，在密闭容器中，一定温度下，氢气和碘蒸气反应生成气态的碘化氢。

$$H_2 + I_2 \xlongequal{} 2HI$$

在同样的条件下，气态的碘化氢也能分解成碘蒸气和氢气。

$$2HI \xlongequal{} H_2 + I_2$$

上述两个反应同时发生，并且方向相反，可以写成下列形式：

$$H_2 + I_2 \rightleftharpoons 2HI$$

用“$\rightleftharpoons$”来代替反应方程式中的“$\xlongequal{}$”，此方程为可逆反应。习惯上，把从左向右进行的反应叫做正反应；从右向左进行的反应叫做逆反应。

由于正、逆反应共处于同一系统内，在密闭容器中，可逆反应不能进行到底，即反应物不能全部转化为产物。

2. 化学平衡

合成氨反应也是一个可逆反应：

$$3H_2 + N_2 \rightleftharpoons 2NH_3$$

在873K和2.205×10^7Pa下将体积比为1 ∶ 3（体积比）的氮、氢混合气体密闭于有催化剂的容器中进行反应，当混合气体中氨达到9.2%（体积分数），未反应的氮、氢气体为90.8%时，反应似乎停顿了，这是因为存在着逆反应时。反应开始时，氮、氢浓度大，正反应速率（$v_{正}$）快，逆反应速率（$v_{逆}$）为零。然而，一旦生成了氨，逆反应立即发生。随着反应的进行，氮、氢浓度逐渐降低，氨浓度逐渐增大，正反应速率逐渐减慢，逆反应速率逐渐加快。最后正、逆反应达到了相等。

即在单位时间内，由氮、氢合成的氨分子数等于单位时间内氨分子分解为氮、氢分子数。此时，反应体系中各物质不再发生变化，正、逆反应达到了平衡状态（见图4-3）。

在一定条件下的可逆反应里，正反应和逆反应速率相等，反应体系中各物质的浓度保持不变的状态叫化学平衡状态（简称化学平衡）。

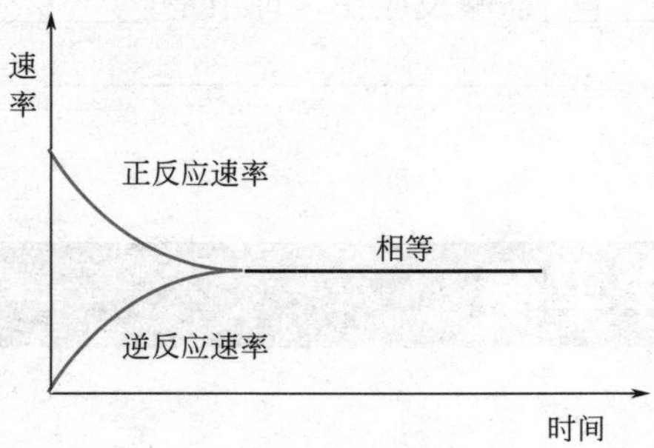

速率
正反应速率
相等
逆反应速率
时间

图4-3 在一定条件下的可逆反应中，正反应速率和逆反应速率随时间变化的示意

化学平衡的特点：

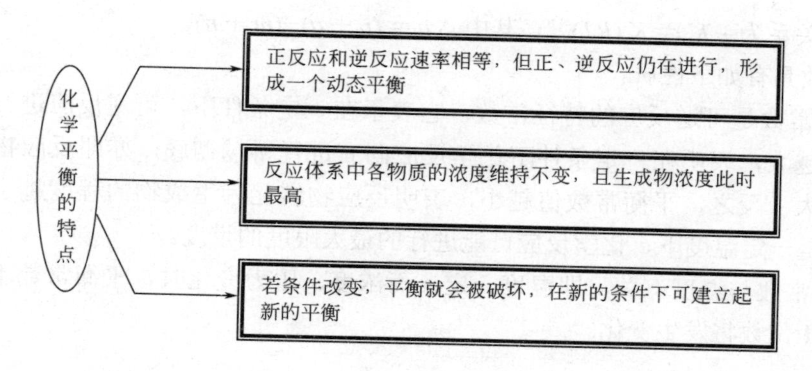

二、平衡常数

说一说

同学们，化学平衡实际上是研究可逆反应进行的程度问题。我们用什么物理量来定量地表示化学反应进行的程度呢？

1. 浓度平衡常数

大量实验证明，在一定温度下，任何可逆反应：

$$mA + nB \rightleftharpoons pC + qD$$

达到化学平衡时，生成物浓度系数次幂的乘积与反成物浓度系数次幂的乘积的比值是一个常数。这个常数叫做化学平衡常数，简称平衡常数。平衡常数K_c的表达式为：

$$K_c=\frac{[c(C)]^p[c(D)]^q}{[c(A)]^m[c(B)]^n}$$

注意，在平衡常数表达式中，不包括固体物质或纯液体，只包括气体和溶液的浓度。例如：

$$CO_2(g) + C(s) \rightleftharpoons 2CO\text{（g）} \qquad K_c=\frac{[c(CO)]^2}{c(CO_2)}$$

$$CaCO_3(s) \rightleftharpoons CaO(s) + CO_2(g) \qquad K_c=c(CO_2)$$

2. 压力平衡常数

对于低压下进行的任何气体反应，写平衡常数表达式时，其平衡浓度既可以用物质的量表示，也可以用平衡时各气体的分压来表示。例如，某理想气体反应如下：

$$mA + nB \rightleftharpoons pC + qD$$

在一定温度下达到化学平衡时，平衡常数表达式也可以写成：

$$K_p=\frac{[p(C)]^p[p(D)]^q}{[p(A)]^m[p(B)]^n}$$

式中，K_p称为压力平衡常数；$p(A)$、$p(B)$、$p(C)$、$p(D)$分别表示物质A、B、C、D在平

衡时的分压。

K_p和K_c关系为：$K_p = K_c(RT)^{\Delta n}$。其中$\Delta n = (p+q)-(m+n)$。

平衡常数具有如下性质。

① 平衡常数是可逆反应的特征常数，它表示在一定条件下，可逆反应进行的程度。平衡常数数值越大，表明在一定条件下化学反应向右进行得越彻底，亦即反应物转化为生成物的程度越大；反之，平衡常数值越小，表明反应物转化为生成物的程度越小。因此平衡常数的大小是一定温度下，化学反应可能进行的最大限度的量度。

② 平衡常数与温度有关，即温度一定，而浓度、压力变化时，平衡常数不变。但温度改变时，平衡常数将发生变化。

想一想

K_c和K_p具有什么关系？

3. 有关化学平衡的计算

（1）已知平衡浓度，求平衡常数和反应物的起始浓度

【例4-1】 氮气和氢气在密闭容器中合成氨的反应$N_2 + 3H_2 \rightleftharpoons 2NH_3$，在400℃时达到平衡，测得各物质的平衡浓度为：$c(N_2) = 3mol/L$，$c(H_2) = 9mol/L$，$c(NH_3) = 4mol/L$，求在该温度下合成氨反应的平衡常数$K_c$及$N_2$和$H_2$的起始浓度。

解

$$K_c = \frac{[c(NH_3)]^2}{c(N_2)[c(H_2)]^3} = \frac{4^2}{3 \times 9^2} = 7.32 \times 10^{-3}$$

设生成4mol的NH_3消耗N_2为x mol，消耗H_2为y mol。

$$\begin{array}{ccc} N_2 & + \quad 3H_2 \rightleftharpoons & 2NH_3 \\ 1mol & 3mol & 2mol \\ x\ mol & y\ mol & 4mol \end{array}$$

$$1 : x = 2 : 4 \qquad x = \frac{1 \times 4}{2} mol = 2mol$$

$$3 : y = 2 : 4 \qquad y = \frac{3 \times 4}{2} mol = 6mol$$

N_2的消耗浓度为2mol/L，H_2的消耗浓度为6mol/L（设溶液的体积为1L）。

因为对可逆反应来说，

平衡浓度＝物质的起始浓度－消耗浓度

所以：物质的起始浓度＝平衡浓度＋消耗浓度

故：N_2的起始浓度＝(3＋2)mol/L＝5mol/L

H_2的起始浓度＝(9＋6)mol/L＝15mol/L

答：合成氨反应的平衡常数K_c为7.32×10^{-3}，N_2和H_2的起始浓度分别为5mol/L和15mol/L。

（2）已知平衡常数，求平衡浓度

【例4-2】 已知800℃时，可逆反应：$CO + H_2O(g) \rightleftharpoons CO_2 + H_2$的平衡常数$K_c = 1.0$，CO和$H_2O(g)$的起始浓度分别为0.2mol/L和0.8mol/L，求四种物质的平衡浓度。

解　设平衡时，$c(H_2)=c(CO_2)=x$(mol/L)，则$c(CO)=0.2mol/L-x$，$c(H_2O)=0.8mol/L-x$，

$$CO + H_2O(g) \rightleftharpoons CO_2 + H_2$$

	CO	$H_2O(g)$	CO_2	H_2
起始浓度/(mol/L)	0.2	0.8	0	0
平衡浓度	$0.2mol/L-x$	$0.8mol/L-x$	x	x

根据：

$$K_c=\frac{c(CO_2)c(H_2)}{c(CO)c(H_2O)}$$

将上述平衡浓度代入平衡常数表达式，则

$$K_c=\frac{c(CO_2)c(H_2)}{c(CO)c(H_2O)}=\frac{x^2}{(0.2mol/L-x)(0.8mol/L-x)}=1.0$$

解方程得：　$x=0.16$ mol/L

因此四种物质的平衡浓度为：

$$c(CO_2)=c(H_2)=0.16mol/L$$
$$c(CO)=(0.2-0.16)mol/L=0.04mol/L$$
$$c(H_2O)=(0.8-0.16)mol/L=0.64mol/L$$

答：CO_2、H_2、CO和$H_2O(g)$的平衡浓度分别为0.16mol/L、0.16mol/L、0.04mol/L和0.64mol/L。

（3）已知平衡常数和反应物的起始浓度，求各物质的平衡浓度和某反应物的平衡转化率

平衡转化率是指已转化了的某反应物的量（或物质的量浓度）与转化前该反应物总量（或起始浓度）之比。一般表示为：

$$平衡转化率=\frac{已转化了的某反应物的量}{该反应物的总量}\times100\%$$
$$=\frac{起始浓度-平衡浓度}{起始浓度}\times100\%$$

【例4-3】 CO的变换反应：$CO+H_2O(g)\rightleftharpoons CO_2+H_2$，在800℃时平衡常数$K_c=1.0$，若反应开始时CO和$H_2O(g)$的浓度分别为1mol/L和3mol/L，求平衡时各物质的浓度和CO转化为CO_2的平衡转化率。

解　设平衡时$c(CO_2)=c(H_2)=x$(mol/L)，

则　$c(CO)=1mol/L-x=0.04$，$c(H_2O)=3mol/L-x$

$$CO + H_2O(g) \rightleftharpoons CO_2 + H_2$$

	CO	$H_2O(g)$	CO_2	H_2
起始浓度/(mol/L)	1	3	0	0
平衡浓度	$1mol/L-x$	$3mol/L-x$	x	x

将上述平衡浓度代入平衡常数表达式，则

$$K_c=\frac{c(CO_2)c(H_2)}{c(CO)c(H_2O)}=\frac{x^2}{(1mol/L-x)(3mol/L-x)}=1.0$$

解方程得：　$x=0.75mol/L$

平衡时：　$c(CO_2)=c(H_2)=0.75mol/L$

$$c(CO) = 1mol/L - x = (1-0.75)mol/L = 0.25mol/L$$
$$c(H_2O) = 3mol/L - x = (3-0.75)mol/L = 2.25mol/L$$
$$CO的转化率 = \frac{起始浓度-平衡浓度}{起始浓度} \times 100\%$$
$$= \frac{1-0.25}{1} \times 100\% = 75\%$$

答：CO_2、H_2、CO和$H_2O(g)$的平衡浓度分别为0.75mol/L、0.75mol/L、0.25mol/L和2.25mol/L，CO的平衡转化率为75%。

练一练

写出下列可逆反应的平衡常数表达式。

（1）$2NO + O_2 \rightleftharpoons 2NO_2$

（2）$Fe_3O_4(s) + 4CO \rightleftharpoons 3Fe(s) + 4CO_2$

（3）$2NH_3 \rightleftharpoons 3H_2 + N_2$

你的答案：________________

第三节 化学平衡的移动

说一说

在一定条件下建立起来的化学平衡会被打破吗？

因外界条件变化，使化学反应由原来的平衡状态转变到新的平衡状态的过程，叫做化学平衡的移动。新平衡状态下体系中各物质的浓度，已不同于原平衡状态下的浓度。

一、化学平衡移动原理

1. 浓度对化学平衡的影响

做一做

向一个盛有20mL水的烧杯中滴加0.1mol/L $FeCl_3$溶液和0.1mol/L KSCN溶液各10滴，摇匀，可观察到溶液呈现红色。然后将反应混合物分成三份：第一份保留不变；第二份加少量的KSCN溶液，振荡试管，并与第一份比较；第三份中加少量KCl溶液，振荡试管，并与第一份比较。

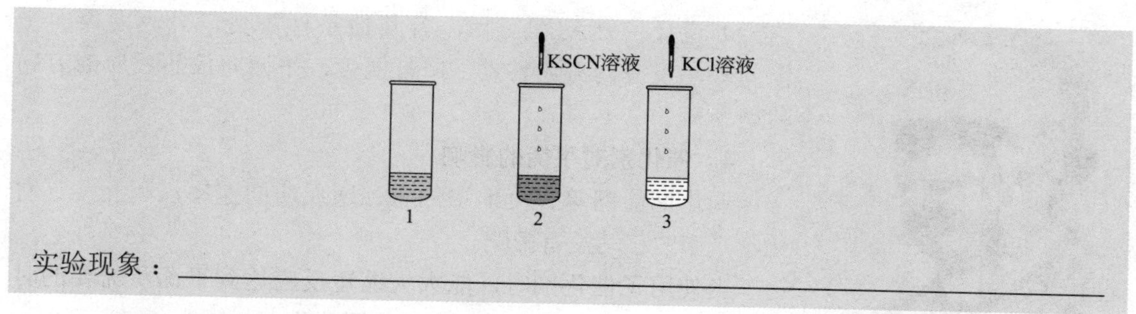

实验现象：________________

2. 压力对化学平衡的影响

用注射器吸入NO_2和N_2O_4混合气体后，将细管端用橡皮塞加以封闭。

NO_2（棕红色）和N_2O_4（无色）在一定条件下，处于平衡状态：

$$2NO_2 \rightleftharpoons N_2O_4$$

棕红色　　无色

当移动针管活塞时，观察针管内的颜色变化：

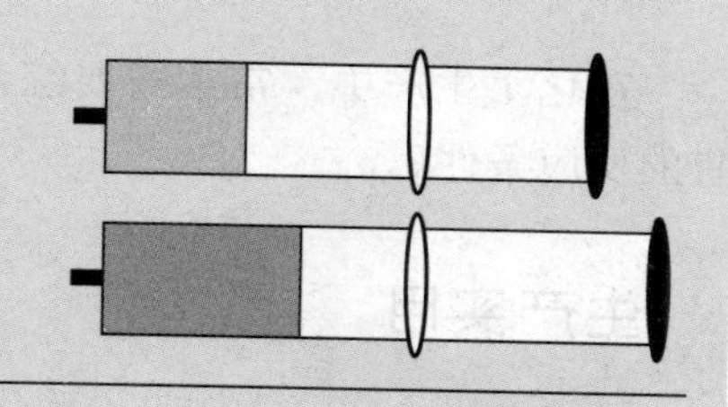

实验现象：________________

在其他条件不变的情况下，增大压力会使化学平衡向着气体体积总数减小的方向移动；减小压力，会使平衡向着气体体积总数增大的方向移动。

3. 温度对化学平衡的影响

化学反应总是伴随着热量的变化。如果可逆反应的正反应是吸热的（$\Delta H>0$），则其逆反应必然是放热的（$\Delta H<0$）。例如：

$$2NO_2(g) \rightleftharpoons N_2O_4(g) \qquad \Delta H=-58.2kJ/mol$$

棕红色　　无色

转化为N_2O_4的反应为放热反应，而转化为NO_2的反应为吸热反应。

将NO_2平衡仪的两端分别放置于有冷水和热水的烧瓶内，观察气体颜色的变化。

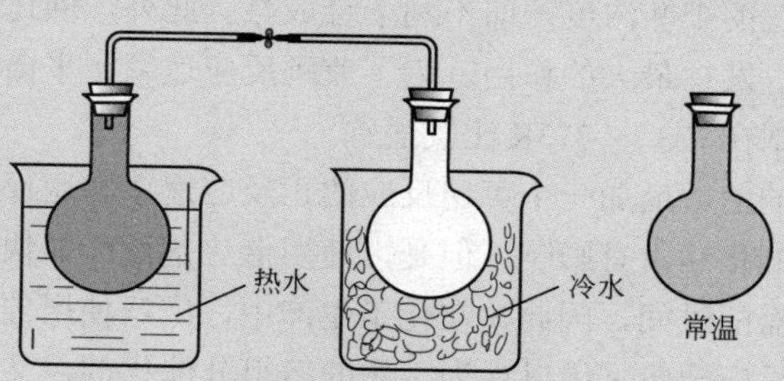

实验现象：________________

可逆反应达到平衡后，若其他条件不变，升高温度，平衡向吸热反应的方向移动；降低温度，平衡向放热反应的方向移动。

4. 催化剂对平衡的影响

催化剂能同等程度地增加正、逆反应的速率，因此，它对化学平衡的移动没有影响。

当使用了催化剂时，能大大缩短反应达到平衡所需要的时间。因此，在化工生产中，广泛使用催化剂。

图4-4 勒沙特列

当可逆反应达平衡后，如果改变影响平衡的条件之一，如温度、浓度或压力，平衡就向能减弱这种改变的方向移动。这个规律称勒沙特列（法国化学家，见图4-4）原理，也叫做平衡移动原理。

二、化学反应速率和化学平衡移动原理在化工生产中的应用

在化工生产中，常常需要综合考虑化学反应速率和化学平衡两方向的因素来选择最适宜的反应条件。

生产实用

下面以合成氨为例来说明化学反应速率和化学平衡移动原理在化工生产中的应用。

$$N_2(g) + 3H_2(g) \rightleftharpoons 2NH_3(g) \qquad \Delta H < 0$$

该反应是一个由气体参加的可逆反应，其特点是：正反应是一个气体体积减小的放热反应。

根据增加反应物浓度可加快正反应速率并使平衡向正反应方向移动的原理，在上面反应中，向平衡体系中增加氮气或氢气的浓度，平衡向生成氨的方向移动。这就意味着更多的氮和氢合成氨。同时要不断地将生成的氨气分离出来，才能不断使平衡向生成氨气的方向移动。

根据压力对化学反应速率及平衡移动的影响，增加压力，可以加快合成氨的反应，使平衡向生成氨气的方向移动。但是，压力越大，所需的动力越大，而且需要考虑对设备的承受能力，目前国内化肥厂一般采用的压力为20.3 ～ 50.7MPa。

升高温度可以增大反应速率，缩短达到平衡的时间。但合成氨的反应为放热反应，温度过高，会减小氨气的平衡浓度，即不利于合成氨。此外，催化剂必须在一定的温度下，才能有最大活性，发挥最大的作用。为了兼顾反应速率、平衡及催化剂的活性，根据实践，一般温度控制在723 ～ 773K比较适宜。

催化剂能以同样的倍数增加一个可逆反应的正反应速率和逆反应速率。因此，催化剂的使用对化学平衡的移动没有影响。但是，使用催化剂由于加快了反应速率，从而能缩短反应达到平衡所需的时间，因此，在化工生产中，广泛使用催化剂来提高单位时间的产量。如合成氨的反应一般采用以铁为主体的多组分催化剂，又称铁触媒。

从上面讨论得知，在化工生产中，必然会涉及化学反应速率和化学平衡的理论，对一个具体反应来说，一定要从实际出发，反复实践，摸索最有利的工艺条件，以求达到低耗、高效的效果。

本章小结

1. 化学反应速率

化学反应速率是用单位时间内反应物浓度的减少或生成物浓度的增大来表示的。

影响化学反应速率的因素：物质本身性质、浓度、压力、温度、催化剂。

2. 化学平衡

（1）化学平衡状态的特点

①正反应和逆反应速率相等，但正、逆反应仍在进行，形成一个动态平衡。

②反应体系中各物质的浓度维持不变，且生成物的浓度最高。

③若条件改变，平衡被破坏，在新的条件下可建立起新的平衡。

（2）平衡常数　达到化学平衡时，生成物浓度幂的乘积的比值是一个常数。这个常数叫做化学平衡常数，简称平衡常数。

3. 化学平衡的移动

当可逆反应达平衡后，如果改变影响平衡的条件之一，如温度、浓度或压力，平衡就向能减弱这种改变的方向移动。

为便于记忆，将外界条件对化学反应速率和化学平衡的影响列表对照如下：

条件改变	反应速率	化学平衡	平衡常数
恒温下增加反应物浓度	加快	向生成物方向移动	不变
恒温下增加压力（气体反应）	加快	向气体分子总数减小的方向移动	不变
恒压恒浓度下升高温度	加快	向吸热方向移动	改变
恒温、恒压、恒浓度下用催化剂	加快	不移动	不变

本章习题

一、选择题

1. 下列过程中，需要加快化学反应速率的是（　　）。

A. 钢铁腐蚀　　B. 食物腐败　　C. 炼钢　　D. 塑料老化

2. 决定化学反应速率的根本因素是（　　）。

A. 温度和压力　　B. 反应物的浓度

C. 参加反应的各物质的性质　　D. 催化剂的加入

3. 某一反应物的浓度是1.0mol/L，经过20s后，它的浓度变成了0.2mol/L，在这20s内它的平均反应速率为（　　）。

A．0.04　　B．0.04 mol/(L·s)　　C．0.8 mol/(L·s)　　D．0.04 mol/L

4．反应N_2+3H_2(气)$\rightleftharpoons 2NH_3$，在2L的密闭容器内进行反应，0.5s内有0.6mol NH_3生成，则用NH_3表示的平均反应速率正确的是（　　）。

A．0.6 mol/(L·s)　　B．0.3 mol/(L·s)　　C．0.2 mol/(L·s)　　D．0.1 mol/(L·s)

5．对于反应A+3B══2C+2D，下列数据表示不同条件的反应速率，其中反应进行得最快的是（　　）。

A．$v(A)=0.15$mol/(L·s)　　B．$v(B)=0.6$mol/(L·s)

C．$v(C)=1$mol/(L·s)　　D．$v(D)=2$mol/(L·s)

6．可逆反应达到平衡的主要标志是（　　）。

A．反应停止　　B．正、逆反应速率都等于零

C．正、逆反应还在继续进行　　D．正、逆反应速率相等

7．下列数据是一些反应的平衡常数，反应进行得最“完全”的是（　　）。

A．$K_c=0.1$　　B．$K_c=10$　　C．$K_c=1$　　D．$K_c=100$

8．在可逆反应A(g)+2B(g)══2C(g)，$\Delta H<0$，为了有利于C的生成，可采用的反应条件是（　　）。

A．高温高压　　B．高温低压　　C．低温低压　　D．低温高压

9．反应2A(g)$\rightleftharpoons$2B(g)+E(g)达到平衡时，要使平衡朝正反应方向移动，下列措施中正确的是（　　）。

A．加压　　B．增加B的浓度　　C．减少A的浓度　　D．减少E的浓度

10．对于化学反应$2NO_2(g)\rightleftharpoons N_2O_4$(放热反应)，能使瓶内颜色变深的条件是（　　）。

A．降温　　B．增压　　C．升温　　D．不可能

11．可逆反应aA(g)+bB(g)$\rightleftharpoons$$c$C(g)+$d$D(g)中，如果升温，降压，C量增大，则（　　）。

A．$a+b<c+d$（吸热反应）　　B．$a+b>c+d$（吸热反应）

C．$a+b>c+d$（放热反应）　　D．$a+b=c+d$（放热反应）

二、分析题

1．写出下列可逆反应的平衡常数表达式：

（1）$2NO+O_2\rightleftharpoons 2NO_2$

____

（2）$Fe_3O_4(s)+4CO\rightleftharpoons 3Fe(s)+4CO_2$

____

（3）$2NH_3\rightleftharpoons 3H_2+N_2$

____

2．A和B反应生成C，假定反应由A、B开始，它们的起始浓度均为1mol/L。反应进行2min后A的浓度为0.8mol/L，B的浓度为0.6mol/L，C的浓度为0.6mol/L，则2min内反应的速率用三种物质表示，分别为：

$v(A)=$__________，$v(B)=$__________，$v(C)=$__________

3．对于处于化学平衡状态的下列反应：$CO+H_2O(g)\rightleftharpoons CO_2+H_2$

（1）如果降低温度有利于H_2的生成，那么正反应是放热反应还是吸热反应？

（2）如果要提高CO的转化率，应该采取哪些措施？

4．已知反应$N_2 + 3H_2(g) \rightleftharpoons 2NH_3$，根据下图判断：

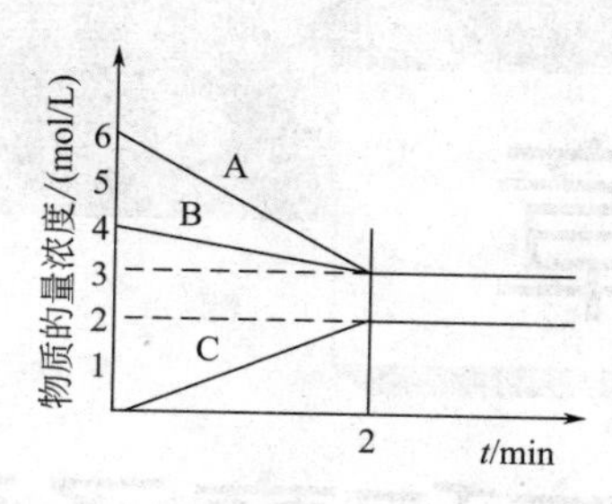

（1）A是______物质的量浓度变化情况；

（2）B是______物质的量浓度变化情况；

（3）C是______物质的量浓度变化情况；

（4）2min内N_2、NH_3的平均速率分别是______和______。

5．对于反应$CO+H_2O(g) \rightleftharpoons CO_2+H_2$，已知$K_c = 1$，并且CO和$H_2O$的起始浓度分别为2mol/L和3mol/L，求四种物质平衡时的浓度及CO的转化率。

6．已知$2SO_2+O_2 \rightleftharpoons 2SO_3$，在平衡时测得各物质的浓度$c(SO_2) = 0.1mol/L$，$c(O_2) = 0.05mol/L$，$c(SO_3) = 0.9mol/L$，求平衡常数和$SO_2$的转化率。

第五章 电解质溶液和离子平衡

1. 了解强电解质和弱电解质并能书写电离方程式。

2. 了解电解质导电性能的差别。

3. 掌握离子反应发生的条件和离子方程式的书写方法，并能准确书写常见的酸、碱、盐的电离方程式及相互间反应的离子方程式。

4. 掌握水的电离和水的离子积，会计算强酸溶液的pH值。

5. 理解强酸弱碱盐、强碱弱酸盐水解的实质，会判断其水溶液的酸碱性，了解盐类水解在生产、生活中的应用。

第一节 电解质的电离

你知道吗？潮湿的手触摸正在工作的电器时，可能会发生触电事故。

一、强电解质和弱电解质

凡是在水溶液中或熔化状态下能够导电的化合物叫做电解质，而在上述情况下不能导电的化合物叫做非电解质。

酸、碱、盐都是电解质，它们的水溶液或受热熔化能电离出自由移动的离子，因而都能导电。另外蔗糖、酒精、甘油等物质都是非电解质，它们的水溶液或固体受热熔化后都不能电离，因而都不导电。

那么，电解质导电的能力是否一样呢？

做一做

按图5-1的装置把仪器连接好，然后在5个烧杯中分别倒入等体积的浓度为0.5mol/L的盐酸、醋酸、氢氧化钠、氯化钠、氨水溶液，连接电源。注意观察灯泡发光的明亮程度。

实验现象：________________

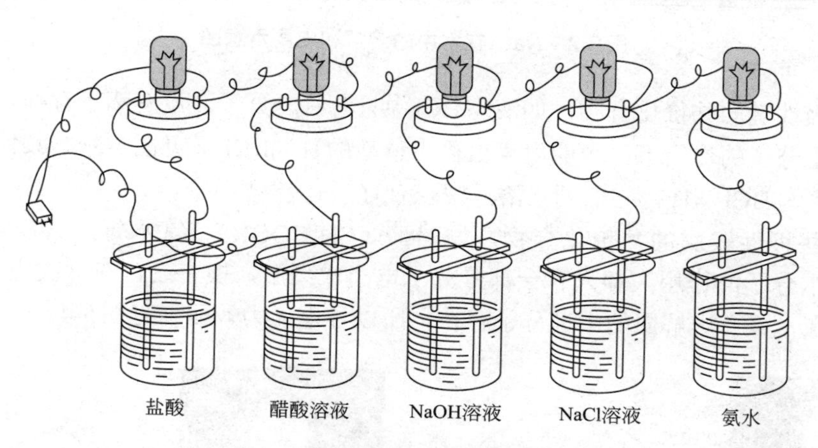

图5-1　比较电解质溶液的导电性

想一想

为什么通过醋酸溶液、氨水的灯泡较暗，通过盐酸、氢氧化钠、氯化钠溶液的灯泡较亮？

电解质溶液之所以能够导电，是由于溶液里存在能够自由移动的离子。

溶液的导电能力的强弱必然与溶液中能够自由移动的离子的多少有关，也就是说，同浓度的溶液中离子数目越多，其导电能力越强；反之越弱。这说明电解质在溶液中电离的程度是不相同的，其原因可从电解质的结构来说明。

我们知道，离子化合物是由阴、阳离子构成的。如果将离子化合物的晶体，如NaCl晶体放入水中，它一方面受到极性水分子的吸引，使离子间的键减弱；另一方面又受到不断运动的水分子的冲击，使离子脱离晶体表面进入溶液，成为能够自由移动的Na^+和Cl^-（见图5-2）。

在任何离子化合物的溶液中，它们的阴、阳离子都与Na^+和Cl^-一样，受水分子的作用成为阴离子和阳离子。实验证明，大多数盐类和强碱（如NaOH）都是离子化合物，它们在水溶液中是以离子形式存在，而没有分子形式。

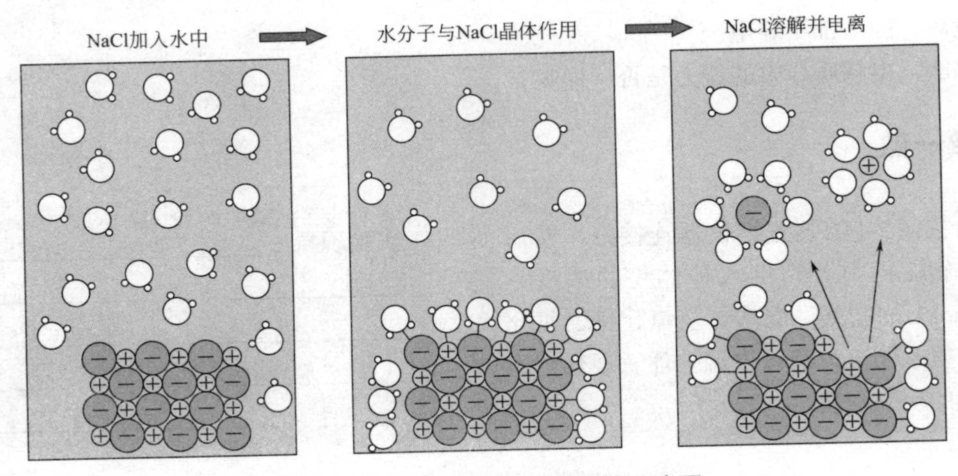

图5-2　NaCl在水中的溶解和电离示意图

具有强极性键的共价化合物，如液态HCl中只有HCl分子，没有离子存在。但当HCl溶于水时，在水分子的作用下，也能电离出自由移动的H^+和Cl^-（见图5-3）。其他的强酸如硫酸、硝酸等也与HCl一样，它们的水溶液中也有H^+与酸根离子。

但是一些极性较弱的共价化合物，如醋酸（CH_3COOH）、氨水等，它们溶解于水时，虽然同样受水分子的作用，却只有一部分分子电离成离子，换言之，在这类电解质溶液中，既有离子存在，又有电解质的中性分子存在，所以导电能力较弱（见图5-4）。

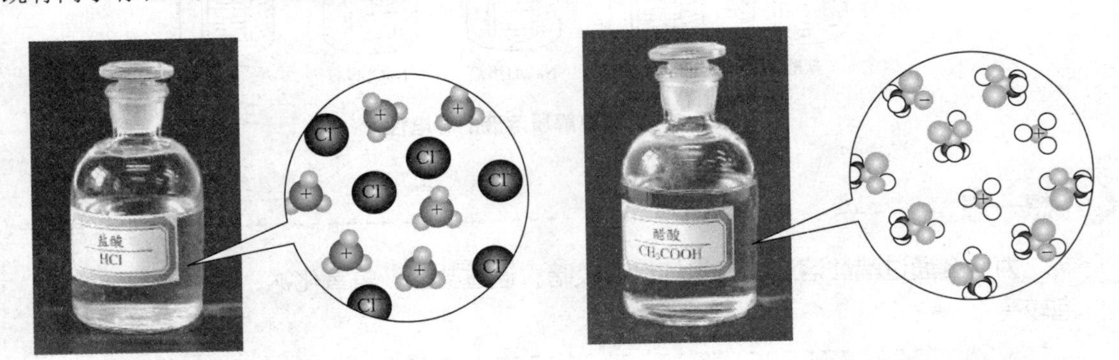

图5-3　盐酸在水中的电离示意图

图5-4　醋酸在水中的电离示意图

把在溶液中或在熔融状态下，能完全电离成离子的电解质，叫做强电解质。

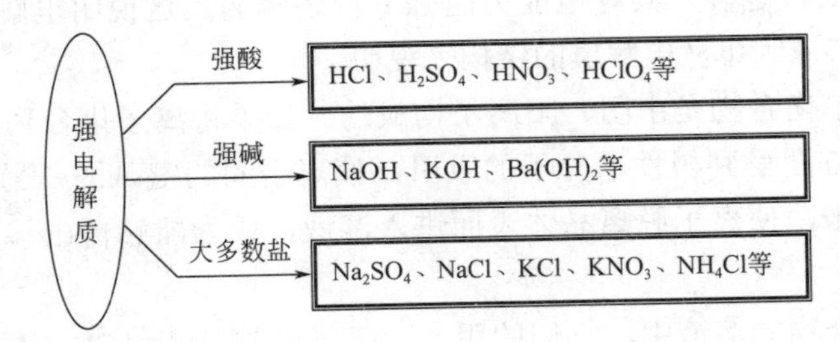

强电解质的电离用“══”（或──→）表示完全电离成离子。如：

$$NaCl = Na^+ + Cl^-$$

$$NaOH = Na^+ + OH^-$$
$$HCl = H^+ + Cl^-$$
$$H_2SO_4 = 2H^+ + SO_4^{2-}$$

在水溶液中只有少部分电离成离子，大部分仍以分子形式存在，通常用“$\rightleftharpoons$”表示弱电解质的电离。弱酸、弱碱都是弱电解质，如CH_3COOH、$NH_3 \cdot H_2O$等。水也是弱电解质。

凡是在水溶液中只能部分电离成离子的电解质叫做弱电解质。

弱酸（CH_3COOH、H_2CO_3等）、弱碱（$NH_3 \cdot H_2O$）和水都是弱电解质。

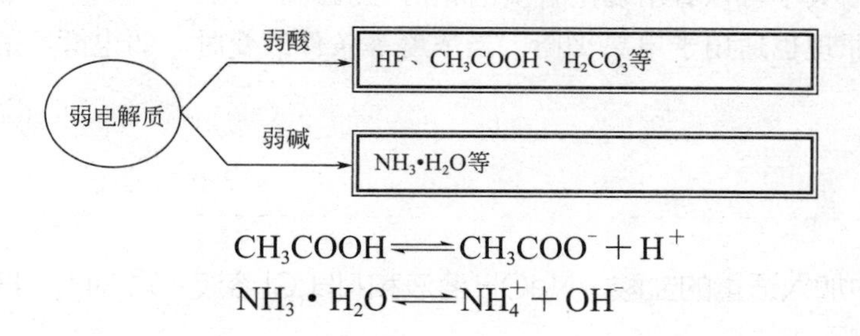

$$CH_3COOH \rightleftharpoons CH_3COO^- + H^+$$
$$NH_3 \cdot H_2O \rightleftharpoons NH_4^+ + OH^-$$

二、弱电解质的电离平衡

弱电解质溶于水时，在水分子的作用下，弱电解质分子电离出离子，而离子又可以重新结合成分子。因此，弱电解质的电离过程是可逆的。这个可逆的电离过程与可逆的化学反应一样，它的相反的两种趋向，最终也将达到平衡。

在一定条件（如温度、浓度）下，当电解质分子电离成离子的速率和离子重新结合生成分子的速率相等时，电离过程就达到了平衡状态，这叫做电离平衡。

例如，在CH_3COOH溶液中，只有一部分CH_3COOH分子发生电解，在溶液中，既有CH_3COO^-和H^+，又有CH_3COOH分子，离子和分子之间存在着电离平衡。氨水的情况也类似，它们的电离方程式可表示如下：

$$CH_3COOH \rightleftharpoons CH_3COO^- + H^+$$
$$NH_3 \cdot H_2O \rightleftharpoons NH_4^+ + OH^-$$

电离平衡与化学平衡一样，是动态平衡。平衡时，单位时间内电离的分子数和离子重新结合生成的分子数相等，也就是说，在溶液中离子的浓度和分子的浓度都保持不变。此时的平衡常数，叫做电离常数。弱酸的电离常数用K_a表示；弱碱的电离常数用K_b表示。

科学视野

一元弱酸CH_3COOH的电离平衡式为

$$CH_3COOH \rightleftharpoons CH_3COO^- + H^+$$

其电离常数为

$$K_a = \frac{[H^+][CH_3COO^-]}{[CH_3COOH]}$$

一元弱碱$NH_3 \cdot H_2O$的电离平衡式为

$$NH_3 \cdot H_2O \rightleftharpoons NH_4^+ + OH^-$$

其电离常数为

$$K_b = \frac{[NH_4^+][OH^-]}{[NH_3 \cdot H_2O]}$$

从以上的电离常数表达式可以看出，若K_a、K_b值较大，表明该电解质较易电离，所以从电离常数的大小可以看出弱电解质的相对强弱。

化学平衡原理也适用于电离平衡，当浓度等条件改变时，弱电解质的电离平衡也会发生移动。

想一想

在氨水中加入适量的盐酸、NaOH溶液和NH_4Cl溶液，对$NH_3 \cdot H_2O$的电离平衡各有什么影响?

第二节 离子反应和离子方程式

一、离子反应和离子方程式

酸、碱、盐是电解质，它们在水中电离成自由移动的离子，所以在酸、碱、盐溶液中所发生的复分解反应，实质上是离子之间的反应。

因此电解质在溶液中发生的化学反应实质上是它们电离出的离子之间的反应，这类反应称为离子反应。

例如：

$$HCl + NaOH = NaCl + H_2O$$

上述反应中，盐酸、氢氧化钠、氯化钠都是极易溶于水的强电解质，在水中完全电离。只有水是极弱电解质，绝大部分以分子形式存在。

想一想

根据图5-5盐酸与氢氧化钠溶液电离及反应，上述反应方程式可改写成：

____

____

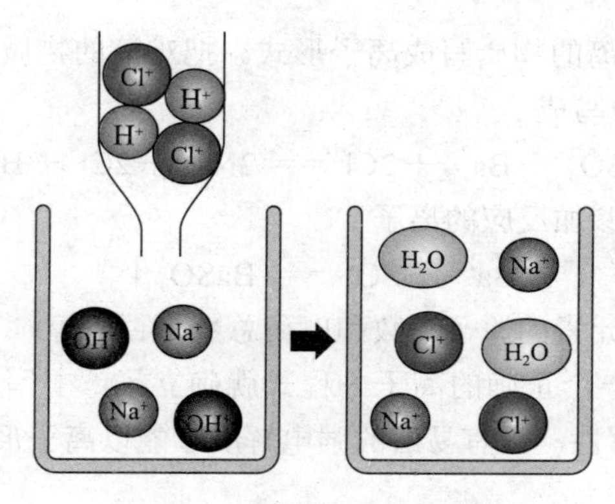

图5-5　盐酸与氢氧化钠溶液

做一做

实　验	现　象
1．向盛有2mL Na_2SO_4溶液的试管中加入2mL稀的KCl溶液	
2．向盛有2mL Na_2SO_4溶液的试管中加入2mL稀的$BaCl_2$溶液	

想一想

为什么2中有白色沉淀？而1中没现象？

Na_2SO_4溶液与稀的KCl溶液混合观察不到现象，实际上只是Na_2SO_4电离出来的Na^+、SO_4^{2-}与KCl电离出来的K^+、Cl^-的混合，没有化学反应发生。而Na_2SO_4溶液与$BaCl_2$溶液则发生了化学反应，生成了$BaSO_4$沉淀，反应的化学方程式如下：

$$Na_2SO_4 + BaCl_2 = BaSO_4 \downarrow + 2NaCl$$

下面来分析一下这个反应：

Na_2SO_4和$BaCl_2$溶液发生了电离，其电离方程式如下：

$$Na_2SO_4 = 2Na^+ + SO_4^{2-}$$

$$BaCl_2 = Ba^{2+} + 2Cl^-$$

当Na_2SO_4溶液与$BaCl_2$溶液混合时，Na^+、Cl^-之间并没有发生反应；而SO_4^{2-}与Ba^{2+}之间则发生了化学反应。生成难溶的$BaSO_4$白色沉淀。所以Na_2SO_4和$BaCl_2$溶液反应的实质是：

$$Ba^{2+} + SO_4^{2-} = BaSO_4 \downarrow$$

用实际参加反应的离子符号来表示反应的式子叫做离子方程式。

离子方程的书写一般按以下步骤：

1．写出反应的化学方程式：

$$Na_2SO_4 + BaCl_2 = BaSO_4 \downarrow + 2NaCl$$

2. 把易溶于水、易电离的物质写成离子形式。把难溶的物质、气体和水等仍用化学式表示。上述化学方程式可改写成：

$$2Na^{+}+SO_4^{2-}+Ba^{2+}+2Cl^{-} = 2Na^{+}+2Cl^{-}+BaSO_4\downarrow$$

3. 删去方程式两边不参加反应的离子：

$$Ba^{2+}+SO_4^{2-} = BaSO_4\downarrow$$

4. 检查方程式两边各元素的原子个数和电荷总数是否相等。

按照以上四个步骤，一个正确的离子方程式就确立了。书写离子方程式时，必须熟知电解质的强弱和它们的溶解性，只有易溶的强电解质才能以离子形式表示。

二、离子反应发生的条件

溶液中离子间的反应是有条件的，例如NaCl溶液与KNO_3溶液混合：

$$NaCl+KNO_3 = NaNO_3+KCl$$

$$Na^{+}+Cl^{-}+K^{+}+NO_3^{-} = Na^{+}+NO_3^{-}+K^{+}+Cl^{-}$$

实际上，Na^{+}、Cl^{-}、K^{+}、NO_3^{-}四种离子并没有参加反应。可见如果反应物和生成物都是易溶的强电解质，在溶液中均以离子形式存在，它们之间不可能生成新物质，故没有发生离子反应。

溶液中发生离子反应的条件如下：

1. 生成难溶的物质（沉淀）

例如，NaCl溶液与$AgNO_3$溶液反应有难溶的AgCl沉淀生成：

$$NaCl+AgNO_3 = NaNO_3+AgCl\downarrow$$

离子方程式为：

$$Cl^{-}+Ag^{+} = AgCl\downarrow$$

溶液中的Ag^{+}和Cl^{-}结合生成AgCl沉淀，所以反应能够进行。

2. 生成易挥发的物质（气体）

例如，碳酸钙与盐酸反应，生成CO_2气体

$$CaCO_3+2HCl = CaCl_2+H_2O+CO_2\uparrow$$

离子方程式为：

$$CaCO_3+2H^{+} = Ca^{2+}+H_2O+CO_2\uparrow$$

3. 生成难电离的物质（弱电解质）

如盐酸与氢氧化钠溶液的反应，有难电离的水生成：

$$HCl+NaOH = NaCl+H_2O$$

离子方程式为：

$$H^{+}+OH^{-} = H_2O$$

总之，

只需具备上述三个条件之一，离子反应就能进行。

除了上述复分解反应是离子反应外，还有一些反应也是离子反应，例如电解质溶液中发生的置换反应等。如：

$$Zn + 2HCl = ZnCl_2 + H_2\uparrow$$

离子反应方程式：

$$Zn + 2H^+ = Zn^{2+} + H_2\uparrow$$

$$Cl_2 + 2KI = 2KCl + I_2$$

离子反应方程式：

$$Cl_2 + 2I^- = 2Cl^- + I_2$$

练一练

完成下列化学反应方程式，并写出反应的离子方程式。

1. $Ba(OH)_2 + CuSO_4$
2. $CH_3COOH + NaOH$
3. $CuO + 2HNO_3$
4. $Fe + HCl$
5. $K_2CO_3 + Ca(OH)_2$
6. $Ba(OH)_2 + H_2SO_4$

用一用

盐酸常用于卫生洁具的清洁或除去水垢。我们知道醋酸的腐蚀性比盐酸小，比较安全，为什么不用醋酸代替盐酸呢？

第三节　水的电离和溶液的pH

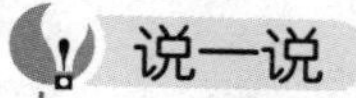

说一说

你知道吗？在100℃水的pH = 6，那它是不是就变成了酸呢？

在酸、碱的水溶液中，除了溶质外，还有溶剂水。在溶液中，酸、碱全部或部分以离子形式存在，那么溶剂水又是以什么形式存在的呢？

一、水的离子积

水分子结构示意见图5-6。根据精确的实验证明，水是一种极弱的电解质，水分子之间相互作用，发生如图5-7的电离过程：

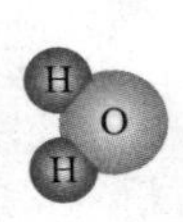

图5-6 水分子结构示意图

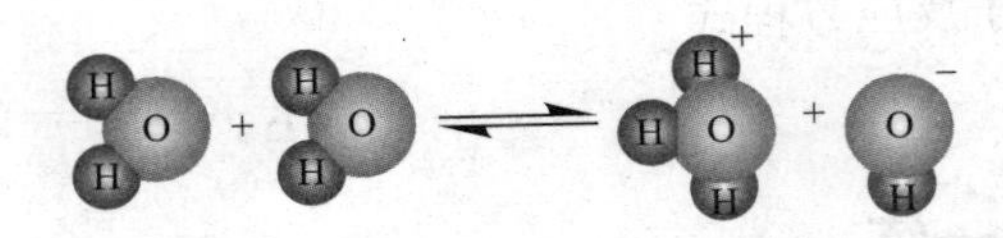

图5-7 水的电离过程示意图

水的电离方程式可写成：

$$H_2O + H_2O \rightleftharpoons H_3O^+ + OH^-$$

可简写为：

$$H_2O \rightleftharpoons H^+ + OH^-$$

在25℃时，纯水中H^+和OH^-的浓度都等于10^{-7}mol/L，且它们的乘积是一个常数（用K_w表示）即

$$K_w = [H^+][OH^-]$$

K_w是水中$[H^+]$和$[OH^-]$的乘积。因此，把K_w称为水的离子积常数，简称水的离子积。

在常温（25℃）下，K_w的值为1×10^{-14}，即

$$K_w = [H^+][OH^-] = 1\times10^{-7}\times1\times10^{-7} = 1\times10^{-14}$$

此式常用来求算溶液中的$[H^+]$或$[OH^-]$。

水的电离过程是一个吸热过程，当温度升高时，水的电离度增加，K_w数值也增加。

在100℃时，$[H^+]$和$[OH^-]$都等于1×10^{-6}。

$$K_w = [H^+][OH^-] = 1\times10^{-6}\times1\times10^{-6} = 1\times10^{-12}$$

但在常温范围内，一般都以$K_w = 1\times10^{-14}$进行计算。

二、溶液的酸碱性与pH

实验证明，不仅在纯水中$[H^+]$或$[OH^-]$乘积是一个常数，在以水作溶剂的溶液中也是如此。由此可知，在酸性溶液中不是没有OH^-，只是含有的H^+多一些；在碱性溶液中不是没有H^+，只是含有的OH^-多一些。

总之，不管稀溶液是酸性、碱性或中性，常温下，$[H^+]$和$[OH^-]$的乘积都等于1×10^{-14}。

常温下，溶液的酸碱性与$[H^+]$、$[OH^-]$的关系可以表示为

中性溶液

$[H^+] = [OH^-] = 1\times10^{-7}$mol/L

酸性溶液

$[H^+] > [OH^-]$　$[H^+] > 1\times10^{-7}$mol/L

碱性溶液

$[H^+] < [OH^-]$　$[H^+] < 1\times10^{-7}$mol/L

利用$[H^+]$的大小，可以表示溶液的酸碱性。但是在稀溶液中$[H^+]$的数值很小，用物质的量浓度表示很不方便。

通常采用$[H^+]$的负对数来表示溶液的酸碱性，这个值称为溶液的pH值。

$$pH = -\lg[H^+]$$

$[H^+]$与pH的对照关系如图5-8所示。

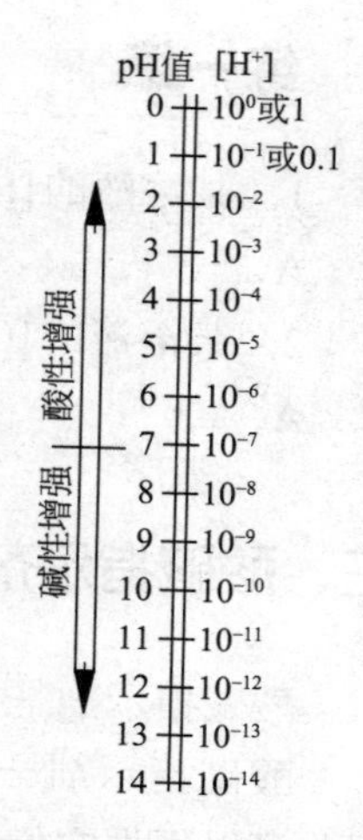

图5-8　$[H^+]$与pH的对照关系示意

例如，纯水中$[H^+] = 1\times10^{-7}$mol/L，其$pH = -\lg(1\times10^{-7}) = 7$；

若$[H^+] = 1\times10^{-3}$mol/L的酸性溶液，则该溶液的$pH = -\lg(1\times10^{-3}) = 3$；

若$[H^+] = 1\times10^{-10}$mol/L（$[OH^-] = 1\times10^{-4}$mol/L）的碱性溶液，则该溶液的$pH = -\lg(1\times10^{-10}) = 10$。

因此，可以看出：

25℃时，

中性溶液　$pH = 7$；

酸性溶液　$pH < 7$；

碱性溶液　$pH > 7$。

显然，用pH值表示溶液的酸碱性比用$[H^+]$或$[OH^-]$的大小表示要方便得多。

【例5-1】 计算0.01mol/L HCl溶液的pH值。

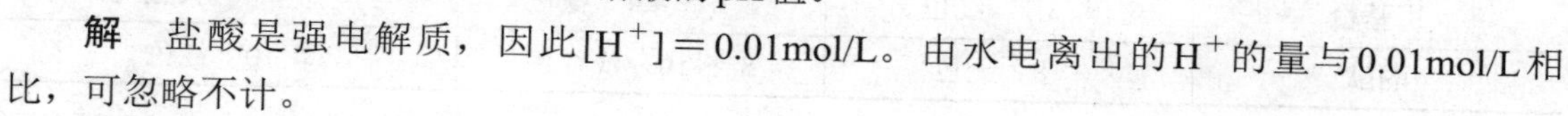

解　盐酸是强电解质，因此$[H^+] = 0.01$mol/L。由水电离出的H^+的量与0.01mol/L相比，可忽略不计。

所以此溶液的pH值为

$$pH = -\lg[H^+] = -\lg 0.01 = 2$$

答：0.01mol/L HCl溶液的pH值为2。

【例5-2】 计算0.1mol/L NaOH溶液的pH值。

解法一

NaOH是强电解质，因此$[OH^-] = 0.1$mol/L。由水电离出的OH^-的量与0.1mol/L相比，可忽略不计。

$$K_w = [H^+][OH^-] = 1\times10^{-14}$$

$$[H^+] = \frac{K_w}{[OH^-]} = \frac{1\times10^{-14}}{0.1} = 1\times10^{-13}$$

$$pH = -\lg[H^+] = -\lg(1\times10^{-13})$$

$$pH = 13$$

答：0.1mol/L NaOH溶液的pH值为13。

解法二

$$pOH = -\lg[OH^-] = -\lg 0.1 = 1$$

$$pH = 14 - pOH = 13$$

$$pH = 13$$

答：0.1mol/L NaOH溶液的pH值为13。

练一练

1．某溶液的$[H^+]=0.001mol/L$，该溶液的pH值等于（　　）。

A．−3　　B．3　　C．−11　　D．11

2．某溶液的$[OH^-]=0.001mol/L$，该溶液的pH值等于（　　）。

A．−3　　B．3　　C．−11　　D．11

三、酸碱指示剂

酸碱指示剂是指能以颜色的改变，指示溶液酸碱性的物质。

酸碱指示剂一般是有机弱酸或有机弱碱。它们在不同的pH溶液中能显示不同的颜色。因此可以根据它们在某溶液中显示的颜色来判断溶液的pH值。

把指示剂发生颜色变化的pH范围叫做指示剂的变色范围。

溶液的pH值测定方法可用酸碱指示剂（表5-1）、pH试纸（图5-9）和pH计（图5-10）。

表5-1　常用的指示剂及变色范围

指示剂	变色范围		
石蕊	＜5　红色	5～8　紫色	＞8　蓝色
甲基橙	＜3.1　红色	3.1～4.4　橙色	＞4.4　黄色
酚酞	＜8　无色	8～10　浅红色	＞10　红色

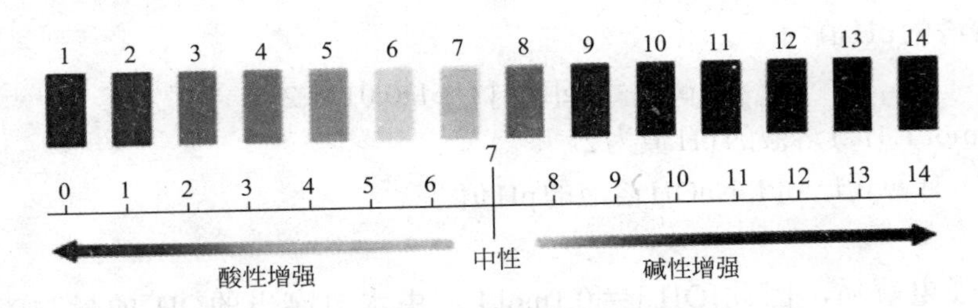

图5-9　溶液的酸碱性与pH值的关系

如果需要准确地测量溶液的pH值，可以使用比较精密的pH计——酸度计（见图5-10）。

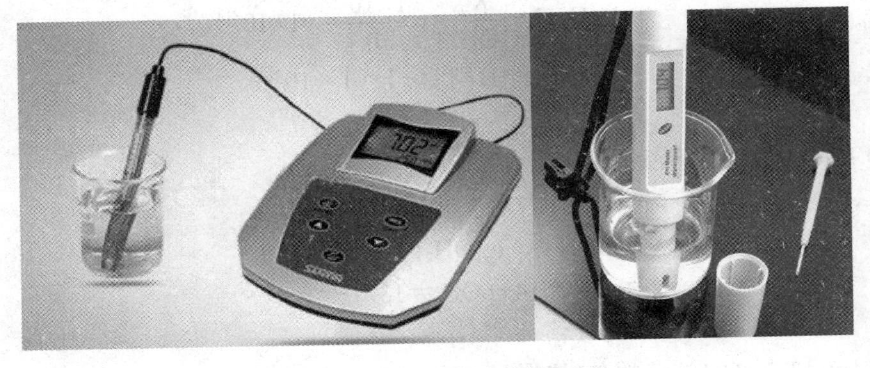

图5-10　用pH计测溶液的pH值

生活中的化学

在日常生活中，无论是人体的体液（如血液、唾液），还是饮用水、啤酒、葡萄酒，以及水果等都有其确定的pH范围。溶液的pH值对人们的生活具有十分重要的意义。下表中列出了几种常见的水果和饮料的pH值。

食物名称	pH值	食物名称	pH值	食物名称	pH值
梨	3.6 ～ 4.0	柑橘	3.0 ～ 4.0	萝卜	5.2 ～ 5.6
苹果	2.9 ～ 3.3	香蕉	4.5 ～ 4.7	啤酒	4.0 ～ 5.0
草莓	3.0 ～ 3.5	桃	3.4 ～ 3.6	牛奶	6.3 ～ 6.6
葡萄	3.5 ～ 4.5	番茄	4.0 ～ 4.4	饮用水	6.5 ～ 8.0

第四节　盐类的水解

把少量的NaCl、NaAc、NH_4Cl、NH_4Ac晶体分别投入4支盛有2mL水的试管中，振荡试管使之溶解，然后用pH试纸分别测定其酸碱性。

溶液	NaCl	NaAc	NH_4Cl	NH_4Ac
pH值				
酸碱性				

同样是盐类，为什么它们的水溶液有的呈酸性，有的呈碱性，有的又呈中性呢？

一、盐类的水解

日常生活中，人们经常用到的盐除NaCl外，还有Na_2CO_3、$NaHCO_3$等。Na_2CO_3的俗名又叫纯碱。

那么Na_2CO_3既属于盐类，又为什么称为“碱”呢？

可以看出，NaCl、NaAc、NH_4Cl、NH_4Ac都属于盐类，但其水溶液有的显酸性，有的显碱性，还有的显中性。这是什么原因造成的呢？

盐是酸、碱中和的产物。NaAc是由一种强碱（NaOH）和一种弱酸（HAc）中和生成的盐，它在水溶液中存在着下列电离及反应：

$$
\begin{array}{ccccc}
CH_3COONa & = & Na^+ & + & CH_3COO^- \\
 & & & & + \\
H_2O & \rightleftharpoons & OH^- & + & H^+ \\
 & & & & \Updownarrow \\
 & & & & CH_3COOH
\end{array}
$$

由此可以看出，由于CH_3COO^-跟水电离出的H^+结合生成了难电离的CH_3COOH，消耗了溶液中的H^+，从而破坏了水的电离平衡。随着溶液中H^+浓度的减少，水的电离平衡向右移动，于是OH^-浓度随之增大，直至建立新的平衡，结果溶液中$[H^+]<[OH^-]$，从而使溶液显碱性。上述水解反应可用离子方程式表示：

$$CH_3COO^- + H_2O \rightleftharpoons CH_3COOH + OH^-$$

在溶液中盐的离子跟水电离出来的H^+或OH^-生成弱电解质的反应，叫做盐类的水解。

1. 强碱和弱酸所生成盐的水解

上面所讨论的CH_3COONa就是由强碱（NaOH）和弱酸（CH_3COOH）所生成的盐，这种盐水解后使溶液显碱性。

2. 强酸和弱碱所生成盐的水解

实验中所用的NH_4Cl就是由强酸（HCl）和弱碱（$NH_3 \cdot H_2O$）所生成的盐，它在水溶液中的水解过程如下：

$$
\begin{array}{ccccc}
NH_4Cl & = & NH_4^+ & + & Cl^- \\
 & & + & & \\
H_2O & \rightleftharpoons & OH^- & + & H^+ \\
 & & \Updownarrow & & \\
 & & NH_3 \cdot H_2O & &
\end{array}
$$

在这里，由于NH_4^+与水电离出来的OH^-结合生成了弱电解质 $NH_3 \cdot H_2O$，消耗了溶液中的OH^-，从而破坏了水的电离平衡。随着溶液中OH^-浓度减少，水的电离平衡向右移动，于是H^+浓度随之增大，直至建立新的平衡，结果溶液里$[H^+]>[OH^-]$，从而使溶液显酸性。上述水解反应可用离子反应方程式表示：

$$NH_4^+ + H_2O \rightleftharpoons NH_3 \cdot H_2O + H^+$$

其他如$(NH_4)_2SO_4$、NH_4NO_3等盐的水解都属于这种类型，它们的水溶液都显酸性。

上述几种类型的盐能够发生水解，根本原因在于组成盐的离子能跟水解出来的H^+或OH^-结合生成弱电解质。

由强酸和强碱生成的盐（如NaCl）在水溶液中能否发生水解?

盐类水解的规律：

有弱才水解，
无弱不水解，
都弱都水解，
谁强显谁性。

练一练

将下列物质溶于水后，水溶液的酸碱性如何写出来。

碳酸钾______

氯化铵______

硝酸钠______

醋酸钾______

二、影响盐类水解的因素和盐类水解的应用

盐类水解在工农业生产和日常生活中，有着比较广泛的应用。

说一说

$NaHCO_3$在日常生活中应用广泛，俗称小苏打，在日常生活中被视作“碱”，用于面食制作和油污清除，你能说明原因吗?

做一做

在盛有蒸馏水的试管中投入少量碳酸氢钠晶体，振荡试管使晶体溶解。再滴入2～3滴酚酞试液，观察颜色。加热试管，观察颜色变化。

实验现象：______

原因：______

水解的离子方程式：______

______

实验证明$NaHCO_3$水解后溶液显碱性，加热试管，红色加深。这说明升温可以促进水解，溶液中的$c(OH^-)$增加了。日常生活中通常被视作“碱”，用于清除油污，通过加热的方法来增强$NaHCO_3$的去污力。

水解是中和反应的逆反应，酸碱的中和是放热反应，因此，盐的水解是吸热反应，升高温度能促进盐类的水解。

$$盐+水\underset{中和}{\overset{水解}{\rightleftharpoons}}酸+碱$$

活动：探究$FeCl_3$的水解

氯化铁中铁离子与水反应生成氢氧化铁和氢离子：

$$Fe^{3+}+3H_2O \rightleftharpoons Fe(OH)_3+3H^+$$

条　　件	pH	水解程度	现　　象
升温			
加水			
加$FeCl_3$固体			
加少量NaOH固体			
通入HCl			

在实验室配制$FeCl_3$溶液时，由于$FeCl_3$溶液中Fe^{3+}水解生成$Fe(OH)_3$，使溶液浑浊，得不到澄清的$FeCl_3$溶液。

$$FeCl_3 + 3H_2O \rightleftharpoons Fe(OH)_3 + 3HCl$$

所以在配制$FeCl_3$溶液时，为了防止水解，通常先将固体$FeCl_3$溶解在温度较低的浓盐酸中，然后加冷水稀释到所需的浓度。

现要配制某一浓度的硫酸铜溶液，应如何配制?

本章小结

一、电解质与非电解质

1．电解质和非电解质

电解质：在水溶液中或熔融状态下能够导电的化合物，酸、碱、盐都是电解质。

非电解质：在水溶液中和熔融状态下都不能够导电的化合物，如蔗糖、乙醇等。

2．强电解质和弱电解质

把在溶液中能完全电离成离子的电解质，叫做强电解质。强酸、强碱、大多数盐都是强电解质。

凡是在水溶液中只能部分电离成离子的电解质叫做弱电解质。弱酸（CH_3COOH、H_2CO_3等)、弱碱（$NH_3 \cdot H_2O$）和水都是弱电解质。

3．弱电解质的电离是一个可逆过程，存在电离平衡。

二、离子反应和离子方程式

1．溶液中离子之间的反应称为离子反应。

2．用实际参加反应的离子符号来表示反应的式子叫做离子方程式。在书写离子方程式时，只有可溶于水的强电解质要用离子符号表示，其余用化学式。

3．离子反应的条件是：

（1）生成难溶的物质（沉淀）

（2）生成易挥发的物质（气体）

（3）生成难电离的物质（弱电解质）

只需具备上述三个条件之一，离子反应就能进行。

三、水的电离和溶液的pH值

1．水的离子积

在常温（25℃）下，$K_w=[H^+][OH^-]=1\times10^{-7}\times1\times10^{-7}=1\times10^{-14}$，此关系也适用于酸、碱的稀溶液。

2．溶液的pH值

$$pH=-\lg[H^+]$$

25℃时，中性溶液pH＝7；

酸性溶液pH＜7；

碱性溶液pH＞7。

四、盐类的水解

1．在溶液中盐的离子跟水电离出来的H^+或OH^-生成弱电解质的反应，叫做盐类的水解。它是中和反应的逆反应，是吸热反应。

2．盐类水解的规律：有弱才水解，无弱不水解，都弱都水解，谁强显谁性。

3．盐的水解反应是可逆反应，可通过改变温度、浓度（加酸或加碱）使平衡发生移动，来促进或抑制水解。

本章习题

一、选择题

1．下列物质中属于弱电解质的是（　　）。

A．$BaSO_4$　　B．HCl　　C．NaCl　　D．CH_3COOH

2．下列物质属于电解质的是（　　）。

① 硫酸 ②氢氧化钠 ③氯化钠 ④蔗糖 ⑤铜 ⑥二氧化碳 ⑦醋酸（CH_3COOH）

A．①②③⑦　　B．④⑤⑥　　C．①②⑤⑦　　D．①⑥⑦

3．下列物质的水溶液能导电，但其本身属于非电解质的是（　　）。

A．盐酸　　B．酒精　　C．食醋　　D．氯气

4．下列物质中是弱电解质的是（　　）。

A．NaAc　　B．NH_4Cl　　C．KNO_3　　D．H_2S

5．下列物质的水溶液呈中性的是（　　）。

A．NaCl　　B．K_2CO_3　　C．$Al_2(SO_4)_3$　　D．$(NH_4)_2SO_4$

6．下列化合物中属于强电解质的有（　　）。

A．氯化钠　　B．蔗糖　　C．碳酸　　D．汽油

7．下列化合物中属于非电解质的有（　　）。

A．氨　　B．汽油　　C．硝酸银　　D．水

8．下列物质中弱电解质的是（　　）。

A．$BaSO_4$　　B．HCN　　C．$Ba(OH)_2$　　D．NH_4Cl

9．0.1mol/L $CaCl_2$溶液中Cl^-浓度为（　　）mol/L

A．0.1　　B．0.2　　C．0.3　　D．0.4

10．下列反应的离子方程式可以用$H^+ + OH^- = H_2O$表示的是（　　）。

A．NaOH和HAc　　B．KOH和HNO_3

C．$Ba(OH)_2$和H_2SO_4　　D．$NH_3 \cdot H_2O$和HAc

11．0.1mol/L H_2SO_4溶液中H^+浓度为（　　）mol/L

A．0.1　　B．0.2　　C．0.3　　D．0.4

12．下列各组物质中，全都是弱电解质的是（　　）。

A．醋酸、氨水、盐酸　　B．氢硫酸、硫酸、硝酸银

C．氢氧化钾、氨水、碳酸　　D．氢硫酸、碳酸、氨水

13．下列电离方程式正确的是（　　）。

A．$Al_2(SO_4)_3 \rightleftharpoons 2Al^{3+} + 3SO_4^{2-}$　　B．$H_2CO_3 \rightleftharpoons 2H^+ + CO_3^{2-}$

C．$NaHCO_3 = Na^+ + HCO_3^-$　　D．$HAc = H^+ + Ac^-$

14．在$H_2CO_3 \rightleftharpoons H^+ + HCO_3^-$平衡体系中，能使电离平衡向左移动的条件是（　　）。

A．加氢氧化钠　　B．加盐酸　　C．加水　　D．升高温度

15．对于离子反应$CaCO_3 + 2HCl = CaCl_2 + CO_2\uparrow + H_2O$，正确的离子方程式是（　　）。

A．$CO^{2-} + 2H^+ = CO_2\uparrow + H_2O$

B．$CO_3^{2-} + 2H^+ \longrightarrow CO_2\uparrow + H_2O$

C．$CaCO_3 + 2H^+ = Ca^{2+} + CO_2\uparrow + H_2O$

D．$CaCO_3 + 2H^+ \longrightarrow Ca^{2+} + CO_2\uparrow + H_2O$

16．下列离子方程式正确的是（　　）。

A．硫化亚铁与盐酸 $S^{2-} + 2H^+ \longrightarrow H_2S\uparrow$

B．硝酸钡与硫酸钠 $Ba^{2+} + SO_4^{2-} = BaSO_4\downarrow$

C．醋酸与氢氧化钠 $HAc + OH^- \longrightarrow H_2O + Ac^-$

D．石灰石与盐酸 $CO_3^{2-} + 2H^+ \longrightarrow CO_2\uparrow + H_2O$

17．0.1mol/L HCl溶液的pH值等于（　　）。

A．0.1　　B．1　　C．0.2　　D．13

18．0.01mol/L NaOH溶液的pH值等于（　　）。

A．0.1　　B．1　　C．0.2　　D．12

19．$FeCl_3$的水解方程式可写为$FeCl_3 + 3H_2O \rightleftharpoons Fe(OH)_3 + 3HCl$，若提高水解程度采取的方法是（　　）。

A．加热　　B．加入少量Na_2CO_3

C．加入少量盐酸　　D．增加$FeCl_3$的浓度

20．下列各离子方程式中，属于水解反应的是（　　）。

A．$HCO_3^- + H_2O \rightleftharpoons H_3O^+ + CO_3^{2-}$　　B．$NH_4^+ + H_2O \rightleftharpoons NH_3 \cdot H_2O + H^+$

C．$PO_4^{3-} + H_2O \rightleftharpoons HPO_4^{2-} + OH^-$　　D．$H_2O + H_2O \rightleftharpoons H_3O^+ + OH^-$

二、填空题

1．下列物质能导电的是____________，属于电解质的是____________，属于强电解质的是____________，属于弱电解质的是____________，属于非电解质的是____________。

a. 铜丝　b. 硫酸钡　c. 石墨　d. 熔融的氯化钠　e. 盐酸　f. 蔗糖

g. 二氧化碳　h. 硫酸　i. 酒精　j. 冰醋酸　k. 碳酸

2．写出下列物质的电离方程式：

$NaHSO_4$　　$NaHCO_3$

H_2S　　$Al(OH)_3$

$KAl(SO_4)_2$　　H_2SO_3

3．水是一种________电解质，它能微弱电离生成________和________，其电离方程式为________，通常简写为________。

4．在25℃时，1L水的物质的量约为____mol，其中，只有____mol H_2O电离。

5．水的离子积常数，简称水的离子积，其表达式为$K_w=$________，K_w随温度升高而________，因为水的电离是________的过程。25℃时，K_w为1×10^{-14}，100℃时约为1×10^{-12}。水的离子积不仅适用于纯水，也适用于其他水溶液。不论是纯水还是稀溶液，只要________不变，K_w就不变。

6．在酸、碱溶液中，水的电离平衡被破坏，但H^+与OH^-的浓度乘积仍是________。当加酸时，水的电离平衡________，$c(H^+)$________$c(OH^-)$；当加碱时，道理也如此，只是$c(OH^-)$________$c(H^+)$。所以说，溶液酸、碱性的实质是溶液中$c(H^+)$和$c(OH^-)$的相对大小问题。

7．利用$c(H^+)$和$c(OH^-)$的相对大小判断溶液的酸碱性：

若$c(H^+)<c(OH^-)$，则溶液呈________；若$c(H^+)=c(OH^-)$，则溶液呈________；若$c(H^+)>c(OH^-)$，则溶液呈________。

8．溶液中有________参加的反应叫做离子反应，用________的离子形式表示离子反应的式子叫做离子方程式。

三、简答题

1．氨水和醋酸溶液导电性都很弱，当两种溶液混合之后，导电性有无变化？为什么？

2．用热水配制$CuSO_4$溶液，为什么会产生浑浊？怎样防止？

四、计算题

1．将4g NaOH固体溶于水制成1L溶液，其pH值是多少？

2．配制500mL pH＝3的盐酸，需要pH＝1的盐酸多少毫升？

人体血液pH值与健康

人体正常状态下，机体的pH值应维持在7.3～7.4之间，即略呈碱性。机体pH值若较长时间低于7.3，就会形成酸性体质，使身体处于亚健康状态，其表现为机体不适、易疲倦、精神不振、体力不足、抵抗力下降等。这种状况如果得不到及时纠正，人的机体健康就会遭到严重损害，从而引发心脑血管疾病和癌症、高血压、糖尿病、肥胖等严重疾患。如果我们平常不均衡饮食，或是偏爱吃动物性食物和油炸食品，那这类不良饮食习惯和生活方式就成了导致机体pH值偏酸、健康受损的重要因素。

在我们日常所吃的各种食物中，若某一种食物在体内经过分解代谢后，转换成以氯、硫、磷等酸根离子为主的矿物质，那这种食物就应当称为呈酸性食物；反之，转换成以钾、钠、钙、镁等碱性离子为主的矿物质，那这种食物就应当称为呈碱性食物。因此，食物的呈酸性和呈碱性并不是通过我们的味觉就可以判定的，例如柠檬味道很酸，但却是呈碱性食物，而谷麦类、肉类、禽类、鱼类、蛋类、花生、核桃等，就属于呈酸性食物，蔬菜、水果、大豆及其制品、薯类、牛奶、茶等则属于呈碱性食物。还有一些食物因为不含任何一种矿物质，或者是所含碱性离子和酸根离子的量相等，如精炼的油脂、食糖、淀粉、酒类、食盐等，所以它们又称为中性食物。人体pH值的高低会随着我们每天摄入的食物种类和数量而产生波动，若呈酸性的食物摄入过多，超出了人体需要的量，那么机体pH值就会偏酸。事实上，每日摄入的酸性食物很容易过量，这是因为我们的主食是呈酸性的，而餐桌上丰盛的鸡鸭鱼肉，又太容易使人们忽略对蔬菜水果的摄入。于是，在人们大快朵颐的同时，酸性体质也就慢慢形成了。所以，为了使机体pH值处于正常范围，以保持身体健康，我们的饮食结构就必须重视呈酸性食物与呈碱性食物的科学搭配，以达到人体的酸碱平衡。

第六章

氧化还原反应与电化学

1. 了解氧化还原反应的本质，掌握用化合价升降法配平氧化还原反应方程式的原则与步骤。

2. 了解原电池的工作原理和电极电势的概念及其主要应用。

3. 了解电解原理及其主要应用，并能掌握原电池与电解池的主要区别。

4. 了解金属电化学腐蚀的原因及防腐方法。

氧化还原反应是无机化学中广泛存在的一类重要反应。例如，硫酸、硝酸的制造，氮肥生产中氨的合成，氯碱工业中的电解食盐水溶液，金属防腐中的电镀，以及有机合成产品中很多生产过程都要应用氧化还原反应。

第一节　氧化还原反应

一、氧化还原反应的本质

最早人们把物质与氧化合的反应叫氧化，而把除去氧化物中的氧的反应叫还原。后来随着科学的发展，发现氧化还原反应的实质是在化学反应中，有些元素的原子之间有电子得失（或化合价变化）。

因此把氧化还原反应的定义扩大为：凡是物质失去电子的反应叫氧化，物质得到电子的反应叫还原；在一个化学反应中氧化和还原必然同时发生，因此凡是物质之间有电子得失的反应都称为氧化还原反应。

下面用电子得失的观点，分析最常见的氧化还原反应的例子。

$$2Cu + O_2 = 2CuO$$

失电子　得电子
被氧化　被还原
还原剂　氧化剂

反应过程中，铜被氧化，失去2个电子，为还原剂；氧被还原，得到2个电子，为氧化剂。

$$CuO + H_2 = Cu + H_2O$$

得电子　失电子
氧化剂　还原剂
被还原　被氧化

式中，Cu^{2+}得到2个电子，为氧化剂，被还原为Cu；H_2失去2个电子，为还原剂，被氧化为H^+。

把以上两个反应式综合起来，可以得到氧化还原反应的本质如下：

① 氧化还原反应中，得失电子同时发生，而且数量相等。

② 氧化还原反应中，某元素的原子失去电子，必有另一元素的原子得到电子，得到电子的物质是氧化剂，自身被还原，失去电子的物质是还原剂，自身被氧化。

③ 氧化还原反应中，氧化剂和还原剂同时存在，因此，没有氧化就没有还原，反之亦然。

二、氧化剂与还原剂

凡在氧化还原反应中，能使另一种物质发生氧化作用的物质叫氧化剂；能使另一种物质发生还原作用的物质叫还原剂。

一般常用的氧化剂都是一些活泼的非金属和某些有高价态元素的化合物，因为这些物质在氧化还原反应中都易获得电子。

例如，Cl_2、Br_2、I_2、O_2、$KMnO_4$、$KClO_3$等。

一般常用的还原剂都是一些活泼的金属和含有低价态元素的化合物，因为这些物质在氧化还原反应中易失去电子。

例如，Zn、Mg、Na、Fe、Al、H_2、KI、Na_2SO_3、H_2S等。

举例如下：

$$Zn + H_2SO_4 = ZnSO_4 + H_2$$

还原剂　氧化剂

$$H_2O_2 + Cl_2 = 2HCl + O_2$$

还原剂　氧化剂

从以上2个例子可以看出，在氧化还原反应中，氧化剂和还原剂可以是单质，也可以是化合物（或是离子），但是发生电子得失的是某一个原子或离子，因此，在讨论被氧化、被还原的物质时一定要指明得失电子的是某原子或离子。

另外，应该注意的是，氧化剂、还原剂是指参加氧化还原反应的物质，而氧化、还原反应是指化学反应中得失电子的过程。

练一练

请在下列化学变化中，标出电子的转移方向和数目。

（1）$Na_2SO_3 + H_2SO_4$(浓)$=\!=\!=Na_2SO_4 + SO_2\uparrow + H_2O$

（2）$KClO_3 + 6HCl$(浓)$=\!=\!=KCl + 3Cl_2 + 3H_2O$

（3）$H_2S + H_2SO_4$(浓)$=\!=\!=S\downarrow + SO_2\uparrow + 2H_2O$

（4）$2Na_2O_2 + 2H_2O=\!=\!=4NaOH + O_2\uparrow$

第二节　氧化还原反应方程式配平

由于氧化还原反应方程式一般都比较复杂，而且反应式中的物质也比较多，配平这类方程式很难用观察的方法配平，必须采用一定的方法和步骤才能配平。最常见的配平方法为化合价升降法。

一、配平原则

由于氧化还原反应是一类电子得失的反应，氧化剂得电子后的化合价降低数应等于还原剂失去电子后的化合价升高数，同时每一种元素的原子个数在反应前后必须保持相等。

二、配平的主要步骤

1．根据给定欲配平反应式，找出有化合价变化的元素原子，并求出氧化剂化合价降低数和还原剂化合价升高数。

2．根据氧化剂化合价降低数等于还原剂化合价变化的元素原子，并求出最小公倍数，分别将系数乘在氧化剂和还原剂分子式前面，并写出相应的反应式。

3．为保证反应前后元素的原子个数相等的原则，进一步调整分子前面的系数。一般是先调整其他个数，最后再调整H和O原子个数。达到两边所有的原子个数相等时，把箭头改为等号。

三、例题分析

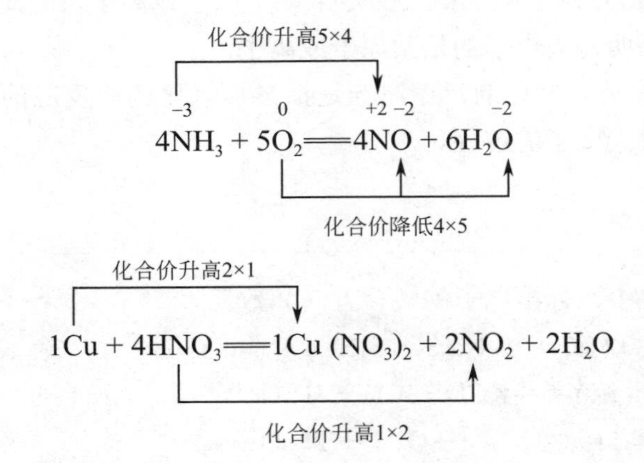

练一练

1．请配平下列氧化还原反应方程式

（1）__Cu＋__HNO_3(稀)——__$Cu(NO_3)_2$＋__NO↑＋__H_2O

（2）__MnO_2＋__HCl(浓)——__$MnCl_2$＋__Cl_2↑＋__H_2O

2．写出铜与稀硝酸反应的化学方程式，用双线桥表示出电子的转移方向和数目：

____

（1）被氧化的元素是________________，被还原的元素是________________；

（2）氧化剂是________________，还原剂是________________；

（3）发生氧化反应的是________________，发生还原反应的是________________。

第三节　原电池

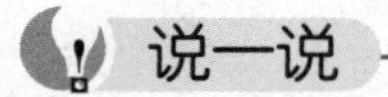

说一说

当今社会已经进入了电子时代，电子产品越来越多，大家都知道，要使电子产品能运行起来，最主要的是电池（见图6-1），大家想想看我们生活中的电池都有哪些？

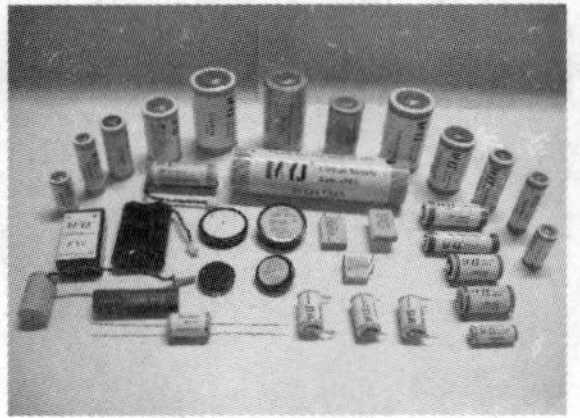

图6-1　各式各样的电池

一、原电池的工作原理

将一片锌片和铜片平行地插入盛有稀硫酸的烧杯中，观察现象（见图6-2）。然后用连有电流表的导线把锌片和铜片连接起来再观察现象，并填入表6-1中。

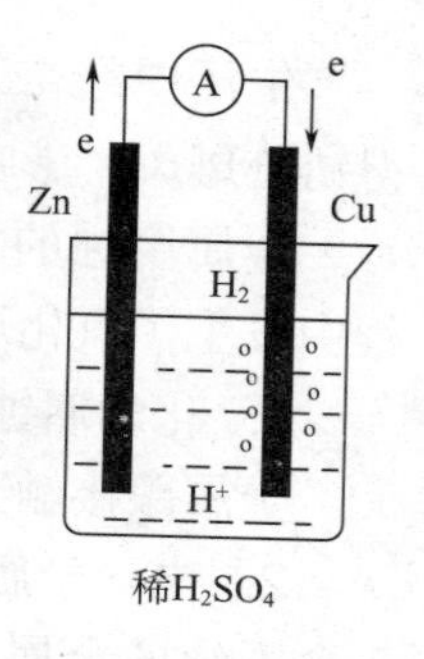

图6-2　原电池装置

表6-1　实验内容

项目	稀硫酸	解释或写出化学方程式
锌片		
铜片		
将锌片和铜片用带有电流计的导线连接		

从实验中可见，电流表发生偏转，说明导线上有电流通过。对于上述现象作如下分析：锌片溶解，说明锌原子失去电子，形成锌离子，即在锌片上发生了氧化反应：

$$Zn-2e=\!=\!=Zn^{2+}$$

由于Zn^{2+}进入溶液中，锌片上有了过多的自由电子，所以电子从锌片经过导线流向铜片，铜片上产生了H_2，所以在铜片上发生的反应为：

$$2H^{+}+2e=\!=\!=H_2\uparrow$$

我们把这种借助于氧化还原反应，将化学能转变为电能的装置叫做原电池。上述原电池装置称为铜锌原电池。

二、有关原电池的几个基本概念

1. 半电池

组成两个半电池的导体叫电极。

2. 电极

组成半电池的导体叫电极，对电极的极性作如下规定。

（1）负极　流出电子的一极。用符号“－”表示。如铜锌原电池中锌片为负极。

（2）正极　流进电子的一极。用符号“＋”表示。如铜锌原电池中铜片为正极。

有些电极材料本身是参与得失电子的。有些电极只传递电子而不参与得失电子，这样的电极称为惰性电极。如石墨、铂是常用的惰性电极。

在原电池中，电子总是从负极经导线流向正极。

3. 电极反应和电池反应

在电极上发生的氧化或还原反应，称为该电极的电极反应，在负极上，因为是流出电子的，故必定发生了失电子的氧化反应，而在正极上，因为流入电子，故必定发生了得电子的还原反应，两个半电池反应合起来构成原电池的总反应，称为电池反应。例如铜锌原电池的电极反应如下。

负极：$Zn-2e=\!=\!=Zn^{2+}$(氧化反应)

正极：$Cu^{2+}+2e=\!=\!=Cu$（还原反应）

总反应：$Zn+Cu^{2+}=\!=\!=Zn^{2+}+Cu$(氧化还原反应)

三、金属的电化学腐蚀

生活中经常发现，有些金属制品在使用一段时间后，会失去表面的光泽，严重的会变得锈迹斑斑，影响使用。这实际上是一种金属腐蚀现象。

金属腐蚀的本质，是金属原子失去电子变成阳离子的过程。也就是说，金属在腐蚀过程中发生了氧化还原反应。

1. 化学腐蚀

金属跟接触到的物质（如O_2、Cl_2、SO_2）直接发生化学反应而引起的腐蚀叫做化学腐蚀。

2. 电化学腐蚀

不纯的金属跟电解质溶液接触时，会发生原电池反应，比较活泼的金属失去电子而被氧化，这种腐蚀叫做电化学腐蚀（见图6-3）。

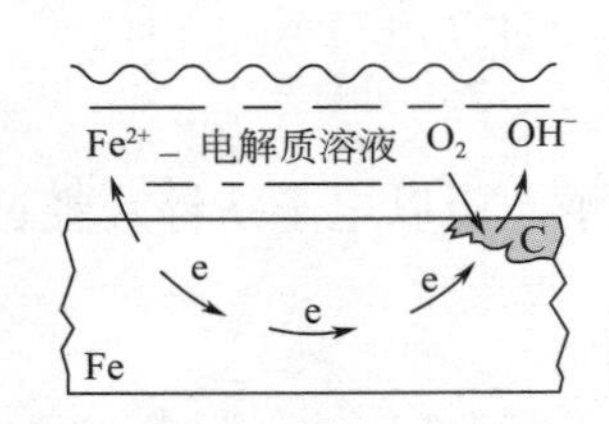

图6-3 铁的电化学腐蚀示意

图6-4 现实中钢铁的腐蚀

想一想

我们都知道，钢铁在干燥的空气里长时间不易腐蚀，但在潮湿的空气里却很快就会腐蚀（见图6-4），这是什么原因呢？

原来，在潮湿的空气中，钢铁表面吸附了一层薄薄的水膜，这层水膜中含有少量的H^+和OH^-，还溶解了氧气等气体，结果在钢铁表面形成了一层电解质溶液，它跟钢铁里的铁和少量的碳恰好形成无数微小的原电池。在这些原电池里，铁是负极，碳是正极。失去电子而被氧化：

负极：$2Fe-4e=\!=\!=2Fe^{2+}$

正极：$2H_2O+O_2+4e=\!=\!=4OH^-$

电化学腐蚀是造成钢铁腐蚀的主要原因。

第四节 电解

一、电解的原理

如图6-5的装置，将两根石墨棒作为电极，分别插入盛有氯化铜溶液的容器中，接通直流电源（与电源正极相连的电极叫阳极，与电源负极相连的电极叫阴极），观察现象。

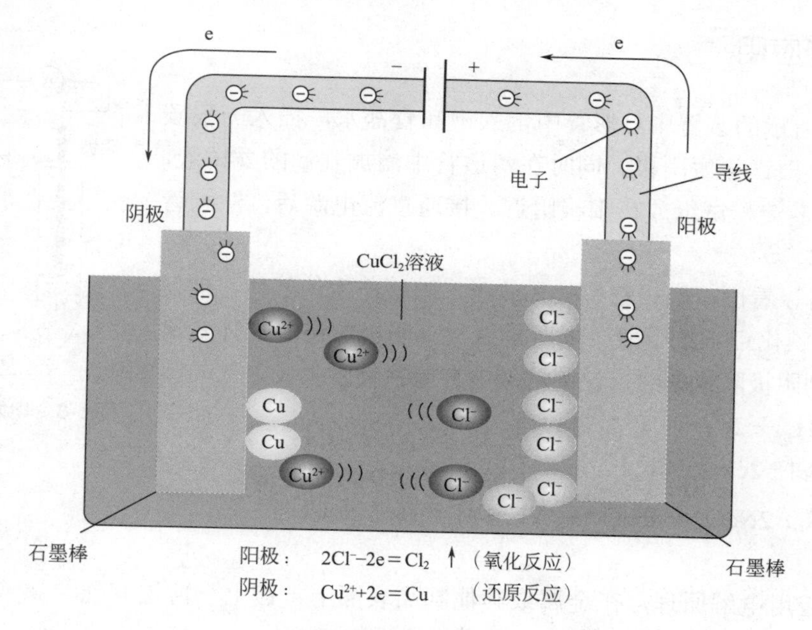

图6-5 电解池装置

从实验中可以发现，通电不久后，在阴极石墨棒上有铜析出，在阳极石墨棒上有气泡放出，并且该气体能使湿润的淀粉-碘化钾试纸变蓝的特征，可以断定为氯气。

其实通电前，铜离子和氯离子在溶液中无规则的自由移动，通电后，在电场的作用下，自由移动的离子改做定向移动。在两个电极上发生的反应为：

阳极：$2Cl^- - 2e = Cl_2\uparrow$

阴极：$Cu^{2+} + 2e = Cu$

这种使电流通过电解质溶液而在阴、阳两极引起氧化还原反应的过程叫做电解。这种借助于电流引起氧化还原反应的装置，也就是把电能转变为化学能的装置，叫电解池或电解槽（见图6-6和图6-7）。

图6-6 离子交换膜电解槽

图6-7 某工厂电解车间

二、电解的应用

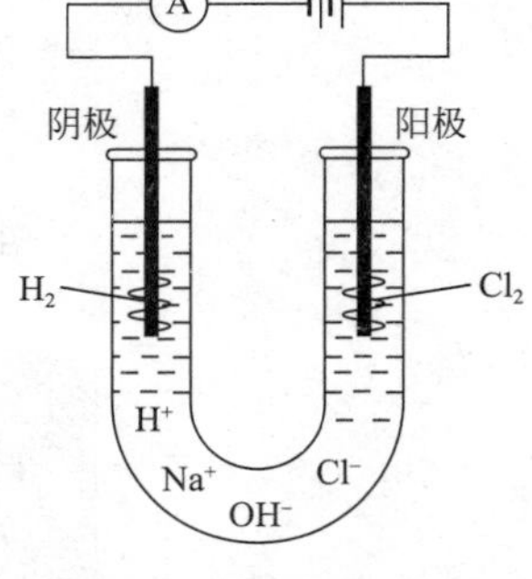

图6-8 电解食盐水装置

按图6-8所示的装置中U形管中倒入饱和食盐水，插入一根碳棒做阳极，一根铁棒做阴极。同时在两边管中滴加几滴酚酞试液，并把湿润的KI-淀粉试纸放在阳极附近。接通直流电源后，注意管内发生的现象。

由实验可以看出，两极都有气体放出，阳极产生的气体，能使湿润的淀粉-碘化钾试纸变蓝，证明是氯气。阴极放出的气体是氢气，同时看到阴极附近变红，说明溶液中有碱性物质生成。

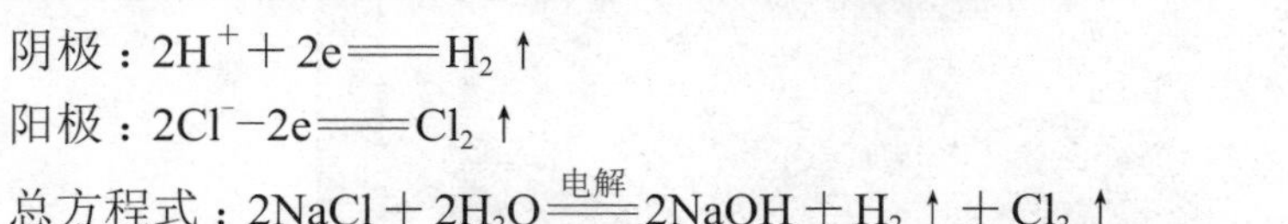

阴极：$2H^+ + 2e = H_2\uparrow$

阳极：$2Cl^- - 2e = Cl_2\uparrow$

总方程式：$2NaCl + 2H_2O \xlongequal{电解} 2NaOH + H_2\uparrow + Cl_2\uparrow$

1. 电镀

电镀是应用电解原理，在金属或其他制品表面上，镀上一薄层其他金属或合金的过程（见图6-9和图6-10）。

图6-9 电镀车间

图6-10 电镀产品

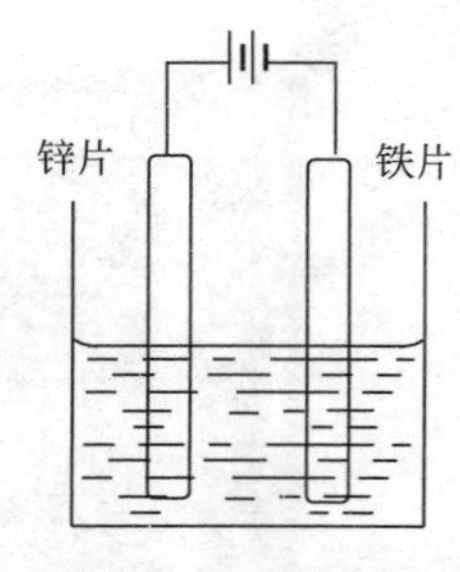

图6-11 电镀实验

按图6-11装置在大烧杯中加入以氯化锌为主的电镀液，用锌片做阳极，镀片（铁片）做阴极，连接直流电源，观察现象。

发生的反应：

通电前：$ZnCl_2 = Zn^{2+} + 2Cl^-$　　$H_2O \rightleftharpoons H^+ + OH^-$

通电后：阳极：$Zn - 2e = Zn^{2+}$（氧化反应）

阴极：$Zn^{2+} + 2e = Zn$（还原反应）

2. 电冶

应用电解原理从金属化合物中制取金属的过程称为电冶。

电解位于金属活动顺序中Al之前的金属盐溶液时，阴极上总是产生H_2，而得不到相应的金属，因此，制取这些活泼金属的单质，只能采用电解它们的熔融化合物的方法。

第五节 胶体

家里泡的糖开水、牛奶和泥浆水分别属于溶液、悬浊液还是乳浊液？

像溶液、悬浊液和乳浊液这样，一种物质（或几种物质）的微粒分散于另一种物质里形成的混合物叫分散系。其中分散成微粒的物质叫做分散质；微粒分散在其中的物质叫做分散剂。

胶体也是一种分散系，在这种分散质里，分散质微粒直径的大小介于溶液中分散质微粒的直径和悬浊液或乳浊液中分散质微粒的直径之间。

一般地说，分散质微粒的直径大小在10^{-9}～10^{-7}m之间的分散系，叫做胶体。

一、渗析

根据胶体粒子直径介于10^{-9}～10^{-7}m之间这一特点，把不纯胶体放进半透膜制成的容器内，让分子或离子等较小的微粒透过半透膜，以净化胶体。

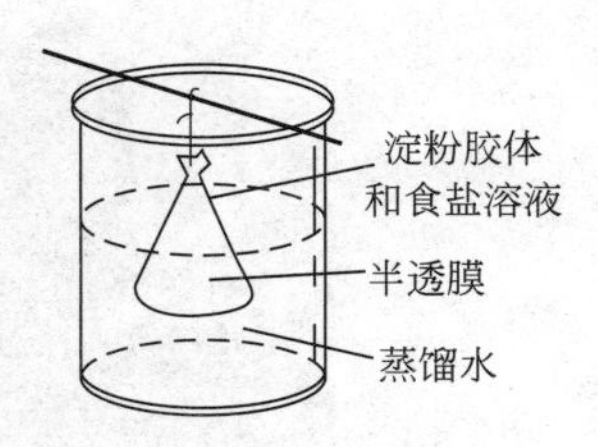

图6-12 渗析

如图6-12。像这种把混有离子或分子杂质的胶体装入半透膜的袋里，并把这个袋子放在溶剂中，从而使离子或分子从胶体溶液中分离的操作叫做渗析。

二、丁达尔现象

在黑暗的地方让光线透过胶体溶液，由于胶体颗粒也会对光产生散射现象，所以从侧面同样可以观察到胶体溶液里也出现一条光亮的“通路”，这种现象叫丁达尔现象（见图6-13和图6-14）。

图6-13 森林丁达尔现象

图6-14 胶体丁达尔现象

三、布朗运动

1827年，布朗把花粉悬浮在水里，用显微镜观察，发现花粉的小颗粒做不停的、无秩序的运动，这种现象叫做布朗运动。用超显微镜观察胶体，可以看到胶体颗粒不断地做无秩序的运动，即布朗运动（见图6-15）。

四、电泳

在一个U形管中盛红褐色的氢氧化铁胶体，从U形管的两个管口各插入一个电极，通直流电后，会发现阴极附近的颜色变深，阳极附近的颜色变浅。这说明氢氧化铁胶体微粒带正电荷，在电场的作用下，向阴极移动。

像这样的外加电场的作用下，胶体的微粒在分散剂里向阴极（或阳极）做定向移动的现象，叫做电泳（见图6-16）。

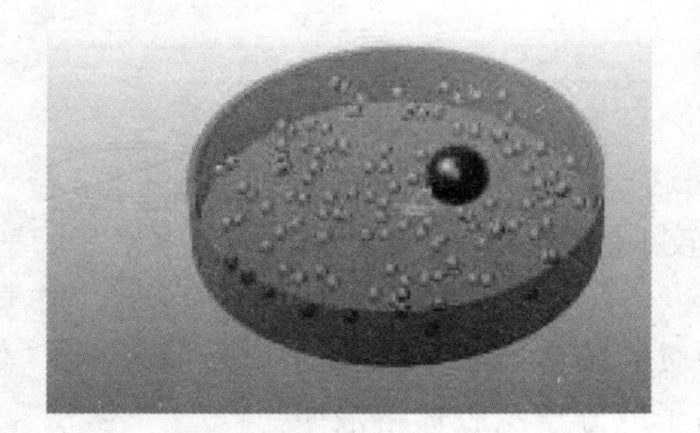

图6-15　布朗运动示意图

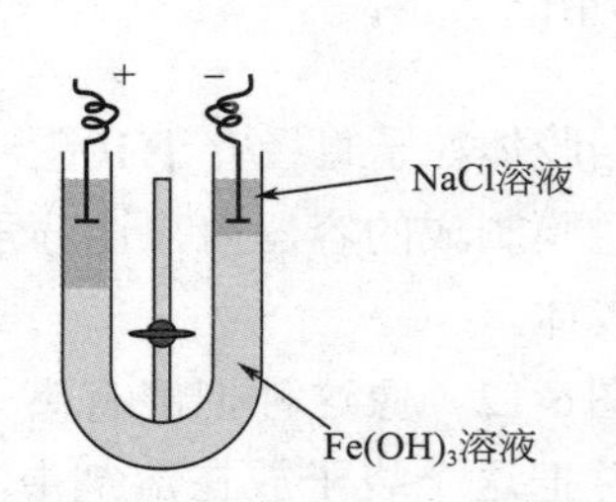

图6-16　电泳现象

五、胶体的聚集

在胶体溶液里加入少量电解质，由于电解质电离生成的阳离子或阴离子，中和了胶体微粒所带的电荷，使胶体的微粒聚集成较大的颗粒，形成了沉淀，从分散剂里析出。这种使胶体的微粒聚集成较大颗粒的过程叫做凝聚。

本章小结

一、氧化还原反应

1．氧化反应和还原反应

氧化反应：凡是物质失去电子的反应叫氧化。

还原反应：凡是物质得到电子的反应叫还原。

2．氧化剂和还原剂

氧化剂：一般常用的氧化剂都是一些活泼的非金属和某些有高价态元素的化合物。

还原剂：一般常用的还原剂都是一些活泼的金属和含有低价态元素的化合物。

二、氧化还原反应配平

三、原电池

原电池：将化学能转变为电能的装置。

四、电解池

电解池：把电能转变为化学能的装置。

五、胶体

1．胶体的概念：分散质微粒的直径在10^{-9}～10^{-7}m之间的分散系，叫做胶体。

2．胶体的几个性质：渗析，丁达尔现象，布朗运动，电泳，聚集。

本章习题

1．常温下，Cu、Fe作两极，稀硫酸作电解质溶液的原电池中：

① Cu作______极，Fe作______极。

② 电极反应式是：负极____________，正极____________。

总反应式是______________________________。

2．X、Y、Z都是金属，把X浸入Z的硝酸盐溶液中，X的表面有Z析出，X与Y组成原电池时，Y是电池的负极。X、Y、Z三种金属的活动性顺序为（　　）。

A．X＞Y＞Z　　B．X＞Z＞Y　　C．Y＞X＞Z　　D．Y＞Z＞X

3．A、B、C、D、E五种金属，A、B与硫酸铜溶液组成原电池后，B上析出红色铜；B、C与硫酸铜溶液组成原电池后，B的质量逐渐减小；A、D与硫酸铜溶液组成原电池后，A极上发生还原反应；D、E与稀硫酸组成原电池后，E溶解，则五种金属活动性由大到小的顺序是____________________________。

4．原电池的设计：

依据：$2FeCl_3+Cu=\!=\!=2FeCl_2+CuCl_2$设计原电池。

电极为：正极_________；负极_________。

电解质溶液为：___________________________________。

电极反应方程式：负极___________________________________。

正极___________________________________。

看一看

几种新型电池

1．锌银电池

锌银电池通常称为银锌电池，采用氢氧化钾或氢氧化钠为电解液，由银作正极材料，锌作负极材料。由银制成的正极上的活性物质是多孔性银，由锌制成的负极上的活性物质主要是氧化锌。灌入电解液，经充电后，正极的银变成二价的氧化银，负极的氧化锌变成锌。锌银电池一般装在塑料壳内或装在铝合金、不锈钢的外壳内。

锌银电池的主要优点是比能量高，它的能量与质量比（单位质量产生的有效电能量）是铅蓄电池的3～4倍。适宜于大电流放电的锌银电池应用于军事、航空、移动通信设备、电子仪器和人造卫星、宇宙航行等方面。纽扣式的微型锌银电池多应用于电子手表、助听器、计算机和心脏起搏器等。

2．锂电池

锂是自然界最轻的金属元素。以锂为负极，与适当的正极匹配，可以得到高达380～450W · h/kg的能量质量比。以锂作为负极的电池都叫锂电池。作为一次电池使用的，一种是以高氯酸锂为电解质，由聚氟化碳作正极材料的锂电池，另一种是以溴化锂为电解质，由二氧化硫为正极材料的锂电池。

锂电池的主要优点是在较小的体积或自重下，能放出较大的电能(比能量比锌银电池大得多)，放电时电压十分平稳，储存寿命长，能在很宽广的温度范围内有效工作。应用和锌银电池相同。从发展趋势看，锂电池的竞争能力将超过锌银电池。

3．太阳电池

常用的太阳电池是由硅制成的，一般是在电子型单晶硅的小片上用扩散法渗进一薄层硼，以得到PN结，然后再加上电极。当日光直射到渗了硼的薄层面上时，两极间就产生电动势。这种电池可用作人造卫星上仪器的电源。除硅外，砷化镓也是制作太阳电池的好材料。

4．核电池

核电池又叫“放射性同位素电池”，它是通过半导体换能器将同位素在衰变过程中放出的热能转变为电能制造而成的。核电池已成功地用作航天器的电源、心脏起搏器电源和一些特殊军事用途。

第七章

常见非金属元素及其化合物

第一节　卤素

学习指导

1. 掌握氯及其重要化合物的主要性质。
2. 了解氯气的制法。
3. 了解氯的含氧酸及其盐。
4. 了解氯、溴、碘的特性。
5. 了解卤离子的检验方法。

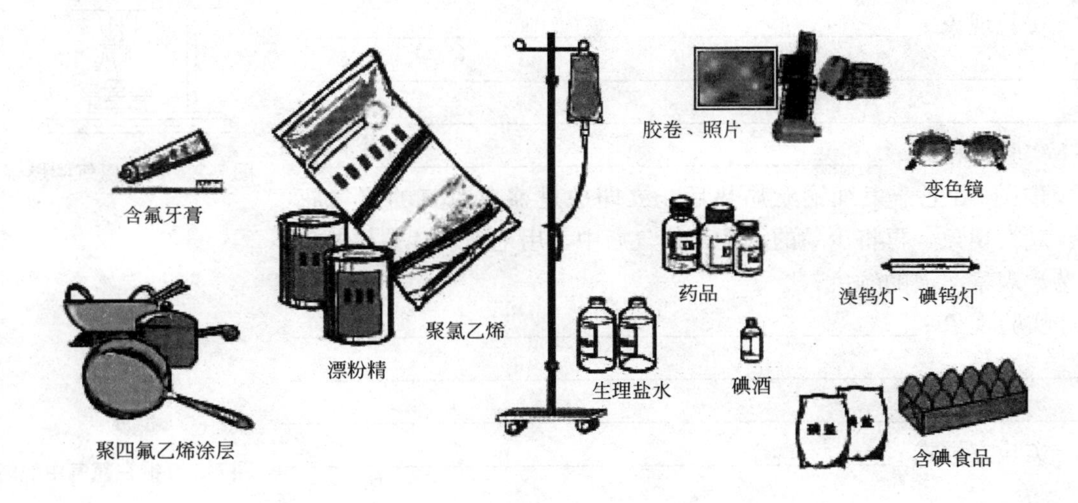

元素周期表中第ⅦA族元素氟（F）、氯（Cl）、溴（Br）、碘（I）和砹（At）统称卤族元素，其中砹为放射性元素，在自然界中含量很少。这五种元素都容易和金属直接化合生成盐，习惯上将它们简称为卤素。“卤素”就是成盐的元素。

卤素原子的最外层电子都是7个，它们都容易获得1个电子而显非金属性，并且具有相似的化学性质。但从氯到碘，随着它们相对原子质量的增大，非金属性逐渐减弱。

一、氯气

说一说

同学们，你们知道自来水是如何进行消毒的吗？你还知道漂白粉的主要成分是什么吗？

1. 氯气的物理性质

氯气是具有强烈刺激性气味的黄绿色气体，有毒，吸入少量氯气会刺激鼻腔和喉头的黏膜，引起胸部疼痛和咳嗽；吸入大量氯气时就会窒息死亡。因此实验室闻氯气，必须用手在容器边轻轻扇动，让微量的气体进入鼻孔（见图7-1）。

图7-1 闻氯气方法

氯气很容易液化，将它在常压下冷却到238.8K或在常温下加压到6×10^5Pa时，能变成液态氯，工业上称为“液氯”，通常储存于涂有绿色的钢瓶中，以便运输和使用。

2. 氯气的化学性质

氯气是典型的非金属元素，化学性质很活泼，能与许多物质发生反应。

（1）与金属反应

按图7-2的装置把仪器连接好，然后将一颗钠粒点燃后，立即放入盛有氯气的集气瓶中，观察现象。

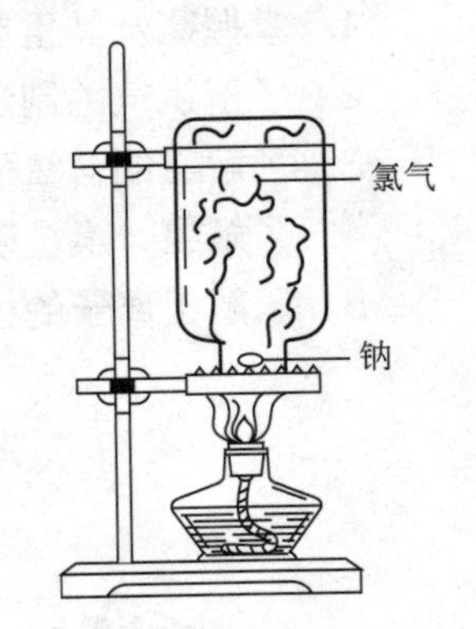

图7-2 钠在氯气中燃烧

实验现象：________________

____

____

实验方程式：________________

按图7-3把一束细铜丝灼热后，立即放进盛有氯气的集气瓶中，观察现象，再将少量的水注入集气瓶中，用毛玻璃片盖住瓶口，振荡，观察溶液的颜色。

实验现象：________________

____

____

实验方程式：________________

图7-3 铜在氯气中燃烧

（2）与非金属反应

在空气中点燃H_2，然后把导管伸入盛有Cl_2的集气瓶中，如图7-4观察H_2在Cl_2中燃烧时的现象。

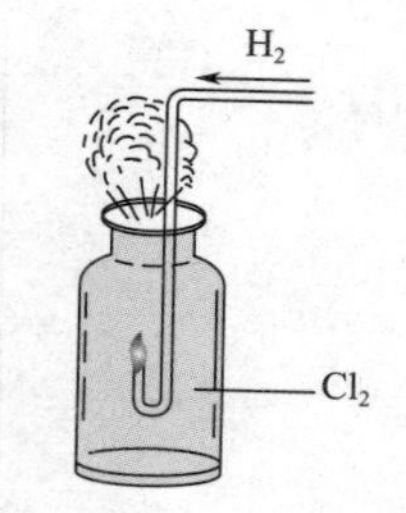

图7-4　氢气在氯气中燃烧

实验现象：______________________________

____

____

实验方程式：______________________________

将红磷放在燃烧匙中，点燃后插入盛有氯气的集气瓶中，如图7-5观察现象。

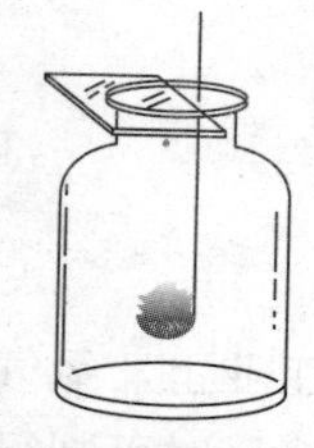
图7-5　磷在氯气中燃烧

实验现象：______________________________

____

____

实验方程式：______________________________

PCl_3在常温下为无色液体，PCl_5是略带有黄色的固体，它们都是重要的化工原料，可用来合成许多含磷的有机化合物，如敌百虫等农药助剂等。

（3）与水的反应　氯气溶解于水得到氯水。在氯水中，溶解的氯气，其中一部分能与水反应，生成盐酸和次氯酸（HClO）。

$$Cl_2 + H_2O \rightleftharpoons HCl + HClO$$

该反应为可逆反应。因此氯水是复杂的混合液体，其中除水外，还含有相当数量的游离氯和少量的盐酸和次氯酸。次氯酸是一种很弱的酸，不稳定，容易分解，放出氧气。在光照下分解更快：

$$2HClO \xlongequal{光照} 2HCl + O_2\uparrow$$

次氯酸是强氧化剂，能杀死病菌，所以常用氯气对自来水进行消毒。次氯酸还有漂泊作用，可以使染料和有机色素褪色，可以用作漂白剂。

（4）与碱的反应　氯气可以与碱反应，生成次氯酸盐和金属氯化物。

$$Cl_2 + 2NaOH = NaCl + NaClO + H_2O$$

实验室制取氯气时，就是利用这个反应来吸收多余的氯气的。

3. 氯气的用途

氯气是一种重要的化工原料，除用于制漂白粉和盐酸外，还用于制造橡胶、塑料、农药和有机溶剂等。氯气也可用作漂白剂，在纺织工业中用来漂白棉、麻等植物纤维，在造纸工业上用来漂白纸浆。氯气还可以用于饮用水、游泳池的消毒和杀菌。

4. 氯气的制法

在实验室，氯气用浓盐酸与二氧化锰反应来制取，如图7-6所示。反应方程式如下：

$$MnO_2 + 4HCl(浓) \xlongequal{\triangle} MnCl_2 + 2H_2O + Cl_2\uparrow$$

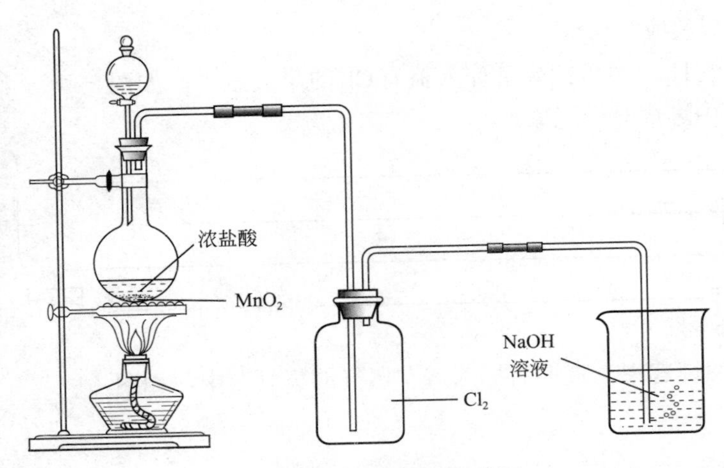

图7-6 实验室制取氯气装置

工业上，氯气用电解饱和食盐水溶液的方法来制取，同时可制得烧碱（见图7-7）。方程式如下：

$$2NaCl + 2H_2O \xlongequal{电解} 2NaOH + H_2\uparrow + Cl_2\uparrow$$

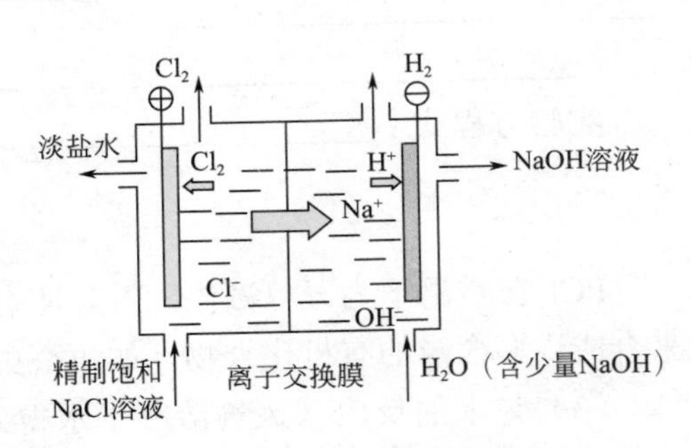

图7-7 电解饱和食盐水

二、氯化氢、盐酸

说一说

同学们，你们知道工业中重要的三酸是什么吗？你还知道工业中的盐酸是怎么生产的吗？

1. 氯化氢

在实验室中用食盐与浓硫酸反应来制取氯化氢。稍微加热时，生成硫酸氢钠和氯化氢：

$$NaCl + H_2SO_4(浓) \xlongequal{\triangle} NaHSO_4 + HCl$$

2. 盐酸

工业上，可将合成得到的氯化氢气体经冷却和吸收来生成盐酸。

盐酸是重要的工业“三酸”之一。纯净的盐酸是无色有氯化氢气味的液体，具有较强的挥发性。工业用的盐酸因含有$FeCl_3$杂质而略带黄色。

盐酸是重要的工业原料，用途很广泛。如在化工生产中用来制备金属氯化物，如$ZnCl_2$、$BaCl_2$等。在食品工业中盐酸常用于制造淀粉、葡萄糖、酱油及味精等。盐酸在机械、纺织、皮革、冶金、电镀、轧钢、焊接、搪瓷等行业也有广泛的应用。此外，人胃里含少量的盐酸（约0.4%），能促进消化和杀死一些病菌。医药上用极稀的盐酸溶液治疗胃酸过少。

三、氯及其含氧酸盐

氯元素能形成多种含氧酸及其盐，其中氯元素的化合物均为正值。下面介绍几种氯的含氧酸及其盐。

次氯酸（HClO）是由氯气溶于水而得到的浓度很稀的溶液。它的水溶液是无色的，有刺激性气味。次氯酸是一种弱酸，其酸性比碳酸还弱，很不稳定，只能在稀溶液中存在。即使这样仍极易分解，光照下分解更快。

次氯酸盐比次氯酸稳定。氯气在常温下和碱作用可制得次氯酸盐。例如将氯气通入氢氧化钠中可得次氯酸钠（NaClO），反应方程式参见本节氯气与碱的反应。次氯酸钠是强氧化剂，有杀菌、漂白作用，常用于制药和漂白工业。

氯气与消石灰反应的产物是次氯酸钙和氯化钙，反应方程式为：

$$2Ca(OH)_2 + 2Cl_2 = Ca(ClO)_2 + CaCl_2 + 2H_2O$$

次氯酸钙和氯化钙的混合物就是漂白粉。漂白粉的有效成分是次氯酸钙。次氯酸钙与稀酸或空气中二氧化碳和水蒸气反应生成具有强氧化性的次氯酸，起漂白、杀菌作用。

$$Ca(ClO)_2 + CO_2 + H_2O = CaCO_3 \downarrow + 2HClO$$

从上述反应可见，保存漂白粉时应密封，注意防潮，否则它将在空气中吸收水蒸气和二氧化碳而失效。

漂白粉常用来漂白棉、麻、丝、纸等（见图7-8）。漂白粉也能消毒杀菌，例如用于污水坑和厕所的消毒等（见图7-9）。

图7-8 漂白粉

图7-9 消毒液

四、卤素的性质比较

1. 氟、溴、碘简介

氟（F_2）是淡黄绿色的气体，有剧毒，腐蚀性极强（见图7-10）。氟是最活泼的非金属，

图7-10　单质氟

是很强的氧化剂。例如，它和氢气混合，即使在暗处也会发生爆炸，同时放出大量的热，生成氟化氢（HF）。

大量的氟可用来制取有机氟化物，如制冷剂氟里昂、高效灭火剂、杀虫剂，能耐腐蚀、耐高温的“塑料王”聚四氟乙烯，耐高温的润滑剂等。液态氟是导弹、火箭和发射人造卫星的高能燃料（见图7-11～图7-14）。

溴（Br_2）是红棕色的液体，易挥发，具有刺激性臭味，能深度灼伤皮肤和损伤眼球及喉鼻黏膜（见图7-15）。保存溴时，瓶口应密封，并放在阴凉的地方。溴化钾（KBr）在医药上用作镇静剂。溴化银（AgBr）是电影和照相用的胶片、感光纸的主要感光剂（见图7-16）。在军事上，溴可用作催泪毒剂（见图7-17）。

图7-11　冰晶石（Na_3AlF_6）

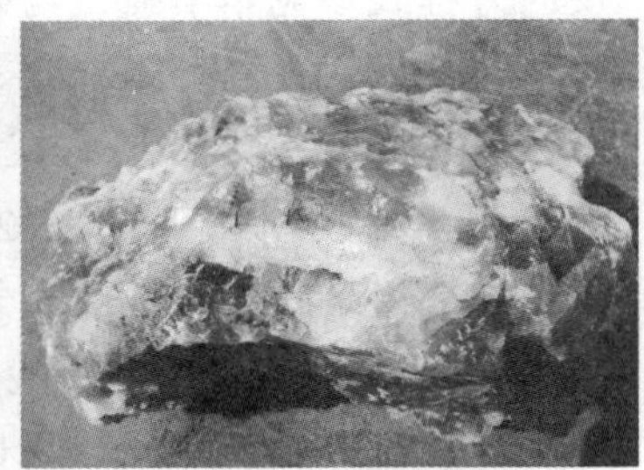
图7-12　萤石矿（CaF_2）

图7-13　聚四氟乙烯

图7-14　氟里昂

图7-15　单质溴

图7-16　胶片

59式木制手榴弹

541型进攻手榴弹

防-1式手榴弹

攻-42式手榴弹

攻-59式手榴弹

图7-17　催泪毒剂

碘（I_2）是紫黑色晶体，具有金属光泽（见图7-18）。碘能升华成深蓝色蒸气，若混杂有空气，即成紫红色。碘的蒸气具有刺激性气味，还有很强的腐蚀性和毒性。

碘难溶于水，易溶于碘化钾溶液或酒精、汽油、四氯化碳等有机溶液中。

碘可用来制碘酒（见图7-19），它是医药上常用的消毒剂。碘化银（AgI）是照相胶片上的感光剂，还可用于人工降雨，使用小火箭、高射炮把磨成细粉末的碘化银发射到几千米的高空，能使空气里的水蒸气凝聚成雨。在食盐中加入微量碘化钾（KI）或碘酸钾（KIO_3）可防止地方病甲状腺肿大，有益于人体健康（见图7-20）。

图7-18 单质碘

图7-19 碘酒

图7-20 碘盐

2. 卤素性质的比较

表7-1 卤素的原子结构和单质的物理性质

名称	元素符号	核电荷数	单质	颜色状态	相对密度	沸点/℃	熔点/℃
氟	F	9	F_2	淡黄色气体	1.690	84.86	53.38
氯	Cl	17	Cl_2	黄绿色气体	3.214	238.4	172
溴	Br	35	Br_2	深红棕色液体	3.119	331.8	265.8
碘	I	53	I_2	紫黑色固体	4.930	457.4	386.5

从表7-1中可见，氟、氯、溴、碘单质的物理性质随着核电荷数的增大而起变化。从氟到碘熔点、沸点依次升高，状态由气态趋向固态，颜色逐渐加深。

表7-2 卤素单质的化学性质

单质	与金属反应	与氢气反应及氢化物稳定性	与水反应	卤素单质的活泼性比较
F_2	常温下能和所有金属反应	冷、暗处剧烈反应而爆炸。HF很稳定	使水迅速分解，放出氧气	氟最活泼，能把氯、溴、碘从它们的化合物中置换出来
Cl_2	加热时，能氧化所有的金属	强光照射下，剧烈化合而爆炸。HCl较稳定	在日光照射下，缓慢放出氧气	氯较氟次之，能把溴、碘从它们的化合物中置换出来
Br_2	加热时，可和一般金属反应	高温下缓慢反应。HBr较不稳定	较氯微弱	溴较氯又次之，能把碘从它们的化合物中置换出来
I_2	在较高温度时能与一般金属反应	持续加热，慢慢地化合，HI很不稳定，同时发生分解	较溴微弱	碘在卤素中最不活泼

由表7-2中可见，从氟到碘，非金属性逐渐减弱。具体表现在：从氟到碘，与金属、氢气、水反应愈来愈困难，反应的剧烈程度依次降低；与氢气化合时，生成的气态氢化物的稳定性愈来愈差；置换反应的能力依次减弱。

$$2NaBr + Cl_2 = 2NaCl + Br_2$$

$$2KI + Cl_2 = 2KCl + I_2$$

$$2KI + Br_2 = 2NaBr + I_2$$

可见，氯、溴、碘三种元素中，氯比溴活泼，溴比碘活泼。科学实验证明，氟的性质比氯、溴、碘更活泼，能把氯等从它们的化合物中置换出来。

它们的非金属性依次减弱：

$$F_2 > Cl_2 > Br_2 > I_2$$

相反，卤素阴离子失去电子的能力依次增强：

$$F^- > Cl^- > Br^- > I^-$$

五、卤离子的检验

卤离子常用硝酸银（$AgNO_3$）来检验。

做一做

在三支分别盛有1mL 0.1mol/L KCl、KBr和KI溶液的试管中，各加入几滴0.1mol/L $AgNO_3$溶液。观察试管中沉淀的生成和颜色。再在三支试管中分别加入少量的稀硝酸，观察现象。

实验过程：________________

____

实验方程式：________________

____

____

三种沉淀呈现不同的颜色，不溶于水，也不溶于稀硝酸。根据此性质，可以用来鉴定卤离子。注意，因AgF易溶，F^-不能用$AgNO_3$溶液检验。

第二节 氧和硫

学习指导

元素周期表中第ⅥA族的元素，包括氧（O）、硫（S）、硒（Se）、碲（Te）、钋（Po）五种元素，统称为氧族元素。其中，钋是放射性元素。

氧族元素的原子核最外层都有6个电子，因此容易从其他原子获得2个电子而显非金属性。但它们获得电子的能力比同周期的卤素差。从氧到碲，随着核电荷数的增加，非金属性逐渐减弱。因此，氧和硫是典型的非金属元素。

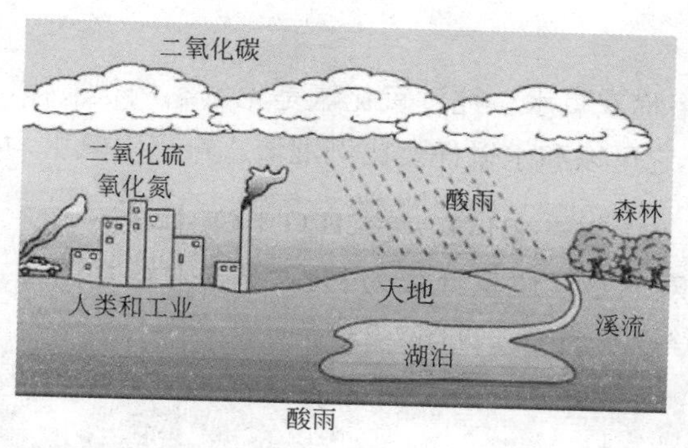

酸雨

本节主要介绍氧和硫的单质及其重要化合物。

一、氧、臭氧、过氧化氢

说一说

地球是人类和一切生物共有的家园，那么我们生物维持生命所必需的是什么呢？有报道称南极上空出现了空洞，大家知道是什么原因吗？

1. 氧和臭氧

氧是地壳中含量最多的元素，含量达48.6%，它既以游离态又以化合态的形式存在着。我们所熟悉的氧气是游离态的氧，各种含氧的化合物如水、氧化物及含氧酸盐等中的氧是化合态的氧。

在雷雨后的空气里，常能闻到一种特殊的腥臭味，这就是臭氧（O_3）的气味。它是在打雷时，云层间空气里的部分氧气，在电火花的作用下，发生化学反应而产生的。

$$3O_2 \xrightarrow{\text{紫外线或电火花}} 2O_3$$

正是臭氧层吸收了大量的紫外线，才使地球上的生物避免了紫外线强辐射的伤害，但近来发现超声速飞机排出的废气（含NO、CO、CO_2等）能与臭氧发生反应。氯原子也能同臭氧发生反应，因此使保护层的臭氧大大减少，乃至出现了空洞，见图7-21。

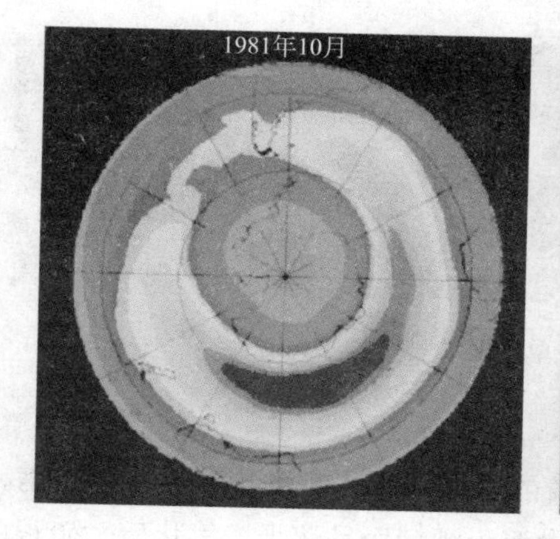

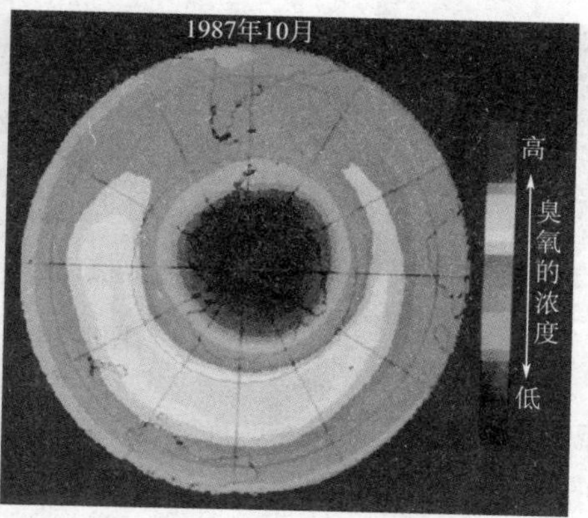

图7-21　南极上空臭氧层的破坏

2. 过氧化氢

过氧化氢（H_2O_2）俗称双氧水。纯过氧化氢是无色黏稠状液体，熔点272K。273K时液体的密度是1.465g/cm³。它可以和水以任意比例混溶。市售双氧水为30%。

$$2H_2O_2 \xlongequal{\text{催化剂}} 2H_2O + O_2\uparrow$$

医疗上广泛使用稀双氧水（质量分数为3%）作为消毒杀菌剂（见图7-22）。工业上用10%的双氧水漂白毛、丝以及羽毛（见图7-23）。

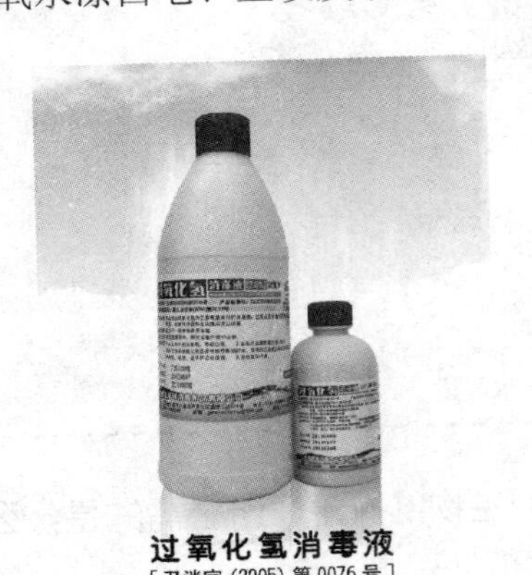

图7-22 消毒液

图7-23 漂渍液

二、硫

想一想

大家知道为什么北京故宫前的汉白玉经过一段时间后出现了严重腐蚀的现象吗？

自然界中有游离态硫和化合态硫。游离态硫，存在于火山喷口附近或地壳的岩层里（见图7-24）。天然硫化物有金属硫化物和硫酸盐。最重要的是硫铁矿或称黄铁矿（FeS_2），还有有色金属元素（Cu、Zn、Pb等）的硫化物矿，如黄铜矿（$CuFeS_2$）。

图7-24 单质硫

1. 硫的物理性质

纯净的硫是一种淡黄色晶体，俗称硫黄。硫的导电导热性都很差，熔点为386K，沸点为718K，它的密度大约是水的两倍。不溶于水，微溶于酒精而易溶于二氧化硫。硫很脆，易研成粉末，隔绝空气加热，变成硫蒸气，冷却后变成微细结晶的粉末，这个过程称为硫华。

2. 硫的化学性质

（1）硫与金属反应　硫能和许多金属反应，生成金属硫化物。

按图7-25把盛有硫粉的大试管加热到沸腾，当产生蒸气时，用坩埚钳夹住一束擦亮的细铜丝伸入管口，观察发生的现象。

实验现象：____________________________________

____

____

实验方程式：__________________________________

____

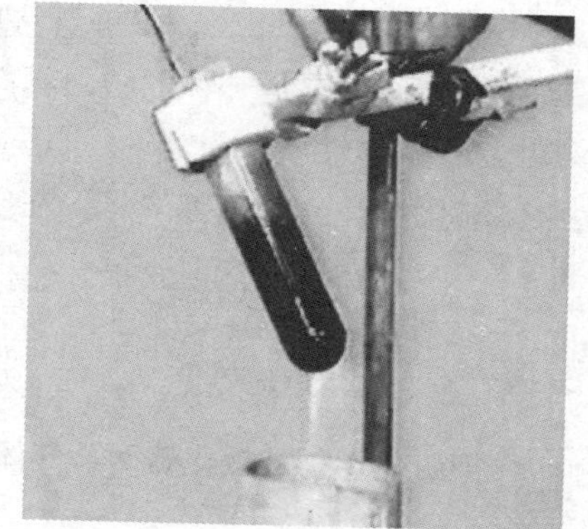

图7-25　铜在硫中燃烧

硫与铁反应时，生成黑色的硫化亚铁：

$$Fe + S \xlongequal{\triangle} FeS$$

硫与汞在常温下能直接反应生成黑色的硫化汞：

$$Hg + S = HgS$$

因此，实验室或使用汞的生产中，常用硫粉来处理散落的汞滴。

（2）硫与非金属反应　硫具有还原性，能跟氧气发生反应生成二氧化硫：

$$S + O_2 \xlongequal{点燃} SO_2$$

硫也具有氧化性，其蒸气能与氢气直接化合生成硫化氢气体：

$$S + H_2 \xlongequal{\triangle} H_2S$$

3. 硫的用途

硫的用途很广。化工生产中主要用来制硫酸。在橡胶工业中，大量的硫用于橡胶的硫化，以增强橡胶的弹性和韧性。农业上用作杀虫剂，如石灰硫黄合剂。另外，硫还可以用来制造黑色火药、火柴等。在医药上，硫主要用来制硫黄软膏，治疗某些皮肤病等（见图7-26）。

图7-26　硫的用途

三、硫化氢

自然界中存在有硫化氢。如火山喷出的气体中含有硫化氢气体，某些矿泉水中含有少量的硫化氢，这种泉水能治疗皮肤病。当有机物腐烂时，也会有硫化氢产生。

1. 物理性质

硫化氢是无色、有臭鸡蛋气味的气体，密度比空气略大，有剧毒，是一种大气污染物。

吸入微量的硫化氢，会引起头痛、眩晕，吸入较大量时，会引起中毒昏迷，甚至死亡。因此，制取和使用硫化氢时，应在通风橱中进行。

硫化氢能溶于水，在常温常压下，1体积水能溶解2.6体积的硫化氢气体。它的水溶液叫做氢硫酸，它是一种弱酸，具有酸的通性。

2. 化学性质

硫化氢是一种可燃气体，在空气中燃烧时，可被氧化生成二氧化硫或硫：

$$2H_2S + 3O_2 \xlongequal[\text{空气充足}]{\text{点燃}} 2H_2O + 2SO_2$$

$$2H_2S + O_2 \xlongequal[\text{空气充足}]{\text{点燃}} 2H_2O + 2S$$

把硫化氢与二氧化硫两种气体在集气瓶中充分混合，不久在瓶壁上就有黄色固体硫生成：

$$SO_2 + 2H_2S \xlongequal{\quad} 2H_2O + 3S$$

由此可见，硫化氢具有还原性。

硫化氢在空气中能腐蚀金属。如银、镍等许多在空气中很稳定的金属在含有硫化氢的空气中也会被腐蚀而生成金属硫化物。所以，精密仪器和设备等绝不能放置在含硫化氢较多的环境里。

四、二氧化硫

二氧化硫是无色而有刺激性气味的有毒气体，也是常见的大气污染物。密度比空气大，易溶于水。

二氧化硫分子中的硫为＋4价，处于中间价态，因此它既可被氧化而呈现出还原性，又可被还原而呈现出氧化性。例如：

$$2SO_2 + O_2 \xlongequal[400 \sim 500^\circ C]{V_2O_5} 2SO_3$$

$$SO_2 + 2H_2S \xlongequal{\quad} 3S + 2H_2O$$

后一反应是个很有用的反应，它将两种有毒的气体转化为无毒的硫和水。

二氧化硫是酸性氧化物，它与水化合生成亚硫酸（H_2SO_3）。因此，二氧化硫又叫做亚硫酐。亚硫酸不稳定，容易分解，只存在于水溶液中。

$$SO_2 + H_2O \rightleftharpoons H_2SO_3$$

二氧化硫还具有漂白性，能漂白一些有色物质（如品红），这是由于能与一些有机色素结合成无色化合物。而加热时这些物质又会发生分解，恢复原来的颜色（见图7-27）。

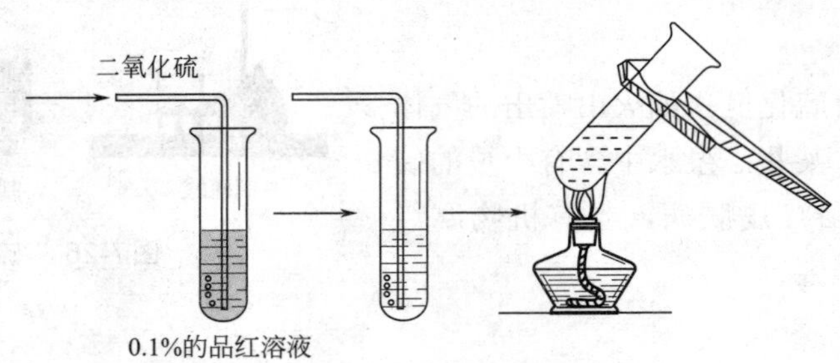

图7-27 二氧化硫漂白品红溶液

因此，工业上常用它来漂白纸张、毛、丝、草帽辫等，但是日久以后漂白过的纸张、草帽辫等又逐渐恢复原来的颜色，这是因为二氧化硫与有机色素生成的无色化合物不稳定，发生分解所致。此外，二氧化硫还用于杀菌、消毒等。

五、硫酸及其盐

1. 硫酸的工业制法

现代工业生产硫酸主要采用接触法（见图7-28）。反应过程介绍如下。

（1）二氧化硫的制取 硫铁矿（FeS_2）在空气中燃烧生成二氧化硫。

$$4FeS_2 + 11O_2 \xlongequal{\triangle} 2Fe_2O_3 + 8SO_2\uparrow$$

（2）二氧化硫氧化为三氧化硫 二氧化硫氧化时，必须加热并使用催化剂才能顺利进行。目前使用的催化剂是五氧化二钒（V_2O_5）。

$$2SO_2 + O_2 \xrightleftharpoons[400\sim500℃]{V_2O_5} 2SO_3$$

三氧化硫是无色易挥发的晶体。它是酸性氧化物，具有酸性氧化物的通性。三氧化硫极易溶于水，生成硫酸，所以，三氧化硫也叫硫酐。

（3）三氧化硫的吸收 三氧化硫与水化合生成硫酸，同时放出大量的热。

$$SO_3 + H_2O \xlongequal{} H_2SO_4$$

反应中放出的热量使水蒸发，和硫酐结合成酸雾，使吸收速率变慢，不利于三氧化硫的吸收。为了尽可能把三氧化硫吸收干净，并在吸收时不形成酸雾，在实际生产中，是用质量分数为0.983的浓硫酸吸收三氧化硫，然后再用水或较稀的硫酸稀释，制得各种浓度的硫酸。

（4）尾气的回收 浓硫酸吸收了三氧化硫后，剩余的气体在工业上叫尾气。尾气中含有二氧化硫，如果直接排入大气，会造成环境污染，所以在尾气排入大气之前，必须经回收、净化处理，防止二氧化硫污染空气并充分利用原料。

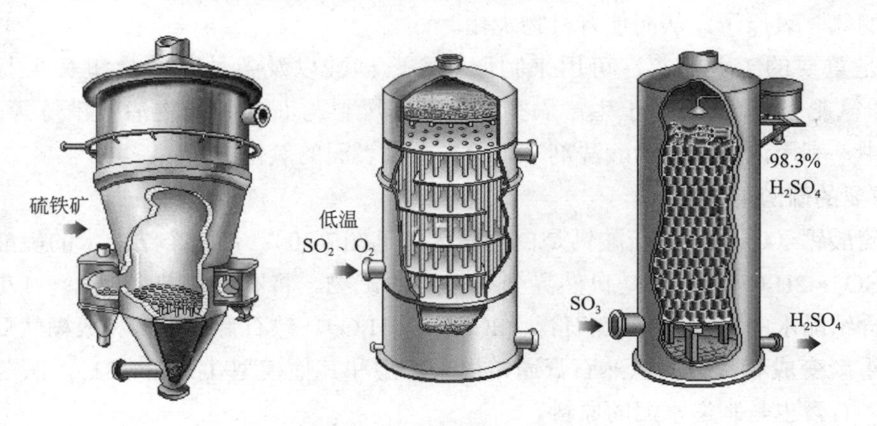

图7-28 工业接触式制硫酸

2. 硫酸的性质和用途

纯硫酸是无色的油状液体，在283K时凝固成晶体。市售浓硫酸的质量分数约为0.98，沸点611K，密度$1.84g/cm^3$，浓度为18mol/L。

硫酸是强酸。稀硫酸和盐酸一样是非氧化性的酸，具有酸的通性，如能与金属、金属氧化物、碱类反应。浓硫酸则具有以下特征。

（1）氧化性　在常温下，浓硫酸与铁、铝金属接触，能使金属表面生成一层致密的氧化物保护膜，它可阻止内部金属继续与硫酸反应，这种现象叫做金属的钝化。因此，冷的浓硫酸可以用铁或铝制容器储存和运输。但是，在受热时浓硫酸不仅能够与铁、铝等起反应，而且能与绝大多数金属发生反应。

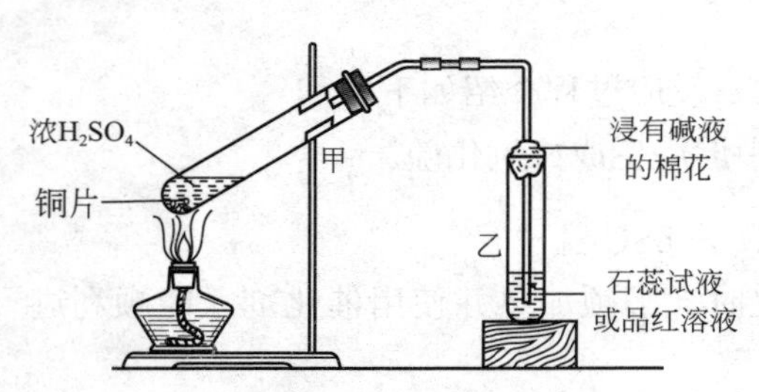

图7-29　铜与浓硫酸反应

按图7-29在试管中放入一小块铜片，注入少量浓硫酸，加热，观察现象。用浸有碱液的棉花放在试管口检验所放出的气体并将气体通入石蕊或品红溶液。观察颜色的变化。反应后，把试管里的溶液倒入盛有少量水的另一支试管里，使溶液稀释，观察溶液的颜色。

实验表明，铜与浓硫酸反应，生成物除硫酸铜外，还有水和二氧化硫，没有放出氢气：

$$Cu + 2H_2SO_4(浓) \xlongequal{\triangle} CuSO_4 + SO_2\uparrow + 2H_2O$$

加热时，浓硫酸还能与碳、硫等一些非金属发生氧化还原反应。例如，把烧红的木炭投入加热的浓硫酸中会发生剧烈的反应：

$$C + 2H_2SO_4(浓) \xlongequal{\triangle} CO_2\uparrow + 2SO_2\uparrow + 2H_2O$$

在上述两个反应中，浓硫酸氧化了铜和炭，本身还原为二氧化硫，硫从＋6价降低到＋4价，因此，浓硫酸是氧化剂，铜和炭是还原剂。

（2）吸水性和脱水性　浓硫酸很容易和水结合成多种水化物，所以它有强烈的吸水性，常被用作气体（不和硫酸起反应的，如氯气、氢气和二氧化碳等）的干燥剂。

浓硫酸还具有强烈的脱水性，能夺取许多有机化合物（如糖、淀粉和纤维等）中与水组成相当的氢、氧原子，从而使有机物炭化。

硫酸是重要的工业原料。可用来制取盐酸、硝酸以及各种硫酸盐和农业上用的肥料（如磷肥和氮肥）。硫酸还用于生产农药、炸药、燃料与石油和植物油的精炼等。在金属、搪瓷工业中，利用浓硫酸作为酸洗剂，以除去金属表面的氧化物。

3. 重要的硫酸盐

（1）硫酸钙（$CaSO_4$）　硫酸钙是白色固体（见图7-30）。带两个结晶水的硫酸钙，叫做石膏（$CaSO_4\cdot 2H_2O$）。石膏是自然界分布很广的矿物。将石膏加热到150～170℃时，石膏失去所含结晶水的3/4而变成熟石膏（$2CaSO_4\cdot H_2O$）。熟石膏加水调和成糊状后，就会很快硬化，重新变成石膏。所以熟石膏通常用来铸型和其他模型（见图7-31），医药上用来做石膏绷带。石膏也是制造水泥的原料。

（2）硫酸锌（$ZnSO_4$）　带七个结晶水的硫酸锌（$ZnSO_4\cdot 7H_2O$），是无色晶体，俗称皓矾（见图7-32）。在印染工业中用作媒染剂。其水溶液在医药上用作收敛剂和眼药水。它也可用作木材防腐剂以及电镀锌的电镀液。用硫酸锌溶液与硫化钡溶液反应形成$ZnS\cdot BaSO_4$的混合晶体，叫做锌白粉或锌钡白，是一种优良的白色颜料。

图7-30 硫酸钙

图7-31 石膏

（3）硫酸钡（$BaSO_4$） 天然产的硫酸钡叫做重晶石（见图7-33）。它是制造其他钡盐的原料。硫酸钡是白色固体，不溶于水和酸。利用这种性质以及不容易被X射线透过的性质，医疗上常用硫酸钡作X射线透视肠胃的内服药剂，俗称“钡餐”。硫酸钡还可用来制造白色颜料。

图7-32 皓矾

图7-33 重晶石

六、硫酸根离子的检验

硫酸和可溶性硫酸盐溶液中都含有硫酸根离子（SO_4^{2-}）。可以利用硫酸钡的不溶性来检验硫酸根离子。

在分别盛有2mL 0.1mol/L的H_2SO_4、Na_2SO_4和Na_2CO_3溶液的试管中，各滴加少量$BaCl_2$溶液，观察现象。再在三支试管里分别加入少量盐酸或稀硝酸，振荡试管，观察现象。

实验现象：________________

____

实验方程式：________________

____

____

第三节 氮及其化合物

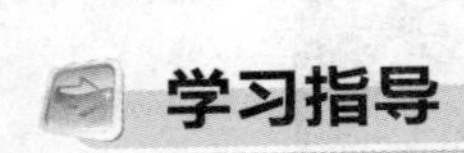

学习指导

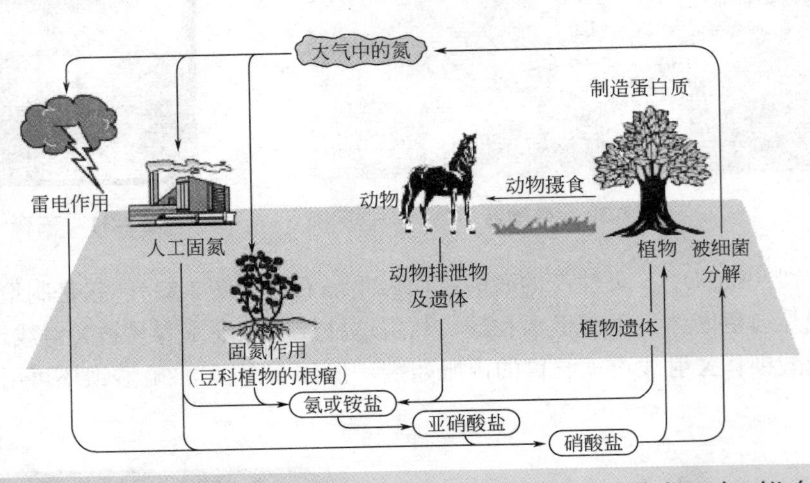

元素周期表中第ⅤA族的氮（N）、磷（P）、砷（As）、锑（Sb）、铋（Bi）五种元素，通称为氮族元素。

氮族元素的原子核外最外层都有5个电子，它们的非金属性比同周期的氧族元素和卤素都弱，从氧到铋元素的非金属性逐渐减弱，金属性逐渐增强。氮和磷是典型的非金属元素；砷虽然是非金属，但已表现出一些金属性；锑是金属元素，其单质也有一些金属性；铋则是比较典型的金属元素。

氮是较活泼的非金属元素，主要化合价有-3、-5和+5价。

一、氮气

氮气是空气的主要成分，同时氮也以化合态的形式存在于很多无机物和有机物中。

1. 氮气的物理性质

纯净的氮气是无色无味的气体，比空气稍轻，在标准状况下，氮气的密度为1.25g/L。氮气在水中的溶解度很小，在通常状态下，1体积水大约只溶解0.02体积的氮气。

2. 氮气的化学性质

氮分子是由两个氮原子共用三对电子结合而成的，氮分子有三个共价键。其电子式和结构式分别为：

$$:N\vdots\vdots N: \qquad N\equiv N$$

从氮分子结构可知，氮分子参加反应，需要破坏三个化学键，所需能量是相当大的。所以，氮气的性质非常稳定，很难和其他物质发生化学反应。但在高温或放射条件下，氮分子获得了足够的能量，能与氢气、氧气、金属等物质发生化学反应。

（1）氮气与氢气的反应　氮气与氢气在高温、高压和催化剂的作用下，可以直接化合生成氨：

$$N_2 + 3H_2 \xrightleftharpoons[\text{高温，高压}]{\text{催化剂}} 2NH_3$$

这是一个可逆反应。工业上就是利用这个反应来合成氨的。

（2）氮气和氧气的反应　在放电条件下，氮气可以直接和氧气化合生成无色的一氧化氮（NO）：

$$N_2 + O_2 \xlongequal{\text{放电}} 2NO$$

在雷雨天气，大气中常有NO气体产生。NO不溶于水，在常温下，很容易氧化生成红棕色、有刺激性气味的二氧化氮（NO_2）气体：

$$2NO + O_2 \Longrightarrow 2NO_2$$

NO_2有毒，易溶于水生成硝酸和NO：

$$3NO_2 + H_2O \Longrightarrow 2HNO_3 + NO$$

（3）氮气和某些金属的反应　在高温时，氮气能与镁、钙等金属化合生成氮化物。如：

$$3Mg + N_2 \xlongequal{\text{高温}} Mg_3N_2$$

3. 氮气的用途

氮气是合成氨和制造硝酸的原料。由于它的化学性质很稳定，常用来填充灯泡，防止灯泡中钨丝氧化，也可用作焊接金属的保护气以及利用氮气来保存水果、粮食等农副产品。液氮冷冻技术也应用在高科技领域，如某些超导材料就是在液氮处理下才获得超导性能的（见图7-34）。

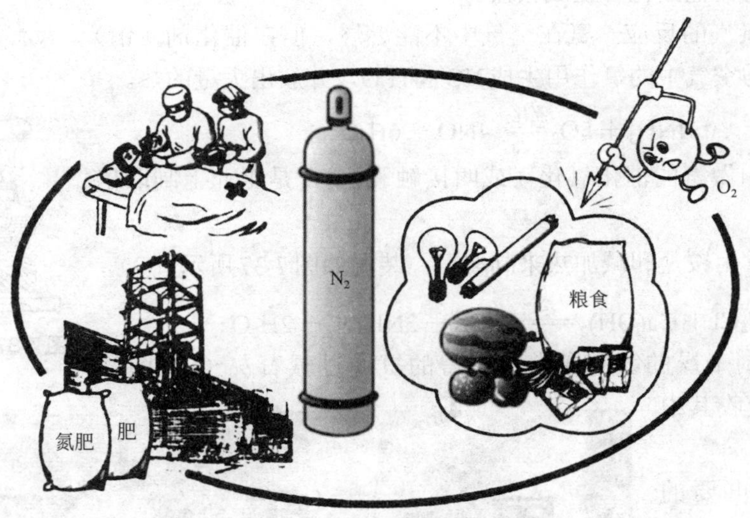

图7-34　氮气的用途

二、氨及其铵盐

1. 氨

氨是无色、有刺激性气味的气体，比空气轻，在标准状况下，其密度为0.771g/L。

氨很容易液化，在常压下冷却到239.8K时凝成液体。气态氨凝结成无色液体，同时放

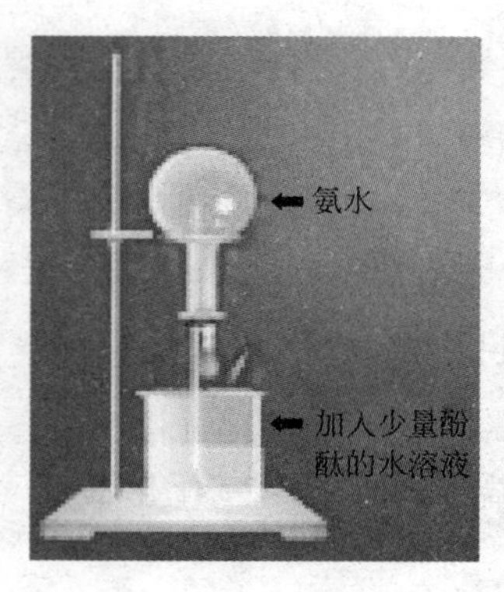

图7-35　喷泉实验

出大量的热。液态氨汽化时要吸收大量的热，从而使它周围温度急剧降低。因此，氨常用作制冷剂。

氨的化学性质主要表现在以下几个方面。

（1）氨与水的反应　由于氨分子和水分子易形成氢键，所以氨极易溶于水。常温下，1体积的水约可溶解700体积的氨，形成氨水。从喷泉实验（见图7-35）可以很好地验证氨极易溶于水。氨在水中主要以水合物（$NH_3 \cdot H_2O$）的形式存在，氨水是弱电解质，在溶液中可以少部分电离成NH_4^+和OH^-，所以氨水显弱碱性，这一过程可用下式表示：

$$NH_3 + H_2O \rightleftharpoons NH_3 \cdot H_2O \rightleftharpoons NH_4^+ + OH^-$$

（2）氨与酸的反应

【演示实验】

取两根玻璃棒，分别蘸有浓氨水和浓盐酸，使两根玻璃棒靠近，观察发生的现象（见图7-36）。

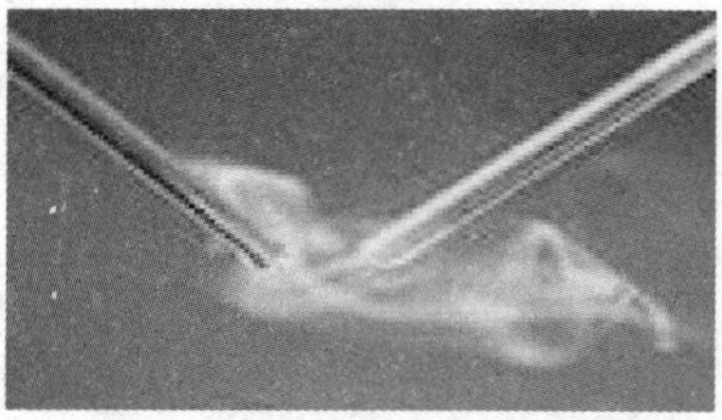

实验现象：________________________________

____

实验方程式：______________________________

____

图7-36　浓氨水与浓盐酸反应

氨同样能与其他酸化合生成铵盐。

（3）氨与氧气的反应　氨在空气中不能燃烧，但在催化剂（铂）的作用下，氨与空气中的氧作用生成NO和H_2O，并放出大量的热。

$$4NH_3 + 5O_2 \xrightarrow[\triangle]{催化剂} 4NO + 6H_2O$$

这个反应叫做氨的催化氧化（或叫接触氧化），是工业上制取硝酸的基础。

实验室里常用铵盐和碱加热来制取氨。装置如图7-37所示。

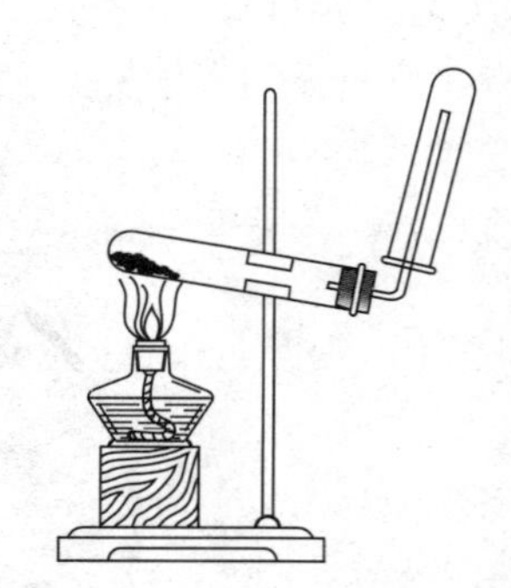
图7-37　实验室制氨气

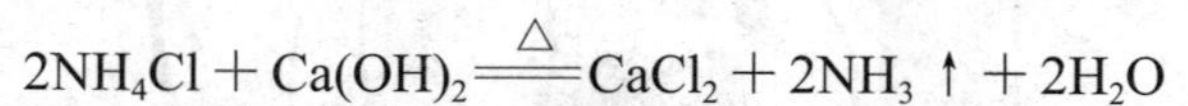

$$2NH_4Cl + Ca(OH)_2 \xlongequal{\triangle} CaCl_2 + 2NH_3\uparrow + 2H_2O$$

实验室要制干燥的氨，通常将制得的氨通过碱石灰（NaOH和CaO）中，以吸收其中的水蒸气。

氨是一种重要的化工原料。它不仅主要用于制造氨肥，还用来制造硝酸、铵盐、纯碱等。氨也是尿素、纤维、塑料等有机化工工业的原料（见图7-38和图7-39）。

图7-38　尿素

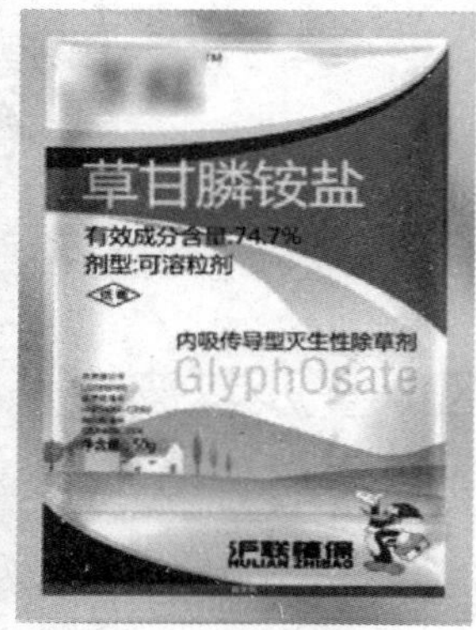

图7-39　草甘膦

2. 铵盐

铵盐的共同特征是其中含有NH_4^+。铵盐多为无色晶体，易溶于水。铵盐的主要化学性质如下。

（1）铵盐受热易分解　铵盐受热分解，一般放出氨气（NH_4NO_3除外）。

$$NH_4Cl \xlongequal{\triangle} NH_3\uparrow + HCl\uparrow$$

NH_3和HCl遇冷会重新结合成NH_4Cl。

（2）铵盐能与碱反应　铵盐能与碱起反应放出氨气：

$$(NH_4)_2SO_4 + 2NaOH \xlongequal{\triangle} Na_2SO_4 + 2NH_3\uparrow + 2H_2O$$

$$NH_4NO_3 + NaOH \xlongequal{\triangle} NaNO_3 + NH_3\uparrow + H_2O$$

该性质是一切铵盐的共同性质。实验室就是利用这样的反应来制取氨，也利用这个性质来检验氨根（NH_4^+）的存在。

三、硝酸及其盐

1. 硝酸的物理性质

纯硝酸是无色、易挥发、具有刺激性气味的液体，密度为1.5g/mL，沸点为356K，凝固点为231K。它能以任意比例与水混合。一般市售硝酸的质量分数为65%～68%，98%以上的浓硝酸由于挥发出来的NO_2遇到空气中的水蒸气，形成极微小的硝酸雾滴而产生“发烟”现象，通常称为发烟硝酸。

2. 硝酸的化学性质

硝酸是一种强酸，除了具有酸的通性外，还具有其特殊的化学性质。

（1）不稳定性　浓硝酸见光或受热易分解：

$$4HNO_3 \xlongequal{\triangle} 2H_2O + 4NO_2\uparrow + O_2\uparrow$$

（2）氧化性　硝酸是强氧化剂。一般地说，硝酸不论浓、稀均具有氧化性，它几乎能和所有的金属（除金、铂等少数金属外）发生氧化还原反应。在通常情况下，浓HNO_3的主要还原产物是红棕色的NO_2气体，稀HNO_3的主要还原产物是无色的NO气体。

$$Cu + 4HNO_3(\text{浓}) = Cu(NO_3)_2 + 2NO_2\uparrow + 2H_2O$$

$$3Cu + 8HNO_3(\text{稀}) = 3Cu(NO_3)_2 + 2NO\uparrow + 4H_2O$$

应当注意铁、铝等金属溶于稀HNO_3，但与冷、浓HNO_3发生钝化现象，所以可以用铝槽车或铁制容器盛装浓HNO_3。

浓硝酸和浓盐酸的混合物（体积比3∶1）叫做王水。其氧化能力比硝酸强，能使一些不溶于硝酸的金属，如金、铂等溶解。

浓硝酸还能使许多非金属如碳、硫、磷等氧化。如：

$$4HNO_3 + C \xlongequal{\triangle} 2H_2O + 4NO_2\uparrow + CO_2\uparrow$$

因为硝酸具有强氧化性，对皮肤、衣物、纸张等有腐蚀作用，所以使用硝酸时一定要小心，万一不慎将浓硝酸弄到皮肤上，应立即用大量的水冲洗，再用小苏打或肥皂洗涤。

硝酸是重要的化工原料，是重要的“三酸”之一。它主要用于生产各种硝酸盐、化肥、炸药、染料、塑料等（见图7-40和图7-41）。硝酸也是常用的化学试剂。

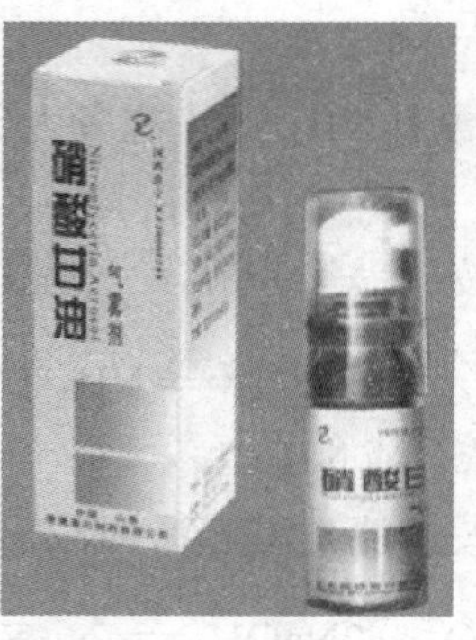

图7-40　硝酸甘油

图7-41　塑料制品

第四节　碳和硅

学习指导

元素周期表中第ⅣA族的元素，包括碳（C）、硅（Si）、锗（Ge）、锡（Sn）、铅（Pb）五种元素，统称为碳族元素。它们位于周期表里容易失去电子的主族元素和容易得到电子的主族元素之间，容易生成共价化合物。

碳族元素随着原子核外电子层数的增加，从上到下，由非金属性向金属性递变的趋势比氮族元素更为明显。碳是典型的非金属；硅在化学反应中更多地显非金属性，但晶体硅却有金属光泽，能导电；锗的金属性强于非金属性；锡和铅都是较典型的金属。

一、碳

碳在自然界分布很广，多数以化合态的形式存在于碳酸盐、煤、天然气、石油、动植物和空气中，金刚石、石墨是天然存在的游离单质碳（见图7-42）。碳是组成有机化合物的基本元素。

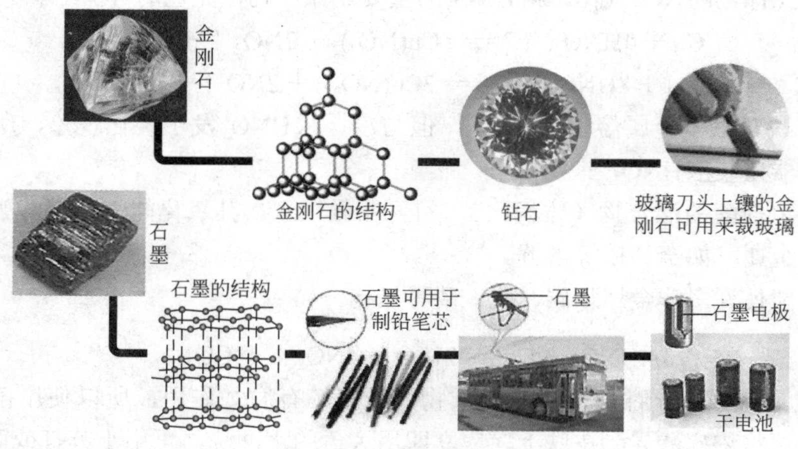

图7-42　各种形式的碳

碳有三种同素异形体：金刚石、石墨、无定形碳（见图7-43和图7-44）。由于它们内部结构不同，所以性质上有较大的差别。

图7-43　金刚石

图7-44　石墨

金刚石是原子晶体。碳原子间以较强的共价键结合。石墨是一种混合型晶体，具有良好的导电和导热性能，用途广泛。

二、硅及其重要化合物

在地壳里，硅的含量占地壳总质量的27%，仅次于氧。在自然界，不存在游离态的硅，它主要以二氧化硅和各种硅酸盐的形式存在。

1. 硅

晶体硅是灰黑色、有金属光泽、硬而脆的固体。硅的熔点和沸点较高，硬度较大。硅的导电性能介于金属和绝缘体之间，具有半导体的性质。

硅的化学性质不活泼，常温下，除氟（F_2）、氢氟酸（HF）和强碱溶液外，其他物质如氧气、氯气、硫酸和硝酸等都不与硅发生反应。但在加热条件下，硅能和一些非金属反应。例如把研细了的硅加热，就燃料生成二氧化硅，同时放出大量的热：

$$Si + O_2 \xlongequal{\triangle} SiO_2$$

高纯度的硅，如单晶硅是优良的半导体材料，在电子工业中用来制造半导体元件，如晶体管（见图7-45）、集成电路、可控硅元件和太阳电池等（见图7-46）。

图7-45　晶体管

图7-46　太阳电池

2. 二氧化硅、硅酸及其盐

二氧化硅（SiO_2）又称硅石，是一种坚硬难溶（或熔）的固体，它以晶体和无形两种形态存在。比较纯净的晶体叫做石英。无色透明的纯二氧化硅又叫做水晶（见图7-47）。

图7-47　水晶

二氧化硅不溶于水，与大多数酸也不发生反应，但二氧化硅能与氢氟酸反应生成四氟化硅（SiF_4），所以不能用玻璃（含有SiO_2）器皿盛放氢氟酸。

$$SiO_2 + 4HF = SiF_4 + 2H_2O$$

二氧化硅是酸性氧化物，能与碱性氧化物或强碱反应生成硅酸盐。如：

$$SiO_2 + CaO \xlongequal{高温} CaSiO_3$$

$$SiO_2 + 2NaOH = Na_2SiO_3 + H_2O$$

二氧化硅的用途很广。较纯净的石英可用来制造普通玻璃和石英玻璃。石英玻璃能透过紫外线，能经受温度的剧变，可用来制造光学仪器和耐高温的化学仪器。此外，二氧化硅还是制造水泥、陶瓷、光导纤维的重要原料。

各种硅酸的盐统称为硅酸盐。硅酸盐的种类很多，结构也很复杂，它是构成地壳岩石的最主要的成分。通常用二氧化硅和金属氧化物的形式表示硅酸盐的组成。例如：

硅酸钠　$Na_2O \cdot SiO_2$（Na_2SiO_3）

高岭土　$Al_2O_3 \cdot 2SiO_2 \cdot 2H_2O$　$Al_2(Si_2O_5)(OH)_4$

3. 硅酸盐工业产品

以硅酸盐等物质为主要原料制造水泥、玻璃、耐火材料、陶瓷、砖瓦等产品的工业，叫做硅酸盐工业。它是国民经济的重要组成部分。下面介绍几个硅酸盐工业产品。

（1）水泥　普通硅酸盐水泥的主要原料是黏土和石灰石（$CaCO_3$）。先把各种原料破碎，碾成粉末，按比例混合，制成生料，进入回转窑内于1673～1773K的高温下煅烧成熔块，然后出窑急冷形成硬块，称为熟料。再加入少量石膏，研成细粉，就制成了水泥。

（2）玻璃　制造普通玻璃的主要原料是纯碱（Na_2CO_3）、石灰石（$CaCO_3$）和硅石（SiO_2）。把原料按比例混合破碎，经高温熔炼即可制成普通玻璃。它不是晶体，没有固定的熔点，在某一温度范围内逐渐软化。在软化状态时，经过成型、退火、加工之后便制成玻璃制品。用不同的原料，可以制成不同性能、适于各种用途的玻璃（见图7-48）。

（3）陶瓷　陶瓷的主要原料是黏土。把黏土、长石和石英研成细粉，按一定比例配料，加水调匀，塑成各种形状的物品——坯，坯经烘干、煅烧后变成非常坚硬的物质，这就是常用的瓦、盆、罐等陶器制品。如用纯黏土（即高岭土）、长石、石英粉按一定比例混合塑成型，然后干燥后，在1273K煅烧成素瓷，经上釉，再加热至1673K高温即得瓷器（见

图7-49）。

图7-48　建筑用玻璃

图7-49　陶瓷

（4）耐火材料　耐火材料是指能耐1853K以上的高温，并在高温下能耐气体、熔融炉渣、熔融金属等物质的腐蚀，且具有一定强度的材料。

耐火材料的生产是把原料粉碎、过筛、配料，再用少量水调匀，压制成型，经干燥后放入窑中煅烧而成。煅烧温度随材料种类不同而不同，一般低于耐火材料的耐火度。

耐火材料是现代工业的重要材料。如冶金工业中的高炉、平炉、电炉、热风炉，化学工业中的炼焦炉、煤气炉、陶瓷窑、玻璃窑、石灰窑等都必须使用耐火材料（见图7-50）。

（5）分子筛　某些含有结晶水的铝硅酸盐晶体，在其结构中有许多均匀的微孔隙和很大的内表面，因此它具有吸附某些分子的能力，是一种高效吸附剂。直径比孔隙小的分子能被它吸附；而直径比孔隙大的分子则被阻挡在孔隙外面，不被吸附，这样起着筛选分子的作用，故称为“分子筛”（见图7-51）。

图7-50　硅质耐火砖

图7-51　分子筛

分子筛有天然的和人工合成的两种。天然分子筛又叫泡沸石，由沸石除去结晶水加工而成；人工合成的分子筛，目前已达数十种。纯净的分子筛是白色粉末，无毒、无味、无腐蚀性，有良好的热稳定性，不溶于水和有机溶剂。

本章小结

一、氯元素

位于元素周期表第三周期第ⅦA族，原子结构：容易得到一个电子形成氯离子Cl^-,为典型的非金属元素，在自然界中以化合态存在。

二、氯气

物理性质：黄绿色气体，有刺激性气味，可溶于水，加压和降温条件下可变为液态(液氯)和固态。

化学性质：很活泼，有毒，有氧化性，能与大多数金属化合生成金属氯化物（盐），也能与非金属反应。

Cl_2的主要用途：

① 自来水杀菌消毒；

② 制漂白液、漂白粉和漂粉精；

③ 与有机物反应，是重要的化学工业物质；

④ 用于提纯Si、Ge、Ti等半导体和钛；

⑤ 有机化工中，用于合成塑料、橡胶、人造纤维、农药、染料和药品。

三、氯离子的检验

使用硝酸银溶液，并用稀硝酸排除干扰离子（CO_3^{2-}、SO_3^{2-}）。

四、二氧化硫

物理性质：无色、刺激性气味、容易液化，易溶于水（1 ∶ 40体积比）。

化学性质：有毒，溶于水与水反应生成亚硫酸H_2SO_3，形成的溶液呈酸性，有漂白作用，遇热会变回原来的颜色。

五、硫酸

物理性质：无色黏稠油状液体，不挥发，沸点高，密度比水大。

化学性质：具有酸的通性，浓硫酸具有脱水性、吸水性和强氧化性，是强氧化剂。

稀硫酸：与活泼金属反应放出H_2，使酸碱指示剂紫色石蕊变红，与某些盐反应，与碱性氧化物反应，与碱中和。

六、一氧化氮和二氧化氮

一氧化氮在自然界中的形成条件为高温或放电。在常温下遇氧气即化合生成二氧化氮。

一氧化氮的介绍：无色气体，是空气中的污染物，少量NO可以治疗心血管疾病。

二氧化氮的介绍：红棕色气体、刺激性气味、有毒、易液化、易溶于水，并与水反应。

七、氨气及铵盐

氨气的性质：无色气体，刺激性气味，密度小于空气，极易溶于水（且快）1 ∶ 700体积比。溶于水发生以下反应，使水溶液呈碱性。浓氨水易挥发除氨气，有刺激难闻的气味。

氨气能跟酸反应生成铵盐。

铵盐的性质：易溶于水（很多化肥都是铵盐），受热易分解，放出氨气。

可以用于实验室制取氨气（干燥铵盐和碱固体混合加热）。

用向下排空气法收集，红色石蕊试纸检验是否收集满。

八、硝酸

物理性质：无色液体，易挥发，沸点较低，密度比水大。

化学性质：具有一般酸的通性，浓硝酸和稀硝酸都是强氧化剂。还能氧化排在氢后面的金属，但不放出氢气。

九、硅元素

无机非金属材料中的主角，在地壳中含量26.3%，仅次于氧。仅是一种亲氧元素，以熔点很高的氧化物及硅酸盐形式存在于岩石、砂子和土壤中，占地壳质量的90%以上。位于第3周期，第ⅣA族碳的下方。

十、二氧化硅（SiO_2）

物理性质：熔点高，硬度大，不溶于水，洁净的SiO_2无色透光性好。

化学性质：化学稳定性好，除HF外一般不与其他酸反应，可以与强碱（NaOH）反应，是酸性氧化物，在一定的条件下能与碱性氧化物反应。

不能用玻璃瓶装HF，装碱性溶液的试剂瓶应用木塞或胶塞。

十一、硅酸盐

硅酸盐是由硅、氧、金属元素组成的化合物的总称，分布广，结构复杂，化学性质稳定。一般不溶于水。常用的硅酸盐产品有：玻璃、陶瓷、水泥等。

本章习题

一、选择题

1．下列气体中，能用排水法收集的是（　　）。

A．NH_3　　B．Cl_2　　C．HCl　　D．O_2

2．下列关于氨、氨水、一水合氨的性质的叙述错误的是（　　）。

A．氨气极易溶于水　　B．一水合氨很不稳定

C．氨气具有还原性　　D．氨水的碱性很强

3．雷雨时，大气中能生成的化合物是（　　）。

A．NO　　B．NH_3　　C．O_2　　D．CO_2

4．下列元素符号中属于ⅦA族的是（　　）。

A．P　　B．O　　C．S　　D．Cl

5．单质氮气不活泼的原因是（　　）。

A．氮元素的非金属性较弱　　B．氮原子不易形成简单离子

C．氮分子中的N≡N键很牢固　　D．氮气难溶于水

6．方志敏烈士生前在狱中曾用米汤（内含淀粉）给鲁迅先生写信，鲁迅先生收到信后，为了看清信中的内容，使用的化学试剂是（　　）。

A．碘化钾　　B．碘酒

C．溴水　　D．碘化钾淀粉溶液

7．硝酸与硫酸比较，具有共同的性质是（　　）。

A．都是强酸　　B．浓、稀酸均具有强氧化性

C．浓酸都具有吸水性和脱水性　　D．都不稳定，见光受热都要分解

8．能将NH_4Cl、$(NH_4)_2SO_4$、NaCl和Na_2CO_3四种溶液区别开的一种试剂是（　　）。

A．NaOH溶液　　B．$AgNO_3$溶液

C．$BaCl_2$溶液　　D．$Ba(OH)_2$溶液

9．氧化还原反应的标志是（　　）。

A．分子中的原子重新组合　　B．化合价的改变

C．氧原子的得失　　D．电子得失或共用电子对偏移

10．下列物质均具有漂白作用，其中一种与另外三种的漂白原理不同的是（　　）。

A．HClO　　B．H_2O_2　　C．SO_2　　D．O_3

11．下列物质中，属于纯净物的是（　　）。

A．氯水　　B．氯化氢　　C．氨水　　D．漂白粉

12．常温下能用铝制容器盛放的是（　　）。

A．浓盐酸　　B．浓硝酸　　C．稀硝酸　　D．稀硫酸

13．下列物质中最稳定的是（　　）。

A．HF　　B．NH_3　　C．H_2O　　D．HCl

14．下列气体易液化，遇挥发性酸冒白烟，而且适宜作制冷剂的是（　　）。

A．N_2　　B．NH_3　　C．NO　　D．NO_2

15．鉴别Cl^-、Br^-、I^-可以选用的试剂是（　　）。

A．石蕊试液　　B．水

C．用碘水、淀粉溶液　　D．硝酸银稀硝酸溶液

16．既能使石蕊试液变红，又能使品红试液变为无色的是（　　）。

A．O_2　　B．H_2S　　C．SO_2　　D．CO

二、填空题

1．卤素元素包括______、______、______、______、______（写出元素符号和名称），最外层电子数是______，最高正价是______。

2．氨____溶于水，常温常压下，1体积水中约溶解______体积的氨。氨水中除水之外存在着____等分子和______等离子，由于$NH_3 \cdot H_2O$能电离出____，所以氨水显____性。

3．今有SO_2、HCl、H_2S、Cl_2、CO_2、NH_3、N_2等7种气体，能用浓H_2SO_4干燥的是______，能用碱石灰干燥的气体是______，能使品红溶液褪色的有______。

4．实验室制NH_3的发生装置与制取______气体相同，收满NH_3的瓶口应朝______。检验氨是否收满的方法是______。

5．浓H_2SO_4特性有______、______、______。

6．雷雨天可增加土壤中NO_3^-的含量，其变化可用化学方程式表示为

（1）____________；（2）____________；

（3）____________。

7．将下列现象中硫酸表现出来的性质写出。

（1）敞口放置浓硫酸时，质量增加，______

（2）把硫酸铜晶体(带结晶水)放入浓硫酸中时，变成白色，__________

（3）锌粒放入稀硫酸中时，有气体放出，__________

（4）把木屑放入浓硫酸中时，变黑，__________

8．纯硝酸是_____色、易______、有_______气味的______体。浓硝酸久置后常变黄色，这是因为__________ ___________，因此，保存浓硝酸必须把盛在______瓶里，贮存在_______的地方。

9．王水是浓HNO_3和浓HCl按______相混合而成，它的氧化能力更强。

大气污染

凡是能使空气质量变差的物质都是大气污染物。大气污染物已知的约有100多种。有自然因素（如森林火灾、火山爆发等）和人为因素（如工业废气、生活燃煤、汽车尾气等）两种，并且以后者为主要因素，尤其是工业生产和交通运输造成的。主要过程由污染源排放、大气传播、人与物受害这三个环节构成。

影响大气污染范围和强度的因素有污染物的性质（物理的和化学的），污染源的性质（源强、源高、源内温度、排气速率等），气象条件（风向、风速、温度层结等），地表性质（地形起伏、粗糙度、地面覆盖物等）。

防治方法很多，根本途径是改革生产工艺，综合利用，将污染物消灭在生产过程之中；另外，全面规划，合理布局，减少居民稠密区的污染；在高污染区，限制交通流量；选择合适厂址，设计恰当烟囱高度，减少地面污染；在最不利的气象条件下，采取措施，控制污染物的排放量。

中国已制订《中华人民共和国环境保护法（试行）》，并制订国家和各地区的“废气排放标准”，以减轻大气污染，保护人民健康。

按其存在状态可分为两大类：一种是气溶胶状态污染物，另一种是气体状态污染物。气溶胶状态污染物主要有粉尘、烟液滴、雾、降尘、飘尘、悬浮物等。气体状态污染物主要有以二氧化硫为主的硫氧化合物，以二氧化氮为主的氮氧化合物，以二氧化碳为主的碳氧化合物以及碳、氢结合的烃类化合物。大气中不仅含无机污染物，而且含有机污染物。

第八章

常见金属元素及其化合物

学习指导

1. 了解金属键和金属晶体的概念，掌握金属的物理性质和化学性质，了解金属的冶炼方法。

2. 掌握钠、镁、钙、铝及其重要化合物的主要物理性质、化学性质和重要用途，了解一些化合物的俗称。

3. 了解铁及其重要化合物的性质、俗称，能列举它们的重要用途。

第一节　金属通论

一、金属的通性

已发现的100多种元素中，有大约4/5是金属。从硼元素向右下角划一条阶梯形折线，则周期表右上角是非金属和稀有气体元素，而金属在元素周期表中位于左下方（元素周期表中浅绿色部分）。从外层电子排布来看，大多数金属元素原子最外层电子只有1～2个，某些金属(如Sn、Pb、Bi等)虽然有4～5个电子，但它们的电子层数较多，原子半径大，原子核对核外电子吸引力小，容易推动电子，这就从本质上解释了金属的物理通性和化学通性。

1. 金属的物理性质

金属的晶体结构由金属原子、带有正电荷的金属阳离子和从金属元素上脱落下来的自由电子三种微粒构成。依靠流动的自由电子，使金属原子和金属阳离子相互连接在一起构成金属晶体。

由于自由电子的运动而引起金属原子和离子间相互结合的作用力称为金属键。

由于金属单质都属于金属晶体，因此决定某些相同的物理性质（见图8-1）。

（1）状态　常温下为固体（汞除外）。

（2）颜色　大多数为金属光泽——银白色，少数有特殊色（金是金黄色、铯略带金黄色），块状金属有金属光泽，有些粉末状金属呈黑色或暗灰色。

（3）延展性　大多数有延展性，延性最好的是铂，展性最好的是金。

（4）良好的传热导电性　大多数金属具有良好的传热导电性，导电性最好是银，其次是铜。

（5）密度、熔点、硬度　除锂、钠、钾较水轻外，其余密度均较大，最轻的是锂。熔点一般均较高，但差异较大，最难熔的金属是钨，熔点最低的是汞。硬度一般较大，但差别较大，最硬的是铬，除汞为液态外，最软的金属是铯，碱金属均可用小刀切割开。

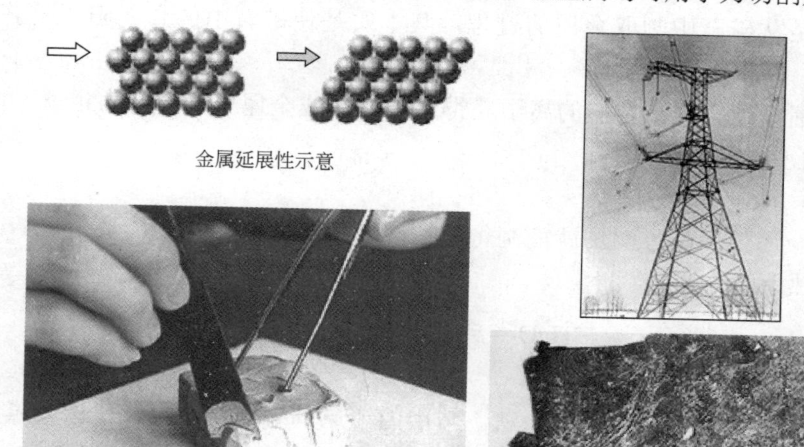

图8-1　金属的物理性质

科学视野

金属的几种分类方法：①从颜色分，有黑色金属（Fe、Cr、Mn）和有色金属（除Fe、Cr、Mn以外的金属）；②从密度分，有轻金属（密度小于4.5g/cm^3，如K、Ca、Be、Mg、Al等）和重金属（密度大于4.5g/cm^3，如Cu、Fe、Sn、Pb）；③从含量分，有常见金属（如Fe、Al、Cu等）和稀有金属（如锆、铌、钼等）。

2. 金属的化学性质

在自然界中，为什么绝大多数金属元素是以化合态形式存在的？

大家知道，多数金属元素原子的最外层电子数少于4个，在化学反应时，它们的最外层电子较容易失去，变成金属阳离子而表现出还原性，所以，金属具有如下化学性质。

（1）和非金属反应

和O_2：大多数金属（Ag、Au、Pt除外）和氧气可直接化合。

和Cl_2：几乎和一切金属化合生成离子化合物。

和S：大多数金属可跟硫直接化合成离子化合物（Au、Pt除外）。

（2）和水反应　K、Na等活泼金属常温下和水反应，生成可溶性碱和氢气；Mg、Al等和热水反应，生成不溶性碱和氢气；Zn、Fe在高温下和水蒸气反应，生成氧化物和氢气。

（3）和酸反应　金属活动性顺序在氢前面的金属和酸反应放出氢气。

（4）和盐反应　较活泼金属可置换盐中较不活泼金属。

二、金属的冶炼

金属冶炼就是从矿石中制取金属的过程，其本质是使矿石中的金属阳离子获得电子，还原成金属单质。

由于金属的活泼性不同，它们的离子获得电子还原成金属原子的能力也就不同，这样金属就有不同的冶炼方法。

1. 热分解法

有些不活泼金属仅用热分解法就能制得。在金属活动性顺序表中，位于氢后面的某些金属的氧化物受热就能分解。

$$2HgO \xlongequal{高温} 2Hg + O_2\uparrow$$

2. 热还原法

大多数金属的冶炼过程属于热还原法。常用的还原剂有焦炭、一氧化碳、氢气和活泼金属等。

$$Fe_2O_3 + 3CO \xlongequal{高温} 2Fe + 3CO_2$$

$$Cr_2O_3 + 2Al \xlongequal{高温} 2Cr + Al_2O_3$$

3. 电解法

在金属活动性顺序中，钾、钠、钙、镁、铝等几种金属的还原性很强，这些金属都很容易失去电子，因此不能用一般的方法和还原剂使其从化合物中还原出来，而只能用通电分解其熔融盐或氧化物的方法来冶炼。

$$2Al_2O_3 \xlongequal{通电} 4Al + 3O_2\uparrow$$

$$2NaCl \xlongequal{通电} 2Na + Cl_2\uparrow$$

第二节　碱金属

碱金属指的是元素周期表ⅠA族元素中所有的金属元素，目前共计锂（Li）、钠（Na）、钾（K）、铷（Rb）、铯（Cs）、钫（Fr）六种。

碱金属前五种存在于自然界，钫只能由核反应产生。碱金属是金属性很强的元素，其单质也是典型的金属，表现出较强的导电、导热性。在碱金属中，具有代表性的是钠。

一、钠

在地壳中钠的含量为2.83%，居第六位，钠的化学性质很活泼，所以它在自然界里不能以游离态存在，只能以化合物存在。钠主要存在于氯化钠中，另外，也以硫酸钠、碳酸钠、硝酸钠等形式存在。钠原子最外层都只有一个电子，在反应时很容易失去该电子，因此，它是非常活泼的金属。

1. 钠的物理性质

金属钠很软，能用刀切割，切开后，可以看到，钠是一种具有银白色金属光泽的金属，可导电，导热，密度比水小，熔、沸点较低（见图8-2）。

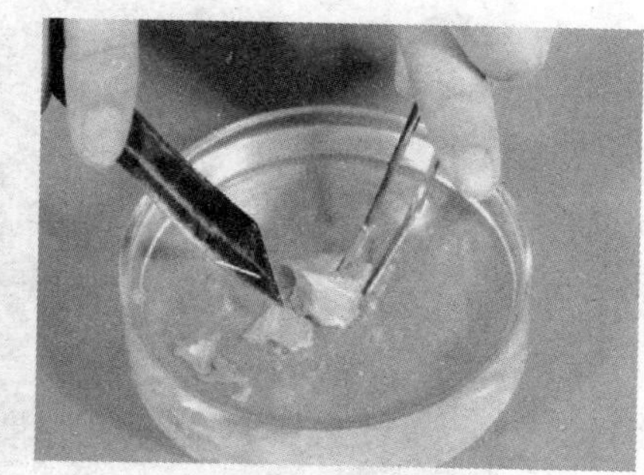

图8-2　钠的物理性质

2. 钠的化学性质

（1）与氧气等非金属的反应

做一做

1. 取一小块金属钠放在滤纸上，用小刀切开表层，观察断面颜色。

2. 取一小块金属钠，放在坩埚中，用酒精灯加热，看到火焰后撤去酒精灯，观察现象。

实验现象：________________

切开的钠断面，在空气中银白色很快变暗而失去金属光泽，与氧气反应生成氧化钠：

$$4Na + O_2 = 2Na_2O$$

钠受热后在空气中燃烧，发出黄色火焰，生成淡黄色的过氧化钠。

$$2Na + O_2 \xlongequal{点燃} Na_2O_2$$

（2）钠与水的反应

做一做

用小刀切出绿豆般大小的金属钠，投入小烧杯中，盖上表面皿，观察现象。在小烧杯中加入水，滴加2～4滴酚酞试液，观察现象。

实验现象：________________

将钠放入水中，钠浮在水面上，与水剧烈反应。钠熔成一个小球，并迅速游动，发出嘶嘶的响声，球逐渐缩小，最后完全消失。反应后溶液的颜色变化由无色变成红色，说明有碱性物质生成，反应的方程式为：

$$2Na + 2H_2O = 2NaOH + H_2\uparrow$$

（3）焰色反应

焰色反应是某些金属或它们的化合物在无色火焰中灼烧时使火焰呈现特征的颜色的反应。

在化学上，常用来测试某种金属是否存在于化合物中。利用焰色反应，人们在烟花中有意识地加入特定金属元素，使焰火更加绚丽多彩（见图8-3）。

图8-3　美丽的烟火

做一做

将一根顶端弯成小圈的铂丝蘸稀盐酸在无色火焰上灼烧至无色，然后蘸取试样（固体也可以直接蘸取），在无色火焰上灼烧，观察火焰颜色（若检验钾要透过蓝色钴玻璃观察）。

实验现象：________________

____

____

____

____

许多金属和它们的化合物都能发生焰色反应。如钠和钠的化合物——黄色；锂和锂的化合物——紫红色；钾和钾的化合物——浅紫色；钙和钙的化合物——砖红色；铜和铜的化合物——绿色（见图8-4）。

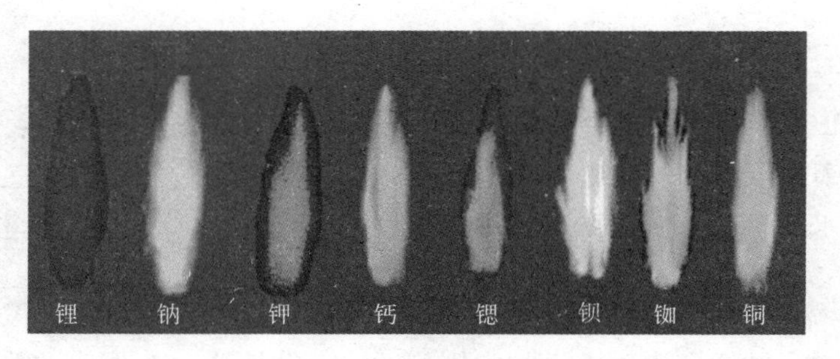

图8-4　不同元素的焰色反应

3. 钠的保存

由于钠很容易和空气中的氧气和水反应，所以要使它跟空气和水隔绝来保存，通常保存在煤油中。

想一想

如果遇钠着火时，能不能用水来灭火？为什么？

4. 钠的用途

钠是一种很强的还原剂，能把钛等金属从它们的熔融卤化物中还原出来。

钠和钾的合金在常温下为液体，是原子核反应堆的导热剂。

钠也广泛用在电光源上，如高压钠灯，射程远，透雾能力强（见图8-5）。

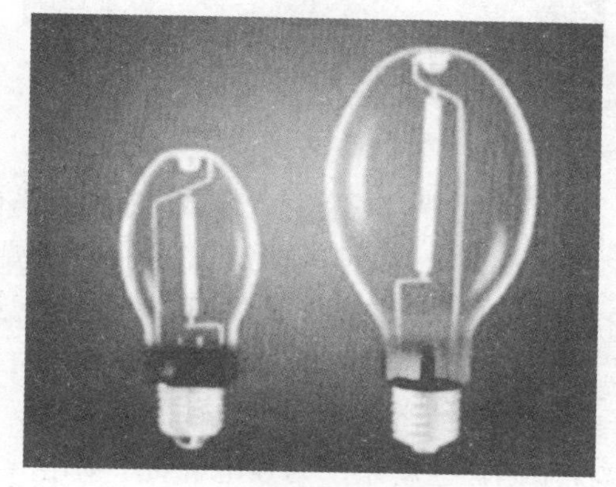

图8-5 高压钠灯

二、钠的化合物

1. 过氧化钠（Na_2O_2）

过氧化钠是一种淡黄色固体，易吸潮，其中的氧为-1价。

做一做

把水加入盛有Na_2O_2的试管中，检验生成的气体，并在反应后的溶液中滴加酚酞试液。

实验现象：________________

____

____

过氧化钠属于过氧化物，可与水或二氧化碳反应，反应过程中均有氧气放出，化学方程式分别为：

$$2Na_2O_2 + 2H_2O \xlongequal{} 4NaOH + O_2 \uparrow$$

$$2Na_2O_2 + 2CO_2 \xlongequal{} 2Na_2CO_3 + O_2$$

过氧化钠是强氧化剂，可用来漂白织物、麦秆、羽毛等。

看一看

Na_2O_2可用于呼吸面具中作为氧气的来源，潜水艇在紧急状况下也可用Na_2O_2来供氧。此外，人们生活中常用来消毒的双氧水，也是由Na_2O_2和水反应制得。

2. 氢氧化钠（NaOH）

氢氧化钠，俗称烧碱、火碱、苛性钠。常温下是一种白色晶体，具有强腐蚀性（见图8-6）。

图8-6 氢氧化钠晶体

氢氧化钠水溶液呈强碱性，能使酚酞变红。氢氧化钠是一种极常用的碱，是化学实验室的必备药品之一。

氢氧化钠在空气中易吸水潮解，需密封干燥保存。容器盖用橡胶塞（因为$2NaOH + SiO_2 = Na_2SiO_3 + H_2O$，玻璃的主要成分为$SiO_2$，生成的$Na_2SiO_3$具有黏性），也不能敞口放置，空气中含有水蒸气和二氧化碳，而NaOH易被水蒸气潮解，易与二氧化碳反应生成碳酸钠，也就会变质。化学方程式为：

$$2NaOH + CO_2 = Na_2CO_3 + H_2O$$

氢氧化钠是基础化学工业中最重要的产品之一，用途广泛，主要用来制造肥皂、人造丝、染料、药物等；此外石油和造纸工业也要用到大量的氢氧化钠。

3. 碳酸钠（Na_2CO_3）和碳酸氢钠（$NaHCO_3$）

碳酸钠俗名苏打、纯碱，通常情况下为白色粉末，为强电解质。易溶于水，具有盐的通性。碳酸钠晶体在干燥的空气中易失去结晶水而变成无水的碳酸钠。

碳酸氢钠俗称小苏打，白色细小晶体，在水中的溶解度小于碳酸钠。碳酸氢钠属于酸式盐，溶于水时呈现弱碱性。

碳酸钠和碳酸氢钠的用途见图8-7。

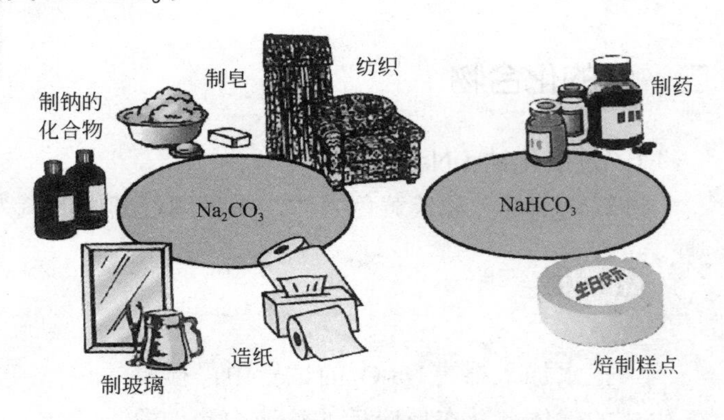

图8-7 碳酸钠和碳酸氢钠的用途

做一做

把少量盐酸分别加入盛有Na_2CO_3和$NaHCO_3$的两个试管中，比较两者放出二氧化碳的剧烈程度。

实验现象：________________________

____

____

$$Na_2CO_3 + 2HCl = 2NaCl + H_2O + CO_2\uparrow$$

$$NaHCO_3 + HCl = NaCl + H_2O + CO_2\uparrow$$

$NaHCO_3$遇酸反应放出CO_2的程度比Na_2CO_3剧烈得多。

$NaHCO_3$固体50℃以上开始逐渐分解生成碳酸钠、二氧化碳和水，270℃时完全分解（见图8-8）。

$$2NaHCO_3 \xlongequal{加热} Na_2CO_3 + H_2O + CO_2\uparrow$$

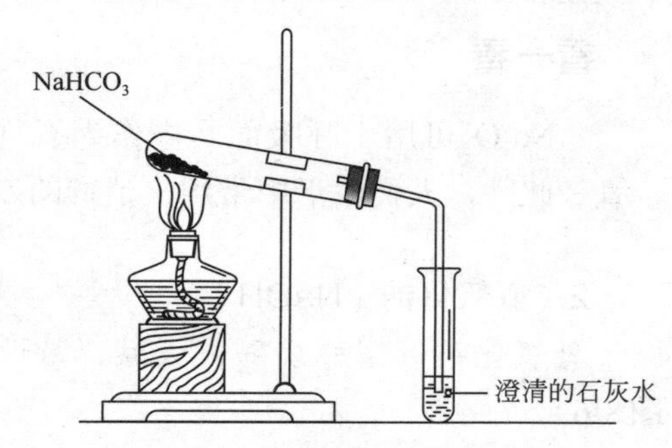

图8-8 碳酸氢钠受热分解

碳酸钠是重要的化工原料之一，广泛应用于建材、化学工业、食品工业、冶金、石油、国防、医药等领域，在日常生活中常用作洗涤剂。

碳酸氢钠常作食品制作过程中的膨松剂，在医药上可用于治疗胃酸过多，还用于泡沫灭火剂。

三、碱金属元素

1. 碱金属元素原子结构比较

表8-1列出了碱金属元素的原子结构。从表8-1可以看出，碱金属元素的最外层电子数是相同的，都是1个电子。碱金属元素的原子，按照锂、钠、钾、铷、铯的顺序，核电荷数增加，电子层数递增。

碱金属元素的原子在化学反应中极易失去最外层的1个电子，形成1价阳离子。

表8-1 碱金属元素的原子结构

元素名称	元素符号	核电荷数	电子层结构	原子半径/nm
锂	Li	3	2 1	0.152 Li
钠	Na	11	2 8 1	0.186 Na
钾	K	19	2 8 8 1	0.227 K
铷	Rb	37	2 8 18 8 1	0.248 Rb
铯	Cs	55	2 8 18 18 8 1	0.265 Cs

2. 碱金属物理性质的比较

碱金属除铯略带金属光泽外，其余都呈银白色。它们都是比较柔软、有展性、密度较小的轻金属。它们的导电导热性能都很强。碱金属的熔点较低，它们的熔、沸点一般随着碱金属原子电子层数的增加而降低。

碱金属元素在自然界都以化合态存在，它们的金属可由人工制得。

3. 碱金属化学性质的比较

碱金属元素的原子在化学反应中极易失去最外层的1个电子，因此它们的化学性质很活泼。

（1）碱金属与非金属的反应　碱金属能与大部分非金属（如氧气、卤素、硫、磷等）起反应，表现出很强的金属性。

碱金属都能与氧气起反应，并且生成多种氧化物。如锂在空气中燃烧只生成氧化锂，钠在空气中燃烧生成过氧化钠；钾、铷、铯在空气中燃烧时生成比过氧化物更复杂的氧化物。

$$4Li + O_2 \xlongequal{\text{点燃}} 2Li_2O$$

$$2Na + O_2 \xlongequal{\text{点燃}} Na_2O_2$$

（2）碱金属与水的反应　碱金属在常温下能与水反应，生成氢氧化物和氢气。

锂与水反应比较缓慢，不熔化。钠与水能起剧烈的反应。钾与水的反应更为剧烈，常使生成的氢气燃烧，并发生轻微爆炸。

做一做

在1只小烧杯中，加入一些冷水。用镊子从煤油里取一小块金属钾，放在干燥的玻璃片上，切取绿豆粒大小的一块钾，用滤纸吸干其表面的煤油，投入烧杯中，迅速用玻璃片盖好（防止轻微爆炸而飞溅出液体）。观察反应的剧烈程度。反应完成后，向烧杯的溶液中加入几滴酚酞试液。观察溶液颜色的变化。

实验现象：________________________________

____

____

____

____

____

____

____

可以看到，烧杯的溶液中滴入酚酞试液后，溶液的颜色由无色变为红色。钾与水起反应的化学方程式如下：

$$2K + 2H_2O = 2KOH + H_2\uparrow$$

铷和铯遇水剧烈反应，并发生爆炸。

碱金属的氢氧化物易溶解于水，其水溶液都呈强碱性，都能使无色酚酞试液变红色，且从氢氧化锂到氢氧化铯碱性依次增强。

少量的碱金属常贮存在煤油中。因为锂的密度最小，常浮在煤油上，所以常将锂贮存在液体石蜡中。

碱金属原子的最外层电子数相同，决定了碱金属具有相似的化学性质。因此，锂、钠、钾、铷、铯、钫构成一个性质相似的元素族，即碱金属元素。碱金属元素原子半径的不同，是造成它们性质差异的原因。

碱金属元素中，按照从锂到铯的顺序，随着原子半径的增大，原子核外最外层电子的吸引力逐渐减弱，原子失去电子的能力逐渐增强，因此它们的化学活泼性依次增强。

看一看

钾肥

钾肥能使农作物生长健壮，茎秆粗硬，增强对病虫害和倒伏的抵抗能力，并能促进糖分和淀粉的生成。通常使用的钾肥主要是钾盐，例如，硫酸钾、氯化钾、碳酸钾（草木灰的主要成分）等。这些钾肥都是易溶于水而容易被农作物吸收的速效化肥。施用钾肥时，要防止雨水淋湿（钾肥易溶于水）。为了夺取粮食高产，促进农业大丰收，还要因地制宜，注意氮、磷、钾三种肥料的合理施用。

第三节　镁、钙及其化合物

镁和钙属于元素周期表上的ⅡA（第二主族）元素。由于它们的氧化物具有碱性，又类似于“土”（早先人们把难溶、难熔的物质称为土），所以它们又称碱土金属。

碱土金属最外层有2个电子，在参加反应时，易失去最外层电子显＋2价，属于较活泼的金属元素，但金属性比同周期相应的碱金属差。

一、镁和钙

金属镁和钙都是银白色的金属，质硬，略有延展性，它们的熔、沸点比同周期的碱金属高。

1. 镁的化学性质

空气中，镁的表面会生成一层很薄的氧化膜，使空气很难与它反应并失去光泽。粉末或带状的镁在空气中燃烧时会发出强烈的白光（见图8-9）。在氮气中进行高温加热，镁会生成氮化镁；镁也可以和卤素发生强烈反应；镁也能直接与硫化合。

图8-9　镁在空气中燃烧

（1）与非金属单质的反应

$$2Mg + O_2 \xlongequal{点燃} 2MgO$$

$$3Mg + N_2 \xlongequal{点燃} Mg_3N_2$$

$$Mg + Cl_2 \xlongequal{点燃} MgCl_2$$

一些烟花和照明弹里都含有镁粉，就是利用了镁在空气中燃烧能发出耀眼的白光这一性质。

（2）与水的反应　镁和醇、热水反应能够生成氢气。

$$Mg + 2H_2O \xlongequal{加热} Mg(OH)_2 + H_2\uparrow$$

（3）与酸的反应

$$Mg + 2HCl \xlongequal{} MgCl_2 + H_2\uparrow$$

（4）与氧化物的反应

$$2Mg + CO_2 \xlongequal{点燃} 2MgO + C$$

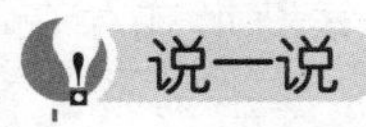

说一说

为什么镁燃烧不能用二氧化碳灭火器灭火？

2. 镁的制取和用途

氯化镁可以从海水中提取，每立方英里海水含有约120亿磅镁（英里，符号mile，磅，符号lb。1mile = 1.609km；1lb ≈ 0.45kg）。

$$MgCl_2 \cdot 6H_2O(s) = MgCl_2(s) + 6H_2O(l)$$

$$MgCl_2(l) = Mg(s) + Cl_2(g) \uparrow$$

镁的主要用途是制取轻合金，如镁和铝、锌、锰等金属的合金密度小、韧性和硬度大，广泛用于制造导弹、飞机和高级汽车。在稀有金属的冶炼中，镁用作还原剂。

抽筋多吃含镁食物

据了解，富含镁的食物有很多，其中紫菜含镁量最高，每100g紫菜中含镁460mg，被喻为“镁元素的宝库”。谷类如小米、玉米、荞麦面、高粱面、燕麦、通心粉、烤马铃薯；豆类如黄豆、黑豆、蚕豆、豌豆、豇豆、豆腐；蔬菜如冬菜、苋菜、辣椒、蘑菇；水果如杨桃、桂圆、核桃仁。

镁是高血压、高胆固醇、高血糖的“克星”，它还有助于防治中风、冠心病和糖尿病，还能提高男士的生育能力。镁缺乏在临床上主要表现为情绪不安、易激动、手足抽搐、反射亢进等。很多人容易在夜里睡眠时发生腿部“抽筋”，这在医学上称作“抽搐病”，尤以夜里受凉为甚。不少人将其归咎于缺钙，但从人体对矿物质及微量元素的需求来说，缺镁时也会发生这种症状。

3. 钙的性质和用途

钙在自然界中分布广，以化合物的形态存在，如石灰石、白垩、大理石、石膏、磷灰石等；也存在于血浆和骨骼中。金属钙可由电解熔融的氯化钙而制得，也可用金属在真空中还原石灰，再经蒸馏而获得。

钙比镁更活泼，它暴露在空气中立刻被氧化，表面生成一层疏松的氧化物，对内部的金属不起保护作用，所以钙必须保存在密闭的容器中。

钙在冷水中能剧烈反应，说明钙比镁更活泼。

钙也用来制合金，例如，含有微量钙（约1%）的铅合金，可以用来铸造轴承。

二、镁、钙及其化合物

1. 氧化镁（MgO）

氧化镁在工业上又叫苦土，是一种离子化合物。常温下为白色固体。熔点很高，硬度也很大，是优良的耐火材料，可用来制作各种耐火砖、耐火管。氧化镁以方镁石形式存在于自然界中，是冶镁的原料。

氧化镁是碱性氧化物，能与水缓慢反应生成氢氧化镁，同时发出热量。

2. 氢氧化镁［$Mg(OH)_2$］

氢氧化镁是白色无定形粉末。难溶于水，易溶于稀酸和铵盐溶液中。它是一种中等程度的碱，具有一般碱的通性。氢氧化镁可用来制造牙膏、牙粉。

3. 氯化镁（$MgCl_2$）

氯化镁含有六个分子的结晶水，即$MgCl_2 \cdot 6H_2O$，易潮解，置于干燥空气中会风化而失去结晶水。用于制金属镁、消毒剂、冷冻盐水、陶瓷，并用于填充织物、造纸等方面。其溶液与氧化镁混合，可成为坚硬耐磨的镁质水泥。

4. 氢氧化钙［$Ca(OH)_2$］

氢氧化钙是一种白色粉末状固体，又名消石灰、熟石灰。氢氧化钙的溶解度比氢氧化钠小得多，溶解时放出大量的热。把氢氧化钙放在水中用力搅拌，得到石灰乳。静置后澄清的液体就是氢氧化钙的饱和溶液，叫做石灰水。

氢氧化钙具有碱的通性，是一种中等强度的碱。在空气中能吸收二氧化碳，产生沉淀。

5. 碳酸钙（$CaCO_3$）

碳酸钙俗称石灰石、石粉，是一种白色固体。碳酸钙不溶于水，但能与二氧化碳的水溶液反应，生成可溶性的碳酸氢钙。碳酸钙约825℃时分解为氧化钙和二氧化碳。

自然界中的大理石、石灰石主要成分都是碳酸钙。石灰石长期受到饱和CO_2水溶液的侵蚀而形成溶洞，而$Ca(HCO_3)_2$长期滴流转化为$CaCO_3$形成溶洞中悬挂的钟乳石（见图8-10）。

图8-10 自然界中的钟乳石

第四节 铝及其化合物

铝是元素周期表中第三周期ⅢA族元素。铝在自然界中分布较广，在地壳中含量仅次于氧和硅。铝是银白色轻金属，具有良好的延性和展性。商品常制成棒状、片状、箔状、粉状、带状和丝状。航空、建筑、汽车三大重要工业的发展，要求材料特性具有铝及其合金的独特性质，这就大大有利于这种新金属铝的生产和应用（见图8-11）。

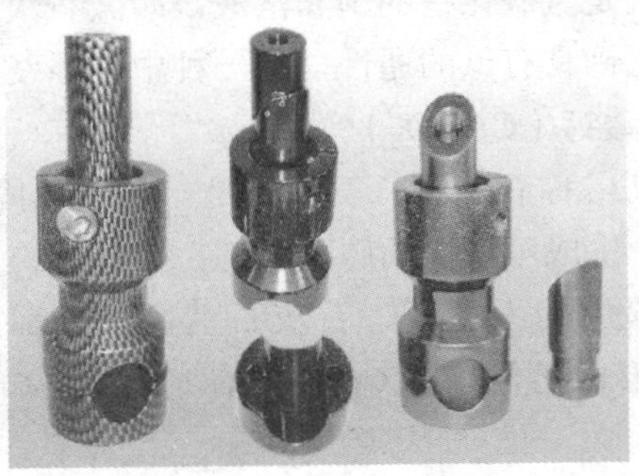

图8-11 生活中的铝制品

看一看

金属中的贵族

传说在古罗马，一天有一个陌生人去拜见罗马皇帝泰比里厄斯，献上一只金属杯子，杯子像银子一样闪闪发光，但是分量很轻。原来是这个人从黏土中提炼出的新金属。但这个皇帝表面上表示感谢，心里却害怕这种光彩夺目的新金属会使他的金银财宝贬值，就下令把这位发明家斩了。从此，再也没有人动过提炼这种“危险金属”的念头，这种新金属就是现在大家非常熟悉的铝。

在19世纪以前，铝被认为是一种稀罕的贵金属，价格比黄金还要贵。随着铝产量的增加，铝价也就下降。显然，珠宝商人已经对铝完全失去了兴趣，但是却立即吸引了整个工业界。1919年，用铝合金造出了第一架飞机，从此以后，铝的命运就牢固地与飞机制造业联系在一起了。因此，铝被誉为“带翼的金属”。

一、铝

铝元素在地壳中的含量仅次于氧和硅，居第三位，是地壳中含量最丰富的金属元素。在自然界中以化合态形式存在于各种岩石和矿石中。

1. 铝的物理性质

铝是银白色轻金属。具有良好的导电导热性，也有良好的延性和展性。商品常被制成棒状、片状、箔状、粉状、带状和丝状。熔点660℃，沸点2327℃。

2. 铝的化学性质

铝原子的最外电子层有3个电子，在化学反应中容易失去电子，因此铝有很强的还原性。

（1）与氧气等非金属反应　常温下，在空气中铝的表面能形成氧化薄膜而失去金属光泽，由于氧化膜能阻止金属继续氧化，因此铝具有一定的抗腐蚀能力，可以保存在空气中。铝粉和铝箔在空气中加热能猛烈燃烧，并发出炫目的白色火焰。

$$4Al + 3O_2 \xlongequal{点燃} 2Al_2O_3$$

（2）与酸和碱的反应　铝易溶于稀硫酸、硝酸、盐酸、氢氧化钠和氢氧化钾溶液中，不溶于水。

铝在冷的浓硫酸和浓硝酸中发生钝化现象，因此可用铝制容器来运送浓硫酸和浓硝酸。

在2支试管中分别加5mL 2mol/L的HCl溶液和5mL 2mol/L的NaOH溶液，再分别放入一小段铝片，观察实验现象。过一段时间后，将燃着的火柴分别放在两支试管口，又看到什么现象？

实验现象：________________

从实验可以看出反应产生了可燃性的气体H_2。反应的化学方程式为

$$2Al + 6HCl \xlongequal{} 2AlCl_3 + 3H_2\uparrow$$

$$2Al + 2NaOH + 2H_2O \xlongequal{} 2NaAlO_2 + 3H_2\uparrow$$

（偏铝酸钠）

由此可见，铝既能与酸反应，又能与碱反应，具有两性的性质。

想一想

铝制餐具能否用来长时间盛装酸性或碱性食物？为什么？

（3）铝热反应　铝热法是一种利用铝的还原性获得高熔点金属单质的方法。它是铝与某些金属氧化物（如Fe_2O_3、Fe_3O_4、Cr_2O_3、V_2O_5等）在高热条件下发生的反应。

铝热反应常用于冶炼高熔点的金属，并且它是一个放热反应。其中镁条为引燃剂，氯酸钾为助燃剂（见图8-12）。

铝热反应原理可以应用在生产上，例如焊接钢轨或冶炼难熔的金属，如钒、铬、锰等。

化学反应方程式：

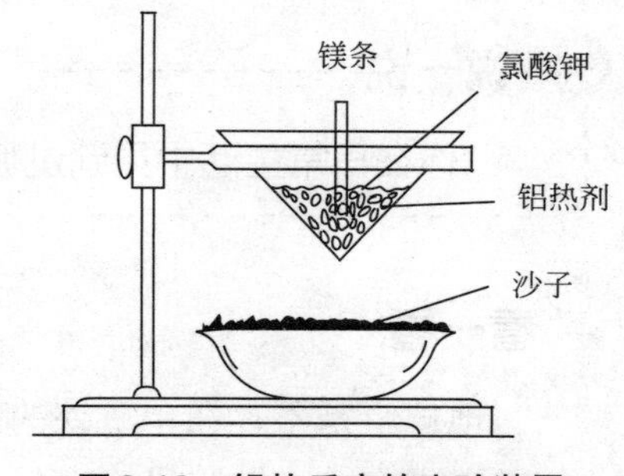

图8-12　铝热反应的实验装置

氧化铁：$2Al + Fe_2O_3 \xlongequal{高温} Al_2O_3 + 2Fe$

四氧化三铁：$8Al + 3Fe_3O_4 \xlongequal{高温} 4Al_2O_3 + 9Fe$

二氧化锰：$4Al + 3MnO_2 \xlongequal{高温} 2Al_2O_3 + 3Mn$

氧化铬：$2Al + Cr_2O_3 \xlongequal{高温} Al_2O_3 + 2Cr$

二、铝的化合物

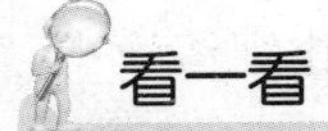

粉丝中含有硫酸铝，过多食用会导致老年痴呆

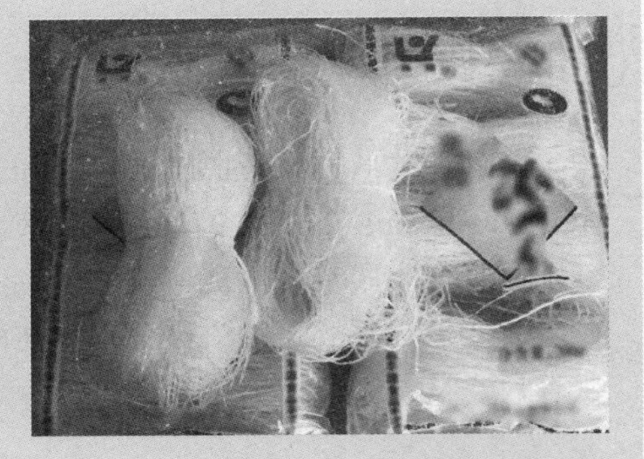

爱吃粉丝的人不少。不过，大量食用粉丝可能会存在摄入铝过多的风险。因为在粉丝传统加工工艺中，需要添加0.5%的明矾（硫酸铝）以增加粉丝的韧性。而有研究表明，过多地摄入硫酸铝会对中枢神经系统造成慢性损伤，剂量过大则可能使人患上老年痴呆的风险增加。此外，过量的硫酸铝可能也会增加患心脏病和心脑血管疾病的概率。

儿童因神经系统正处于发育时期，就更要少吃。过量的明矾对胎儿的神经系统发育也可能造成影响，孕妇要少吃。粉丝中主要是淀粉，糖含量较高，比粮食更容易让人吸收，所以糖尿病人最好少吃。油条在油炸过程中，也会使用一点明矾，再与粉丝一起吃，会使铝叠加。建议吃粉丝时要配着蔬菜和粗粮一起吃。蔬菜和粗粮中的纤维会起到干扰铝吸收的作用。

第五节 铁及其化合物

你在日常生活中见到过哪些铁制品（见图8-13）？

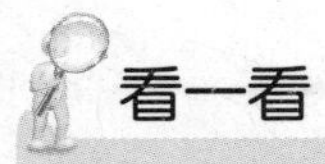

地球上是不存在单质铁的，而天体上有较纯的铁星，在地球上偶尔发现从天上坠下的宇宙来客——铁陨星，古代人称为“天石”。

中国是最早发现和掌握炼铁技术的国家。1973年在中国河北省出土了一件商代铁刃青铜钺，表明中国劳动人民早在3300多年以前就认识了铁，熟悉了铁的锻造性能，随着青铜熔炼技术的成熟，逐渐为铁的冶炼技术的发展创造了条件。铁的发现和大规模使用，是人类发展史上的一个光辉里程碑，推动了人类文明的发展。铁是现代化学工业的基础，人类进步所必不可少的金属材料。

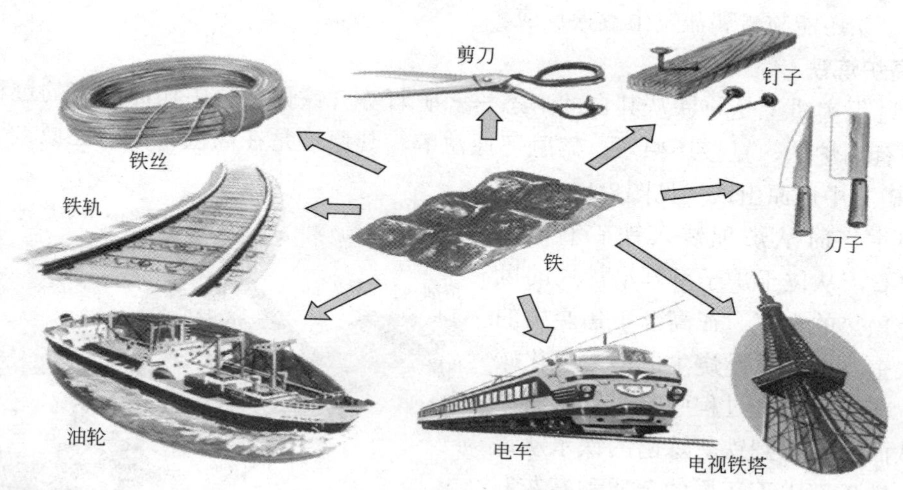

图8-13 生活中的铁制品

一、铁

1. 铁的物理性质

纯铁具有银白色金属光泽。铁有良好的延展性、导电、导热性能。铁密度为7.86g/cm^3，铁能被磁铁吸引，具有铁磁性。

说一说

金属的锈蚀现象是非常普遍的，生活中随处可见生锈的铁丝，更严重的如管道破裂、钢架断裂等。金属为什么会被腐蚀呢？你知道铁生锈该如何防护吗？

2. 铁的化学性质

铁位于第四周期第Ⅷ族，是过渡金属，有4个电子层，最外层有2个电子，从它的结构可以看出，铁容易失去最外层的2个电子，同时次外层的1个电子也经常参加反应，因此具有还原性。

（1）与非金属反应　在初中时，曾学过灼热的铁丝在氧气中燃烧，生成四氧化三铁。

$$3Fe + 2O_2 \xlongequal{点燃} Fe_3O_4$$

铁丝也能在氯气中燃烧，生成棕色的烟，这是氯化铁的小颗粒，溶于水形成黄色溶液。

化学方程式为

$$2Fe+3Cl_2\xlongequal{点燃}2FeCl_3$$

（2）铁与水的反应　常温下铁跟水不发生反应，但是，在潮湿的地方铁制品易生锈。那是水和空气中的O_2、CO_2等作用的结果。

若高温时，铁与水反应则生成四氧化三铁。化学方程式为

$$3Fe+4H_2O\xlongequal{高温}Fe_3O_4+4H_2\uparrow$$

此外，铁还能与酸和盐发生置换反应。

3. 高炉炼铁

炼铁过程实质上是将铁从其自然形态——矿石等含铁化合物中还原出来的过程。炼铁方法主要有高炉法、直接还原法、熔融还原法等，其原理是在高温下，用还原剂（主要是CO）从铁矿石中还原出铁（见图8-14）。

高炉生产时从炉顶装入铁矿石、焦炭、石灰石，从位于炉子下部沿炉周的风口吹入经预热的空气。在高温下焦炭中的碳同鼓入空气中的氧燃烧生成的一氧化碳和氢气，在炉内上升过程中除去铁矿石中的氧，从而还原得到铁。炼出的铁水从铁口放出。铁矿石中不还原的杂质和石灰石等熔剂结合生成炉渣，从渣口排出。

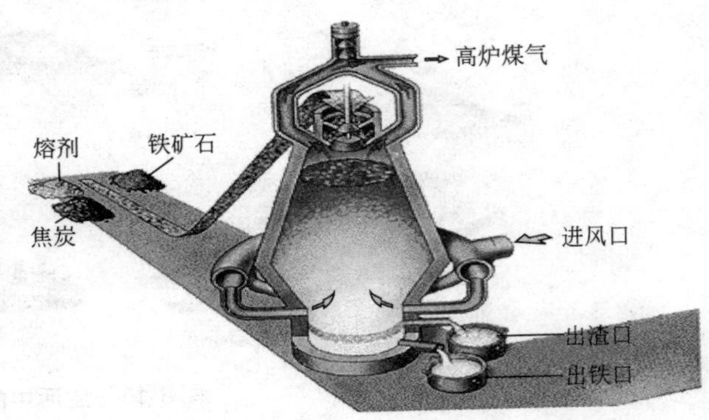

图8-14　高炉炼铁示意

想一想

1. 工业炼铁的主要原理是什么？
2. 工业炼铁的主要原料、反应设备是什么？
3. 主要反应有哪些？
4. 工业炼铁过程中有哪些环保问题？怎样解决？

二、铁的化合物

1. 硫酸亚铁（$FeSO_4$）

硫酸亚铁是浅绿色结晶或颗粒（见图8-15）。含有7分子结晶水的硫酸亚铁俗称绿矾，在干燥空气中易风化。硫酸亚铁易溶于水，溶液水解呈酸性。

绿矾的用途很广，可以用作木材的防腐剂、织物染色的媒染剂及制造蓝墨水，在医药上可以治疗贫血，在农业上用作农药等。

2. 氯化铁（$FeCl_3$）

又名三氯化铁，是黑棕色结晶，也有薄片状（见图8-16）。易溶于水并且有强烈的吸水性，能吸收空气中的水分而潮解。

图8-15　硫酸亚铁晶体

图8-16　氯化铁晶体及溶液

氯化铁是一种很重要的铁盐。常用作氧化剂，也可用作净水剂或在有机合成中用作催化剂。由于它具有使蛋白质迅速凝聚的作用，故在医疗上用作外伤的止血剂。

三、Fe^{3+}的检验

实验室常用硫氰化钾（KSCN）法来检验可溶性铁盐：取待测液于试管中，向待测液中加入硫氰化钾溶液，溶液马上变成血红色说明溶液中有Fe^{3+}。

$$Fe^{3+} + 3SCN^{-} = Fe(SCN)_3$$

若待测溶液中含有Fe^{2+}，则取待测液于试管中，加入硫氰化钾溶液没有明显现象，加入氯水溶液变成血红色，说明溶液中含有Fe^{2+}。

四、铁的合金

合金，就是两种或两种以上化学物质（至少有一组分为金属）混合而成的具有金属特性的物质，一般由各组分熔合成均匀的液体，再经冷凝而得（见图8-17）。

铁合金是铁与一种或几种元素组成的中间合金，主要用于钢铁冶炼。在钢铁工业中一般还把所有炼钢用的中间合金，不论含铁与否（如硅钙合金），都称为“铁合金”（见图8-18）。铁合金运用最广的是生铁和钢。它们的主要区别是含碳量的不同。

图8-17　钛合金棒

图8-18　铁合金制品

生铁是含碳量大于2%的铁碳合金，工业生铁含碳量一般为2%～4.3%，并含C、Si、Mn、S、P等元素，是用铁矿石经高炉冶炼的产品。根据生铁中碳存在形态的不同，又可分为炼钢生铁、铸造生铁和球墨铸铁等几种（见表8-2）。生铁性能是：生铁坚硬、耐磨、铸造性好，但生铁脆，不能锻压。

表8-2 碳钢的分类和性能

种类	含碳量/%	性　能	用　途
低碳钢	不超过0.3	硬度小，韧性大，焊接性好	菜刀、铁皮、铁丝、工业零件
中碳钢	不超过0.4	韧性和硬度中等	工业上的齿轮、曲轴、铁轨
高碳钢	0.6以上	硬度大，韧性小	医疗器械、弹簧量具

钢是含碳量质量分数为0.02%～2.04%之间的铁合金的统称。钢的化学成分可以有很大变化，只含碳元素的钢称为碳素钢（碳钢）或普通钢。

在实际生产中，钢往往根据用途的不同含有不同的合金元素，比如锰、镍、钒等，可使钢的力学性能、物理性质和化学性质发生变化，因而可制成各种具有特殊性能的钢，叫做合金钢。如今，钢以其低廉的价格、可靠的性能成为世界上使用最多的材料之一，是建筑业、制造业和人们日常生活中不可或缺的成分，可以说钢是现代社会的物质基础。

铁与人体健康

1997年，我国政府颁布了《中国营养改善行动计划》，其中包括消除铁缺乏，改善营养性贫血。我国选用酱油作为铁强化食物的载体，主要因为酱油可以促进人体对铁的吸收，而且在日常生活中应用普遍。

补铁是一个渐进的过程，人体需要的铁质除从饮食摄取外，铁锅也是一个重要的铁的来源。用铁锅烹调食物时，借助于化学作用会使食物中的铁含量增加，从而满足人体对铁质的部分需要，因此，用铁锅烧菜好。

本章小节

一、金属概论

1．金属为金属晶体，在金属晶体中，由于自由电子不停地运动，把金属原子和阳离子联系在一起的化学键叫做金属键。由于自由电子的存在，金属具有特殊光泽、导电性、导热性和延展性等物理性质。

2．金属元素原子的最外层电子数少于4个，在化学反应中，它的最外层电子较容易失去，变成金属阳离子而表现出还原性。

3．金属的冶炼是以矿石制取金属的化学过程，其本质是矿石中的金属阳离子获得电子还原成单质，因此可以根据金属的活泼性选用不同的冶炼方法。

二、碱金属

1．碱金属指的是元素周期表ⅠA族元素中所有的金属元素，目前共计锂（Li）、钠（Na）、钾（K）、铷（Rb）、铯（Cs）、钫（Fr）六种。碱金属是金属性很强的元素，其单质也是典型的金属，表现出较强的导电、导热性。在碱金属中，具有代表性的是钠。

2．过氧化钠是强氧化剂；氢氧化钠是强碱，具有碱的通性，具有腐蚀性等。

三、常见金属及其化合物

1．铝是元素周期表中第三周期ⅢA族元素。铝在自然界中分布较广，在地壳中含量仅次于氧和硅。铝是银白色轻金属，有良好的延性和展性。

2．铝在冷的浓硫酸和浓硝酸中发生钝化现象，因此可用铝制容器来运送浓硫酸和浓硝酸。铝有两性。

3．铁是过渡金属。纯铁具有银白色金属光泽。铁有良好的延展性、导电、导热性能。铁具有铁磁性。实验室常用硫氰化钾（KSCN）法来检验可溶性铁盐。

4．合金是铁与一种或几种元素组成的中间合金，主要用于钢铁冶炼。生铁是含碳量大于2%的铁碳合金。钢是含碳量质量分数介于0.02%至2.04%之间的铁合金的统称。

本章习题

一、选择题

1．下列关于金属的叙述中，正确的是（　　）。

A．所有的金属都是固态的

B．金属具有导电性、导热性和延展性

C．活泼的金属、或较活泼的金属能与酸反应，但不能与碱反应

D．金属元素在自然界中都是以化合态存在的

2．铜、银、金常被用作钱币流通，从化学的角度看，主要是利用了它们的（　　）。

A．光彩照人　　B．硬度适中　　C．密度较大　　D．不活泼性

3．金属钠着火时，可以灭火的物质是（　　）。

A．水　　B．砂子　　C．煤油　　D．二氧化碳

4．下列物质露置在空气中质量不会增加的是（　　）。

A．Na_2O　　B．Na_2O_2　　C．Na_2CO_3　　D．NaOH

5．下列物质中，常用于治疗胃酸过多的是（　　）。

A．碳酸氢钠　　B．氢氧化钠　　C．氧化钙　　D．碳酸钡

6．镁粉是制造烟花的重要原料之一。生产镁粉时，将镁蒸气在某种气体中冷却。下列可作为冷却气体的是（　　）。

A．空气　　B．氮气　　C．氩气　　D．二氧化碳

7．“纯净水”、“太空水”、“蒸馏水”等商品作为日常饮料水，因缺少某些成分而不利于儿童身体健康，你认为在制备上述商品饮料水时，至少还需要添加微量的化学物质（　　）。

A．钙和镁的碳酸氢盐　　B．小苏打

C．含碘酸盐的食盐　　D．漂白粉等消毒剂

8．随着人们生活节奏的加快，方便的小包装食品已被广泛接受。为了延长食品的保质期，防止食品氧化变质，在包装袋中可以放入的化学物质是（　　）。

A．无水硫酸铜　　B．硫酸亚铁　　C．食盐　　D．生石灰

9．除去镁粉中混有的少量铝粉，可选用的溶液是（　　）。

A．盐酸　　B．硝酸　　C．氨水　　D．氢氧化钾

10．下列各物质中，在一定条件下，不能由两种单质直接化合制得的是（　）。

A．FeS　　B．Fe_3O_4　　C．CuS　　D．$FeCl_2$

11．下列物质可以用铁制容器盛放的是（　）。

A．稀硫酸　　B．稀盐酸　　C．浓盐酸　　D．浓硫酸

12．下列各种情况下，埋在地下的铸铁管道被腐蚀速度最慢的是（　）。

A．在潮湿疏松透气的土壤中　　B．酸性土壤中

C．含砂较多潮湿透气的土壤中　　D．干燥致密不透气的土壤中

13．西汉刘安所记载的："曾青得铁则化为铜"的反应原理是（　）。

A．化合反应　　B．置换反应　　C．分解反应　　D．物理变化

14．为了检验某氯化亚铁溶液是否变质，最好向溶液中加入（　）。

A．NaOH溶液　　B．铁片　　C．KSCN溶液　　D．石蕊试液

15．用钠与水、镁和盐酸、铝和氢氧化钠溶液分别进行反应，若制取相同质量的氢气，则三种金属的质量比（　）。

A．23∶24∶37　　B．23∶12∶9　　C．1∶2∶3　　D．6∶3∶2

二、填空题

1．金属的冶炼是__________的化学过程，其本质是发生了_____反应。

2．金属的冶炼方法有_____、_____、_____。

3．钠原子最外层只有_____电子，化学反应中易_____电子而表现出强_____性。

4．金属钠与水反应的化学方程式为________________。金属钠在氧气中燃烧的化学方程式为________________。

5．填写出有关物质的化学式

（1）医药上用作缓泻剂的是________________。

（2）可用来漂白织物、麦秆、羽毛的是________________。

（3）用于制电光源的是________________。

（4）用作原子反应堆导热剂的是________________。

（5）用于玻璃、制皂、造纸、纺织等工业上的是________________。

（6）用于焙制糕点的发酵粉及治疗胃酸过多的药剂是________________。

6．金属钠在700～800℃时与四氯化钛（$TiCl_4$）反应制取金属钛，该反应的化学方程式为________________。

7．氢氧化钠又称________、________或________，它极易溶于水，且________，在空气中易吸收水蒸气，而发生________，因此，氢氧化钠可作为一些气的________，对它必须________保存，且瓶塞要用________。

8．镁粉常用来制造信号弹和焰火是由于__________，反应方程式__________。

9．铝热法是指__________。

10．铁锈的主要成分是________，铁在高温下与水蒸气反应的方程式为：________。

11．Fe^{3+}可以用________来检验，显示_____色。

12．生铁和钢在含碳量、性质和应用上有何不同？________________。

三、问答题

1．目前社会上有一些不法分子，以铜锌合金（金黄色，俗称黄铜）假冒黄金进行诈骗活动，请你设计一实验证明该黄色金属块是真金还是黄铜，要求写出实验方法、现象和结论。

2．请你设计至少两种方法除去细小的铁颗粒中混有的细小的铝颗粒（简要说明）。

3．用水冲洗盛过浓硫酸的铁槽，要避免火种接近，否则有爆炸的危险，其原因是什么？写出反应的化学方程式。

4．往一铝制金属易拉罐内（内空）放入一满匙的某白色晶体，摇动几下后，立即注入50mL 6mol/L氢氧化钠溶液，用胶布密封罐口。过一段时间后，罐壁变瘪；再过一段时间后，瘪了的罐壁又重新鼓起。问往罐内加入的白色晶体是什么？罐壁变瘪的原因是什么？罐再度鼓起的原因是什么？写出该过程的反应方程式。

四、计算题

1．将2.3g钠放入100g水中，所得溶液的质量分数是多少？

2．现有Na_2CO_3和$NaHCO_3$的混合物13.7g，用过量的盐酸处理，共收集到气体6.6g，求混合物中$NaHCO_3$的质量分数。

3．将8.4g铁粉和3.2g硫粉均匀混合密闭加热至红热，冷却后加入足量的盐酸，在标准状况下收集到的气体体积是多少？

第九章

烃

学习指导

1. 了解有机化合物的定义和特点。
2. 了解烷烃的物理性质及其变化规律。
3. 掌握烷烃、烯烃和炔烃的通式及命名方法。
4. 理解乙烯和乙炔的化学性质。
5. 了解芳烃的分类，掌握简单单环芳烃的命名。
6. 了解苯的结构，了解苯的化学性质。

第一节 有机化合物

说一说

什么是有机化合物？你能举出实例加以说明么？试想，如果没有有机物，我们的世界会是什么样？

一、有机化合物和有机化学的概念

1. 有机化合物

相信每个人对有机化合物（以下简称有机物）并不陌生，因为它越来越广泛地渗透到人们的生活当中，例如：淀粉、糖、蛋白质、脂肪、维生素、煤、石油、天然气、橡胶、塑料等都是有机化合物。所以，我们的衣、食、住、行都离不开有机化合物。

大量的研究表明，有机物中都含有碳元素，绝大多数有机化合物中都含有氢元素，因此，有机物就是碳氢化合物（烃类化合物）及其衍生物（烃类化合物中的一个或几个氢原子被其他原子或原子团取代后得到的化合物）。

2. 有机化学

知识链接

“有机化学”这一名词于1806年首次由贝采里乌斯提出。当时是作为“无机化学”的对立物而命名的。维勒的实验结果给予“生命力”学说第一次冲击。此后，乙酸等有机化合物相继由碳、氢等元素合成，“生命力”学说才逐渐被人们抛弃。由于合成方法的改进和发展，越来越多的有机化合物不断地在实验室中合成出来，其中，绝大部分是在与生物体内迥然不同的条件下合成出来的。“生命力”学说渐渐被抛弃了，“有机化学”这一名词却沿用至今。以前人们把来源于有生命的动物和植物的物质称为有机化合物，而把从无生命的矿物质中得到的物质称为无机化合物。有机化合物与生命有关，所以人们认为它们是“有机”的，故称为有机化合物。这种观点垄断化学界很久，制约了有机化学的发展。但是，科学总是前进的，1828年，德国化学家维勒（Wohler）蒸发氰酸铵溶液得到了尿素，尿素的人工合成，提供了一个从无机物人工制成有机物的例证。1845年，库柏（Cooper）用人工方法合成了醋酸，紧接着化学家们又合成了酒石酸、柠檬酸、琥珀酸、果酸等一系列有机酸，从此人们确信人工合成有机物是完全可能的。

研究有机化合物的化学称为有机化学，它主要研究有机化合物的组成、结构、性质、来源、相互之间的转化关系及其在生产、生活中的应用。

想一想

你听说过有机食品、有机蔬菜吗？此处的“有机”与有机化学中的“有机”有什么区别？

二、有机化合物的特点

1. 结构特点

（1）碳原子是四价的。碳原子最外层（第二层）上有四个电子，当与其他原子结合时，既不易得电子又不易失电子，因此主要通过电子对共用与其他原子结合而形成共价键。

（2）碳原子与碳原子之间能相互形成单键、双键或三键。如：

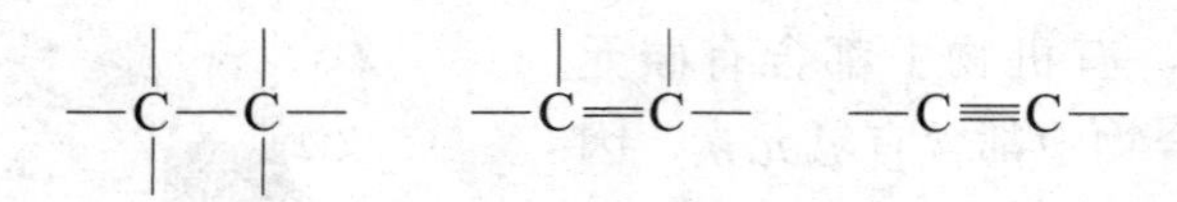

（3）构造式的表达式

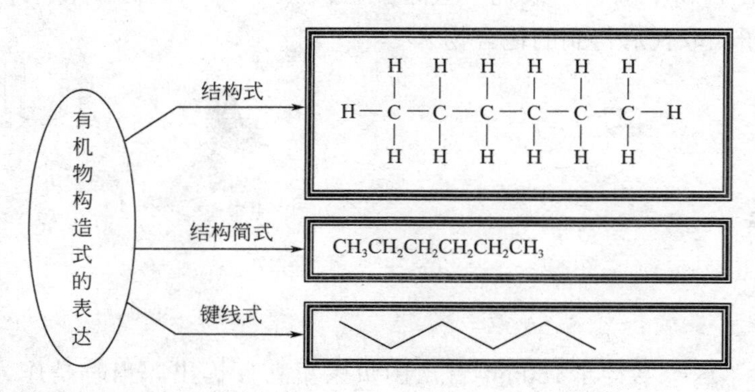

（4）同分异构现象

化合物具有相同的分子式，但结构不同的现象，叫做同分异构现象。具有同分异构现象的化合物互称为同分异构体。

例如：

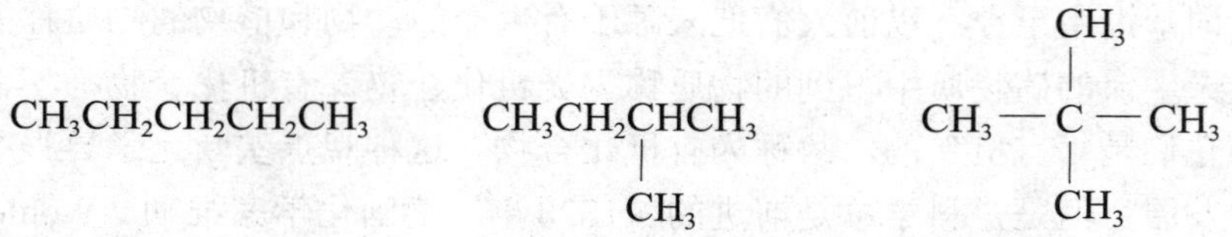

$CH_3CH_2CH_2CH_2CH_3$　　$CH_3CH_2CH(CH_3)CH_3$　　$CH_3C(CH_3)_2CH_3$

知识链接

截止到2003年统计，天然的和人工合成的化合物共有约3000万种，其中无机物只有20余万种，其余均为有机物。

2. 性质特点

（1）熔点、沸点较低，热稳定性差；

（2）易于燃烧；

（3）难溶于水，易溶于有机溶剂；

（4）反应速率慢，副反应多。

科学视野

有机化学及其在工业、生活中的发展

19世纪中期到20世纪初，有机化学工业逐渐变为以煤、焦油为主要原料。合成染料的发现，使染料、制药工业蓬勃发展，推动了芳香族化合物和杂环化合物的研究。30年代以后，以乙炔为原料的有机合成兴起。40年代前后，有机化学工业的原料又逐渐转变为以石油和天然气为主，发展了合成橡胶、合成塑料和合成纤维的工作。19世纪30年代合成尿素，40年代合成乙酸，随后陆续合成了葡萄糖酸、琥珀酸、苹果酸等一系列有机酸；19世纪后半叶合成了多种染料；20世纪40年代合成了滴滴涕和有机磷杀虫剂、有机硫杀菌剂、除草剂等农药；20世纪初，合成了606药剂，30～40年代，合成了一千多种磺胺类化合物，其中有一些可用作药物。

进入20世纪，随着社会的发展和数学、物理学等相关学科一系列研究成果的出现，有机化学有了极大的发展。关于有机化学结构理论的建立和有机反应机理的研究，使人们对有机反应有了新的掌控能力。现在，人类不但能深入、广泛地了解自然界中存在的绝大部分物质的结构，而且能逐一地合成它们。有机化学正在走向辉煌时期。

生命科学与有机化学密切相关，如果说21世纪是生命科学光辉灿烂的时代，那么化学学科通过与生物学科相结合，同样也是光辉灿烂的。

生活因有机化学而精彩！

想一想

你知道“生命科学”、“材料科学”、“组合化学”、“绿色化学”吗？你了解有机化学和它们的关系以及有机化学工业的发展动向吗？

练一练

1．有机化合物的结构特点和性质特点有哪些？
2．什么叫同分异构体？

第二节 烷烃

说一说

我们知道，天然气、石油、煤是人类不可或缺的重要能源，而这些物质中有许多是烷烃类的物质？你能说出它们各含哪些烷烃类物质吗？你还能列举出生活中还有哪些烷烃类物质吗？

只有碳氢两种元素组成的化合物叫作烃类化合物。开链的烃类化合物称为脂肪烃。在脂肪烃分子中，碳原子间均以碳碳单键结合成链状，碳原子的其余价键全部和氢原子结合，都达到“饱和”。这样的烃叫做饱和烃，又叫烷烃。能决定化合物特性的原子或原子团称为官能团。

根据结构不同，烃可分为烷烃、烯烃、炔烃、芳香烃等。

烷烃是最简单和最基本的一类有机化合物。在一定条件下，烷烃可以转变成一系列其他化合物。因此，学习有机化学，首先从烷烃开始，了解烷烃的结构和性质以后，将有助于学习其他各类有机化合物。

一、烷烃的通式、同系列和同分异构现象

1. 烷烃的通式

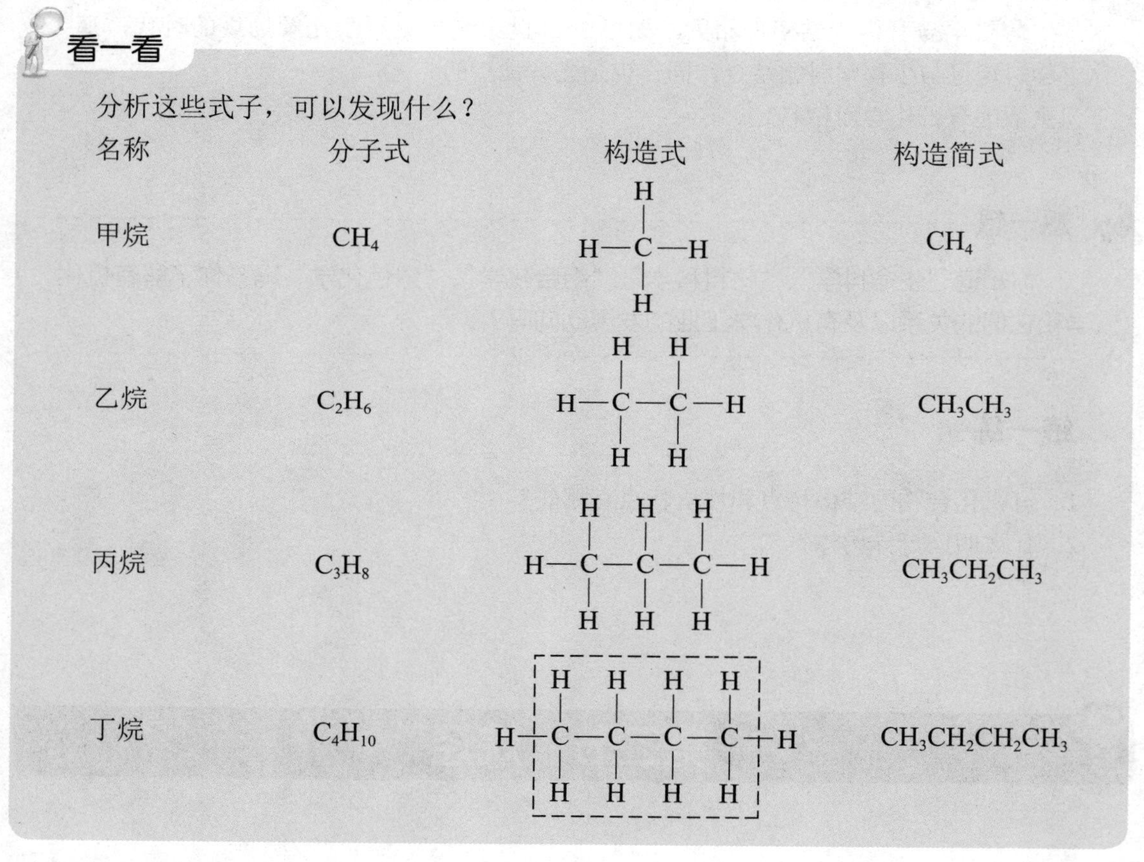

看一看

分析这些式子，可以发现什么？

名称	分子式	构造式	构造简式
甲烷	CH_4	$\begin{array}{ccc} & H & \\ & \vert & \\ H- & C & -H \\ & \vert & \\ & H & \end{array}$	CH_4
乙烷	C_2H_6	$\begin{array}{cccc} & H & H & \\ & \vert & \vert & \\ H- & C- & C & -H \\ & \vert & \vert & \\ & H & H & \end{array}$	CH_3CH_3
丙烷	C_3H_8	$\begin{array}{ccccc} & H & H & H & \\ & \vert & \vert & \vert & \\ H- & C- & C- & C & -H \\ & \vert & \vert & \vert & \\ & H & H & H & \end{array}$	$CH_3CH_2CH_3$
丁烷	C_4H_{10}	$\begin{array}{cccccc} & H & H & H & H & \\ & \vert & \vert & \vert & \vert & \\ H- & C- & C- & C- & C & -H \\ & \vert & \vert & \vert & \vert & \\ & H & H & H & H & \end{array}$	$CH_3CH_2CH_2CH_3$

从上述结构式可以看出，链烷烃的组成都是相差一个或几个CH_2（亚甲基）而连成碳链，碳链的两端各连一个氢原子。

$$\begin{array}{cccccc} & H & H & H & H & \\ & \vert & \vert & \vert & \vert & \\ H- & C- & C- & C- & C & -H \\ & \vert & \vert & \vert & \vert & \\ & H & H & H & H & \end{array}$$

碳原子与氢原子之间的数量关系为C_nH_{2n+2}（n为碳原子数目），这个式子就是烷烃的通式。

2. 同系物

像烷烃这样具有同一通式，结构和性质相似，相互间相差一个或整数个CH_2的一系列化合物称为同系列。同系列中的各个化合物称为同系物。相邻同系物之间的差称为系差。

同系物一般具有相似的化学性质。在有机化学中，同系列的现象是普遍存在的。

练一练

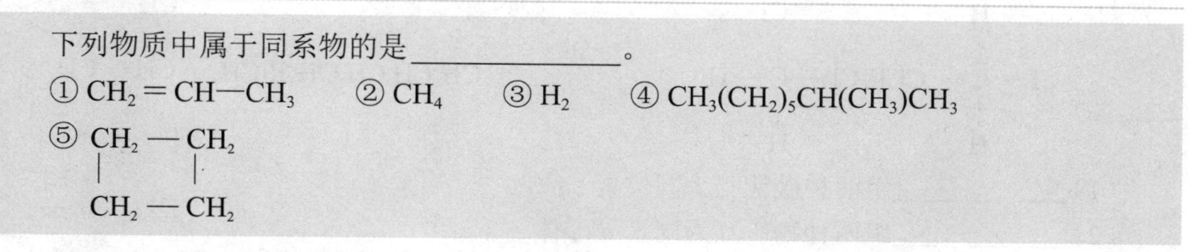

下列物质中属于同系物的是________。

① $CH_2=CH—CH_3$　② CH_4　③ H_2　④ $CH_3(CH_2)_5CH(CH_3)CH_3$

⑤ $\begin{matrix} CH_2 - CH_2 \\ | \quad\quad | \\ CH_2 - CH_2 \end{matrix}$

3. 烷烃的同分异构现象

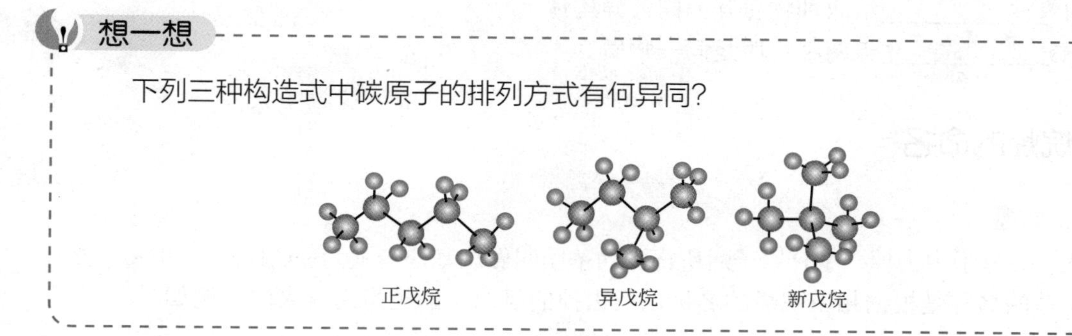

烷烃的同分异构现象是由于分子中碳原子的排列方式不同而引起的，所以烷烃的同分异构又称为构造异构。

甲烷、乙烷、丙烷分子中的碳原子只有一种排列方式，所以没有同分异构体。从丁烷开始就有同分异构现象。

烷烃分子中，随碳原子数目的增加，构造异构体的数目迅速增加（见表9-1）。

表9-1　部分烷烃构造异构体的数目

烷烃	构造异构体的数目	烷烃	构造异构体的数目
丁烷	2	壬烷	35
戊烷	3	癸烷	75
己烷	5	十一烷	159
庚烷	9	十二烷	355
辛烷	18	二十烷	366319

练一练

1．写出分子式为C_6H_{14}的烷烃的同分异构体。

2．有下列各组微粒或物质：

A．O_2和O_3　　B．${}^{12}_{6}C$和${}^{13}_{6}C$

C．$CH_3CH_2CH_2CH_3$和$CH_3CH_2CH(CH_3)CH_3$

D．

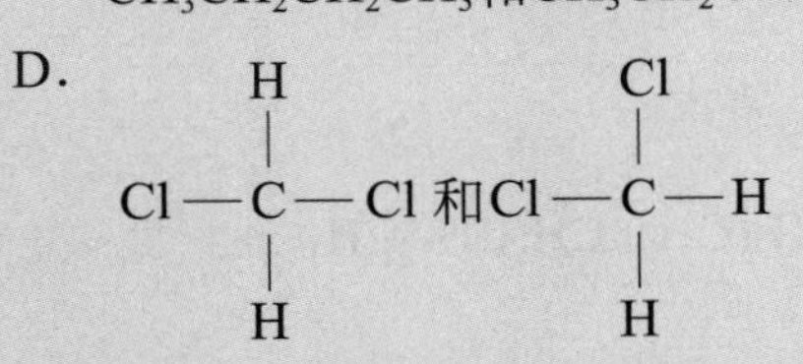

E．$CH_3CH_2CH_2CH_3$和$CH_3—CH(CH_3)—CH_3$

（1）____________组两种微粒互为同位素；

（2）____________组两种物质互为同素异形体；

（3）____________组两种物质属于同系物；

（4）____________组两种物质互为同分异构体；

（5）____________组两种物质是同一物质。

二、烷烃的命名

1．烷基

从烷烃分子中去掉一个H原子后所得到的基团叫做烷基，通式为$—C_nH_{2n+1}$，用R—表示。烷基的名称是根据相应烷烃的名称以及去掉的氢原子的类型而得来的，例如：

$CH_4 \longrightarrow CH_3—$　　$CH_3CH_3 \longrightarrow CH_3CH_2—$（或$—C_2H_5$）

甲烷　甲基　　乙烷　乙基

$CH_3CH_2CH_3 \longrightarrow$ $CH_3CH_2CH_2—$ 正丙基；$CH_3CH(—)CH_3$ 异丙基

2．习惯命名法（也称普通命名法）

通常把烷烃称为“某烷”，“某”是指烷烃中碳原子的数目。由一到十用甲、乙、丙、丁、戊、己、庚、辛、壬、癸表示。碳原子数在10个以上时，用中文数字十一、十二、十三……表示。如：$C_{11}H_{24}$，叫十一烷。为了区别同分异构体，通常用“正”、“异”、“新”加以区别。例如：

$CH_3CH_2CH_2CH_2CH_3$　正戊烷

$CH_3CH_2CH(CH_3)CH_3$　异戊烷

$C(CH_3)_4$（$CH_3—C(CH_3)_2—CH_3$）　新戊烷

习惯命名法简单方便，但只适用于结构比较简单的烷烃，难于命名碳原子数较多、结构较复杂的烷烃。

3. 系统命名法

知识链接

1892年在日内瓦召开了国际化学会议，制定了系统的有机化合物的命名法，叫做日内瓦命名法。后由国际纯粹和应用化学联合会（IUPAC）作了几次修订，简称为IUPAC命名法。我国参考这个命名法的原则结合汉字的特点制定了我国的系统命名法（1960年）。1980年进行增补和修订，公布了《有机化学命名原则》。

烷烃的命名一般按以下步骤：

① 选取主链（母体），选一个含碳原子数最多的碳链作为主链。

$$\begin{array}{lllll} CH_3- & CH- & CH_2- & CH_2- & CH_3 \\ & \ \ | & & & \\ & CH_2 & & & \\ & \ \ | & & & \\ & CH_3 & & & \end{array} \qquad \begin{array}{lllll} & \overset{3}{C}H- & \overset{4}{C}H_2- & \overset{5}{C}H_2- & \overset{6}{C}H_3 \\ CH_3- & \ \ | & & & \\ & 2\ CH_2 & & & \\ & \ \ | & & & \\ & 1\ CH_3 & & & \end{array}$$

3-甲基乙烷

② 主链碳原子的位次编号。确定主链位次的原则是要使取代基的位次最小。从距离支链最近的一端开始编号。位次和取代基名称之间要用“-”连起来，写出母体的名称。

a. 如果有几个不同的取代基时，把小的取代基名称写在前面，大的写在后面；

b. 如果含有几个相同的取代基时，把它们合并起来，取代基的数目用二、三、四……表示，写在取代基的前面，其位次必须逐个注明，位次的数字之间要用“，”隔开；

$$\begin{array}{llllll} \overset{6}{C}H_3- & \overset{5}{C}H_2- & \overset{4}{C}H- & \overset{3}{C}H_2- & \overset{2}{C}H- & \overset{1}{C}H_3 \\ & & \ \ | & & \ \ | & \\ & & CH_2 & & CH_3 & \\ & & \ \ | & & & \\ & & CH_3 & & & \end{array} \qquad \begin{array}{lllll} \overset{1}{C}H_3- & \overset{2}{C}H- & \overset{3}{C}H- & \overset{4}{C}H_2- & \overset{5}{C}H_3 \\ & \ \ | & \ \ | & & \\ & CH_3 & CH_3 & & \end{array}$$

2-甲基-4-甲基己烷　　　　2,3-二甲基戊烷

烷基大小的次序：甲基＜乙基＜丙基＜丁基＜戊基＜己基。

c. 当具有相同长度的链可作为主链时，则应选择具有支链数目最多的链作为主链。

$$\begin{array}{lllllll} & & & & CH_3 & & \\ & & & & \ \ | & & \\ \overset{7}{C}H_3- & \overset{6}{C}H_2- & \overset{5}{C}H- & \overset{4}{C}H- & \overset{3}{C}H- & \overset{2}{C}H- & \overset{1}{C}H_3 \\ & & \ \ | & \ \ | & & \ \ | & \\ & & CH_3 & 5\ CH_2 & & CH_3 & \\ & & & \ \ | & & & \\ & & & 6\ CH_2\underset{7}{C}H_3 & & & \end{array}$$

例如：用系统命名法命名下列烷烃：

$$\begin{array}{ccccccccc} \overset{5}{CH_3} & - & \overset{4}{CH_2} & - & \overset{3}{CH_2} & - & \overset{2}{CH} & - & \overset{1}{CH_3} \\ & & & & & & | & & \\ & & & & & & CH_3 & & \end{array}$$

答案：2-甲基戊烷

$$\begin{array}{ccccccccccc} \overset{1}{CH_3} & - & \overset{2}{CH} & - & \overset{3}{CH_2} & - & \overset{4}{CH} & - & \overset{5}{CH_3} & & \\ & & | & & & & | & & & & \\ & & CH_3 & & & & \underset{5}{CH_2} & - & \underset{6}{CH_3} & & \end{array}$$

答案：2,4-二甲基己烷

$$\begin{array}{ccccccccccccc} \overset{1}{CH_3} & - & \overset{2}{CH} & - & \overset{3}{CH_2} & - & \overset{4}{CH} & - & \overset{5}{CH_2} & - & \overset{6}{CH_2} & - & \overset{7}{CH_3} \\ & & | & & & & | & & & & & & \\ & & CH_3 & & & & CH_2 & - & CH_3 & & & & \end{array}$$

答案：2-甲基-4-乙基庚烷

练一练

一、命名下列化合物

1.

$$\begin{array}{lllll} & CH_3 & CH_3 & & \\ & | & | & & \\ CH_3 & CH - & CH - & CH - & CH_2CH_2CH_3 \\ & & & | & \\ & & CH_3 - & CHCH_2CH_3 & \end{array}$$

2.

$$\begin{array}{lll} & CH_3 & \\ & | & \\ CH_3CH - & CH - & CH_2CH_3 \\ | & & \\ CH - & CH_3 & \\ | & & \\ CH_3 & & \end{array}$$

3.

$$\begin{array}{ccccccc} CH_3 & - & CH & - & CH & - & CH_2 \\ & & | & & | & & | \\ & & CH_3 & & CH_3 & & CH_3 \end{array}$$

4. $CH_3CH_2C(CH_2CH_3)_2CH(CH_2CH_3)CH_2CH_2CH_3$

5.

$$\begin{array}{ccccccccc} & & & & CH_3 & & & & \\ & & & & | & & & & \\ CH_3 & - & CH & - & CH & - & CH_2 & - & CH_3 \\ & & | & & & & & & \\ & & CH_3 & & & & & & \end{array}$$

6.

$$\begin{array}{ccccccc} CH_3 & - & CH & - & CH & - & CH_2 \\ & & | & & | & & | \\ & & CH_3 & & CH_3 & & CH_3 \end{array}$$

7.

$$\begin{array}{ccccccccccc} & & & & CH_3 & & & & & & \\ & & & & | & & & & & & \\ CH_3 & - & CH_2 & - & CH & - & CH_2 & - & CH & - & CH_3 \\ & & & & & & & & | & & \\ & & & & & & & & CH_3 & & \end{array}$$

8. $CH_3CH_2CH(CH_3)CH_2CH(CH_2CH_3)_2$

二、写出下列各种烷烃的结构简式

1. 2,2-二甲基-3-乙基己烷
2. 2-甲基-4-乙基庚烷
3. 2,3,3-三甲基戊烷
4. 2,3-二甲基-4-乙基己烷
5. 2,3-二甲基戊烷
6. 正庚烷
7. 正戊烷
8. 2-甲基己烷

此外，不少有机化合物还有习惯上使用的俗名，俗名通常是根据它的来源或性质来定名的。例如：甲烷俗名沼气或坑气。在工业界比较多地使用俗名。

想一想

观察下列烷烃的构造式，能否找出分别标有1°，2°，3°，4°的碳原子有什么特征吗？

$$1° \rightarrow CH_3CHCH_2C(CH_3)_2CH_3$$

(3°指向CH，2°指向CH_2，4°指向季碳C；CH上连CH_3，季碳C上连两个CH_3和一个CH_3)

知识链接

根据碳原子上连接碳原子的个数为1,2,3,4个，分别将其称为伯、仲、叔、季碳原子，用1°，2°，3°，4°表示。与伯、仲、叔碳原子连接的氢原子分别称为伯、仲、叔氢原子，季碳原子上没有氢，所以不存在季氢原子。在有机物分子中，碳原子所处的位置不同，反应活性不同。

三、烷烃的物理性质

一般来说，同系列的有机化合物，其物理性质（见表9-2）往往随相对分子质量的增加而呈规律性变化。

表9-2 一些直链烷烃的物理常数

名称	熔点/℃	沸点/℃	相对密度	折射率(n_D^{20})	名称	熔点/℃	沸点/℃	相对密度	折射率(n_D^{20})
甲烷	−183	−164	0.4661	—	正十一烷	−26	196	0.7402	1.4172
乙烷	−183	−89	0.5462	—	正十二烷	−10	216	0.7487	1.4216
丙烷	−187	−42	0.5853	—	正十三烷	−6	235	0.7564	1.4256
正丁烷	−138	−0.5	0.5788	—	正十四烷	6	254	0.7628	1.4290
正戊烷	−130	36	0.6262	1.3575	正十五烷	10	271	0.7685	1.4315
正己烷	−95	69	0.6603	1.3751	正十六烷	18	287	0.7733	1.4345
正庚烷	−91	98	0.6838	1.3878	正十七烷	22	302	0.7780	1.4369
正辛烷	−57	126	0.7025	1.3974	正十八烷	28	316	0.7768	1.1390
正壬烷	−51	151	0.7179	1.4054	正十九烷	32	330	0.7855	1.4529
正癸烷	−30	174	0.7300	1.4102					

说一说

你知道甲烷有哪些物理性质吗？

状态：气体　　颜色：无色　　气味：无味

挥发性：难挥发　　密度：比水轻

溶解性：难溶于水，易溶于有机溶剂（如CCl_4）

在室温和常压下，直链烷烃中从甲烷到丁烷都是气体；含5～15个碳原子的烷烃是液体；含16及16个碳原子以上的是固体。

从表9-2可以看出，正烷烃的熔点（前三个除外）和沸点基本上都是随着碳链的增长而变大的。

直链烷烃的沸点随分子中碳原子数的增加而升高。在碳原子数目相同的烷烃异构体中，直链烷烃的沸点较高，支链烷烃的沸点较低，支链越多，沸点越低。

烷烃都不溶于水，但能溶于苯、氯仿、四氯化碳等有机溶剂。它们的溶解度随着相对分子质量的增加而减小。

烷烃的相对密度都小于1，且随着相对分子质量的变大而有所增加。

四、烷烃的化学性质

甲烷分子为一正四面体结构，碳原子居于正四面体的中心，和碳原子相连的四个氢原子，居于四面体的四个角（见图9-1）。

由于烷烃分子中的C—C键和C—H键都很强，需要较高的能量才能使之断裂。所以一般情况下，烷烃具有极大的化学稳定性，与强酸、强碱及常用的氧化剂、还原剂都不发生化学反应。

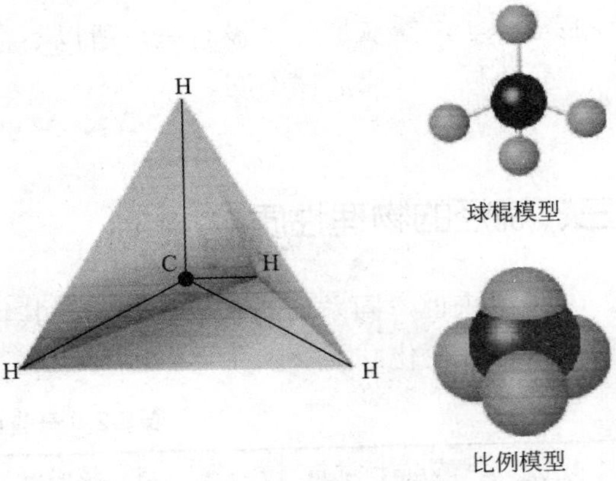

H H H H C 球棍模型 比例模型

图9-1　甲烷的结构和结构模型

1. 氧化反应

烷烃在通常情况下是不被氧化的。但是它能在空气中燃烧（剧烈氧化）生成二氧化碳和水，同时放出大量的热能。例如：

$$2C_2H_6 + 7O_2 \xrightarrow{\text{点燃}} 4CO_2 + 6H_2O + 1559.8kJ/mol$$

因此天然气、石油产品，如汽油、煤油、柴油等作为燃料就是利用它们燃烧时放出的热能。

2. 卤代反应

有机化合物分子中的氢原子或其他原子与基团被别的原子与基团取代的反应总称为取代反应。被卤素原子取代的反应称为卤化或卤代反应。

烷烃的卤代通常是指氯代或溴代，因为氟代反应过于激烈，难以控制，而碘代反应又难以发生。

烷烃和氯在黑暗中几乎不起反应。但是在日光照射、高温或催化剂的作用下它们能发生剧烈的反应，生成氯化氢和氯代烷烃。例如甲烷和氯气在强烈的日光或紫外线照射下反应猛烈，甚至发生爆炸。

$$CH_4 + 2Cl_2 \xrightarrow[h\nu]{\text{紫外线或光能}} C + 4HCl + \text{热量}$$

在漫射的日光下则起一般的氯化反应，生成一氯甲烷、二氯甲烷、三氯甲烷（俗称氯仿）和四氯化碳（见图9-2）。

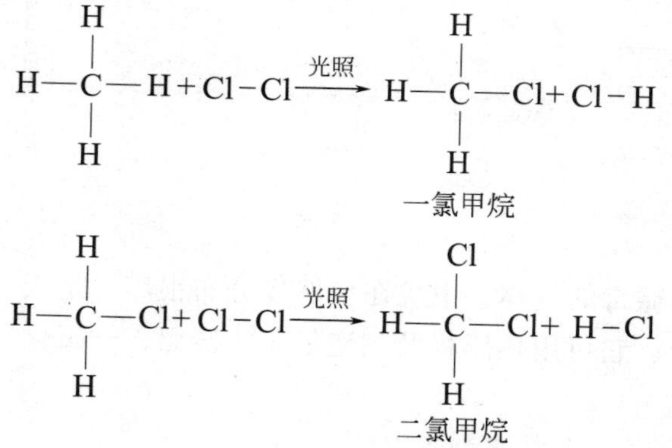

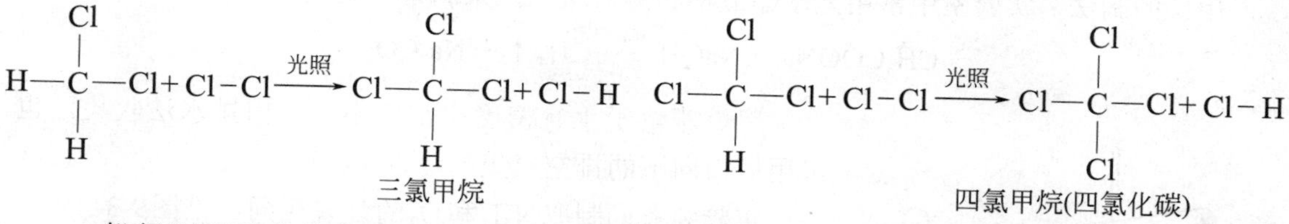

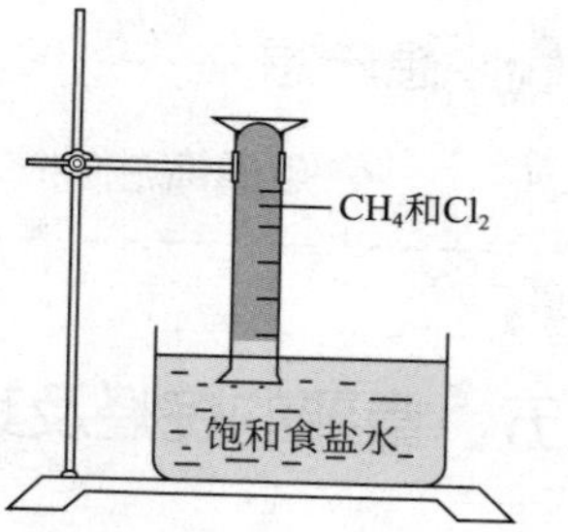

$$\begin{array}{c}H\\|\\H-C-H\\|\\H\end{array}+Cl-Cl\xrightarrow{\text{光照}}\begin{array}{c}H\\|\\H-C-Cl\\|\\H\end{array}+Cl-H$$

一氯甲烷

$$\begin{array}{c}H\\|\\H-C-Cl\\|\\H\end{array}+Cl-Cl\xrightarrow{\text{光照}}\begin{array}{c}Cl\\|\\H-C-Cl\\|\\H\end{array}+H-Cl$$

二氯甲烷

$$\begin{array}{c}Cl\\|\\H-C-Cl\\|\\H\end{array}+Cl-Cl\xrightarrow{\text{光照}}\begin{array}{c}Cl\\|\\Cl-C-Cl\\|\\H\end{array}+Cl-H$$

三氯甲烷

$$\begin{array}{c}Cl\\|\\Cl-C-Cl\\|\\H\end{array}+Cl-Cl\xrightarrow{\text{光照}}\begin{array}{c}Cl\\|\\Cl-C-Cl\\|\\Cl\end{array}+Cl-H$$

四氯甲烷(四氯化碳)

图9-2 甲烷与氯气在光照下的取代反应

一般得到四种产物的混合物，很难分离，严格控制反应条件和反应物量的条件下可得较纯净的产物。

较高相对分子质量的烷烃氯化时，常生成复杂的混合物。

3. 裂化反应

烷烃分子在高温和隔绝空气的条件下分解的反应叫裂化反应。

（1）热裂化 在高温500～700℃和压力2～5MPa条件下使重油转化为汽油，提高汽油的产量。

（2）催化裂化 在催化剂硅酸铝，温度450～500℃，压力0.1～0.2MPa条件下，产生较多带支链的烷烃和芳烃，大幅度提高汽油质量。

（3）裂解 在高于720℃的温度下将石油深度裂化获得更多的低级烯烃。

知识链接

烷烃的来源——烷烃的天然来源主要是石油和天然气。

表9-3列有石油、天然气的组成及用途。

表9-3 石油、天然气的组成及用途

<table>
<tr><th colspan="2"></th><th>所含物质</th><th>产物及用途</th></tr>
<tr><td colspan="2">石 油</td><td>烃类混合物，也叫原油。有些原油含大量烷烃，也有的含有环烷烃，还有的含有芳烃，以及少量的含氧、含硫、含氮的化合物</td><td>1.汽油、煤油、柴油的轻质燃料
2.润滑油、石油沥青、石油焦等
3.烯烃、芳香烃基础有机化工原料</td></tr>
<tr><td rowspan="2">天然气</td><td>干气</td><td>甲烷（常温下加压不能液化）</td><td rowspan="2">可做燃料，合成氯仿、四氯化碳、甲醇和甲醛，可制造水煤气、氢气、氮肥</td></tr>
<tr><td>湿气</td><td>甲烷、乙烷、丙烷、丁烷（加压可部分液化）</td></tr>
</table>

想一想

你知道汽油的辛烷值与汽油质量的关系吗?

五、重要的烷烃及其应用

甲烷（俗名沼气）是无色、无味、可燃和微毒的气体。甲烷在自然界分布很广，是天然气、沼气、油田气及煤矿坑道气的主要成分。它可用作燃料及制造氢气、炭黑、一氧化碳、乙炔、氢氰酸及甲醛等物质的原料。

甲烷的制法：实验室中常用无水醋酸钠和碱石灰共热来制备甲烷。

$$CH_3COONa + NaOH \xrightarrow[\triangle]{CaO} CH_4\uparrow + Na_2CO_3$$

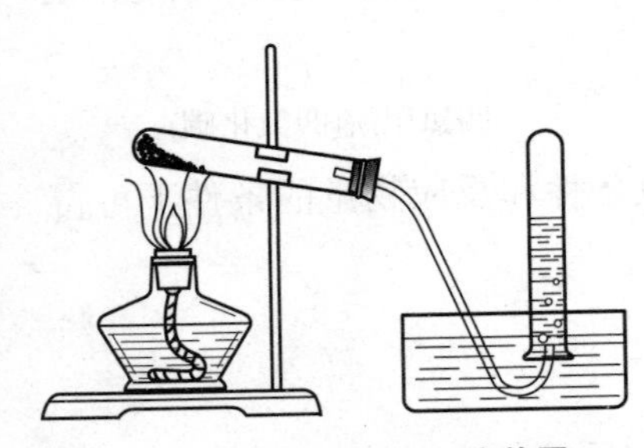

图9-3 制取甲烷的实验装置

甲烷难溶于水且密度比空气小，可用排水法收集，也可用瓶口向下的排空气集气法收集。

实验装置同制取NH_3和O_2的装置相同，见图9-3。

工业上常采用烯烃加氢、卤代烷与金属有机试剂作用等方法来制取。

中级烷烃如汽油、煤油、柴油等是常用的工业燃料，石油醚、液体石蜡等是常用的有机溶剂，润滑油是常用的润滑剂和防腐剂。

知识链接

甲烷——21世纪的主要能源 甲烷是一种可燃性气体，而且可以人工制造，所以，在石油用完之后，甲烷将会成为重要的能源。

“西气东输”就是将新疆等中西部地区的天然气，通过管道东输到长江三角洲，最终到达上海的一项巨大工程。天然气是高效、低耗、污染小的清洁能源。它还是一种重要的化工原料。

千年的希望——“可燃冰” 可燃冰是天然气（甲烷等）的水合物，它易燃烧，外形似冰，被称为“可燃冰”。“可燃冰”储量较大，可燃冰将成为最理想的替代能源。

练一练

一、选择题

1. 下列说法中错误的是（　　）。

① 化学性质相似的有机物是同系物

② 分子组成相差一个或几个CH_2原子团的有机物是同系物

③ 若烃中碳、氢元素的质量分数相同，它们必定是同系物

④互为同分异构体的两种有机物的物理性质有差别，但化学性质必定相似

A．①②③④　　B．只有②③　　C．只有③④　　D．只有①②③

2．等质量的下列烃完全燃烧时，消耗氧气最多的是（　　）。

A．CH_4　　B．C_2H_6　　C．C_3H_6　　D．C_6H_6

3．结构简式是：

```
                 CH3
                 |
CH3—CH2— C —CH3
                 |
                 CH2—CH3
```

的烷烃，其系统命名为（　　）。

A．2-甲基-2-乙基丁烷　　B．3-甲基-3-乙基己烷

C．2,2-二甲基戊烷　　D．3,3-二甲基戊烷

4．由沸点数据：甲烷−146℃，乙烷−89℃，丁烷−0.5℃，戊烷36℃，可以判断丙烷的沸点可能是（　　）。

A．高于−0.5℃　　B．约是＋30℃　　C．约是−40℃　　D．低于−89℃

5．$(CH_3CH_2)_2CHCH_3$的正确命名是（　　）。

A．3-甲基戊烷　　B．2-甲基戊烷　　C．2-乙基丁烷　　D．3-乙基丁烷

6．下列有机化合物命名正确的是（　　）。

A．1-甲基戊烷　　B．3, 3-二甲基戊烷

C．2-乙基丁烷　　D．3, 3-二甲基丁烷

7．乙烷可以发生如下反应：$CH_3—CH_3 + Br_2 \longrightarrow CH_3CH_2Br + HBr$。这个反应在有机化学中通常称为（　　）。

A．裂解反应　　B．取代反应　　C．分解反应　　D．加成反应

8．下列化合物的沸点由高到低的顺序是（　　）。

①正辛烷　②2,2,3,3-四甲基丁烷　③正戊烷　④2-甲基丁烷　⑤2,2-二甲基丙烷

A．①>②>③>④>⑤　　B．①>③>④>⑤>②

C．②>①>⑤>③>④　　D．①>③>④>②>⑤

二、填空题

1．分子中含有34个氢原子的烷烃是__________，化学式为________；通常情况下为液态的分子中含碳原子数最少的烷烃的俗名分别是________、__________、__________，其中沸点最低的物质的结构简式是____________________。支链含乙基的烷烃中相对分子质量最小的物质其名称是__________________（按系统命名法命名）。

2．有下列各组物质：

A．C_{60}与金刚石　　B．H和D

C．

```
    CH2
   /   \
CH2 — CH2
```

与

```
CH2 — CH2
 |      |
CH2 — CH2
```

D.

$$\begin{array}{ccccc} & & CH_3 & & \\ & & | & & \\ CH_3 & - & C & - & CH_3 \\ & & | & & \\ & & CH_3 & & \end{array} \quad 与 \quad \begin{array}{ccccccc} CH_3 & - & CH & - & CH_2 & - & CH_3 \\ & & | & & & & \\ & & CH_3 & & & & \end{array}$$

E.

$$\begin{array}{ccccc} & & CH_3 & & CH_3 \\ & & | & & | \\ CH_3 & - & C & - & CH_2 \\ & & | & & \\ & & CH_3 & & \end{array} \quad 与 \quad CH_3C(CH_3)_2CH_2CH_3$$

F.

$$\begin{array}{ccccc} & & H & & \\ & & | & & \\ Br & - & C & - & Br \\ & & | & & \\ & & H & & \end{array} \quad 与 \quad \begin{array}{ccccc} & & H & & \\ & & | & & \\ H & - & C & - & Br \\ & & | & & \\ & & Br & & \end{array}$$

（1）____组两物质互为同位素。

（2）____组两物质互为同素异形体。

（3）____组两物质互为同系物。

（4）____组两物质互为同分异构体。

（5）____组两物质是同一物质。

三、计算题

1．某烷烃在标准状况下，这种烃的气体2.24L，质量为7.2g。求该烃的分子式。

2．在标准状况下，2.2g由CH_4和C_2H_4组成的混合气体所占体积为2.24L，则该混合气体中，CH_4和C_2H_4的质量各是多少？

第三节　烯烃

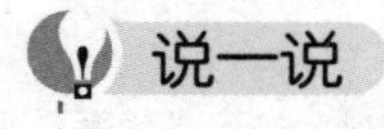

你知道如何使水果早熟，又如何延长水果的保鲜期的吗？

分子中含有碳碳双键（$>C=C<$）的烃，叫做烯烃，含有一个$>C=C<$双键的烯烃，叫单烯烃。

它比相应烷烃少两个氢原子，碳碳双键是烯烃的官能团。烷烃分子中不含碳碳双键，这是两者的根本区别。在烯烃分子中，由于碳碳双键的存在，不是所有碳原子的价数都被饱和了，因此，相对于烷烃而言，烯烃又叫做不饱和烃。比较重要的烯烃有乙烯、丙烯、异丁烯等。

一、烯烃的通式和命名

1．烯烃的通式

烯烃比相应的烷烃少两个氢原子，故烯烃的通式为C_nH_{2n}（$n \geqslant 2$）。

2. 烯烃的命名法

烯烃的命名方法和烷烃相同，也有普通命名法、系统命名法等。

普通命名法只有个别简单烯烃适用。例如：

$$\begin{array}{l} CH_3C{=}CH_2 \\ \quad\ \ | \\ \quad CH_3 \end{array}$$

异丁烯

3. 烯烃的系统命名

烯烃的命名法主要采用系统命名法，系统命名法的要点如下：

（1）定主链　选择含有碳碳双键（$>C{=}C<$）在内的最长碳链作为主链，支链作为取代基，根据主链所含碳原子数叫做“某烯”。

（2）编号　将主链上的碳原子从靠近碳碳双键（$>C{=}C<$）的一端开始编号，碳碳双键（$>C{=}C<$）的位次用两个双键碳原子中编号小的碳原子的号数表示，放在“某烯”之前，数字与“某烯”之间用半字线相连。

（3）书写　取代基的位次、数目、名称、双键的编号写在烯烃名称之前，其原则和书写格式与烷烃相同。例如：

$$\begin{array}{l} CH_3CH_2CHCH{=}CH_2 \\ \qquad\quad\ \ | \\ \qquad\quad CH_3 \end{array}$$

3-甲基-1-戊烯

$$\begin{array}{l} CH_3CHCH{=}CCH_3 \\ \qquad | \qquad\quad | \\ \quad\ CH_3 \quad\ CH_3 \end{array}$$

2，4-二甲基-2-戊烯

$$\begin{array}{l} CH_3CH_2C{=}CHCH_3 \\ \qquad\quad\ \ | \\ CH_3CH_2CH_2 \end{array}$$

3-乙基-2-己烯

$$\begin{array}{l} \qquad CH_3CH_2C{=}CH_2 \\ \qquad\qquad\quad\ | \\ CH_3CH_2CH_2CHCH_3 \end{array}$$

3-甲基-2-乙基-1-己烯

练一练

用系统命名法命名下列烯烃。

1．$CH_3CH_2CH_2CH{=}CH_2$

2．$$\begin{array}{l} CH_3CH_2CH_2-C-CH_2CH_3 \\ \qquad\qquad\qquad\ \ \| \\ \qquad\qquad\qquad CH_2 \end{array}$$

3．$(CH_3)_3C-CH{=}CH_2$

4．$$\begin{array}{l} (CH_3)_2CH-C{=}C-CH_3 \\ \qquad\quad\ \ | \qquad\ | \\ \qquad\quad CH_3 \quad CH_3 \end{array}$$

5．$$\begin{array}{l} CH_3CH_2-C{=}C-CH_3 \\ \qquad\qquad\ | \quad\ \ | \\ \qquad\quad\ CH_3\ CH_3 \end{array}$$

二、乙烯的性质

1. 乙烯的物理性质

乙烯在常温下为无色、无臭、稍带有甜味的气体，比空气略轻。难溶于水，易溶于有机溶剂。易燃，爆炸极限为2.7% ～ 36%。

2. 乙烯的化学性质

乙烯是烯烃中组成最简单的物质。乙烯的分子式是C_2H_4，它的电子式、结构式和结构简式如下：

电子式：$H:\overset{H}{\underset{\cdot\cdot}{C}}::\overset{H}{\underset{\cdot\cdot}{C}}:H$　　结构式：$H-\overset{\overset{H}{|}}{C}=\overset{\overset{H}{|}}{C}-H$　　结构简式：$CH_2=CH_2$

从乙烯的结构式可以看出，乙烯分子里含有一个不饱和的碳碳双键。为了简单形象地描述乙烯分子的结构，可以用分子模型来表示。乙烯分子的模型如图9-4所示。

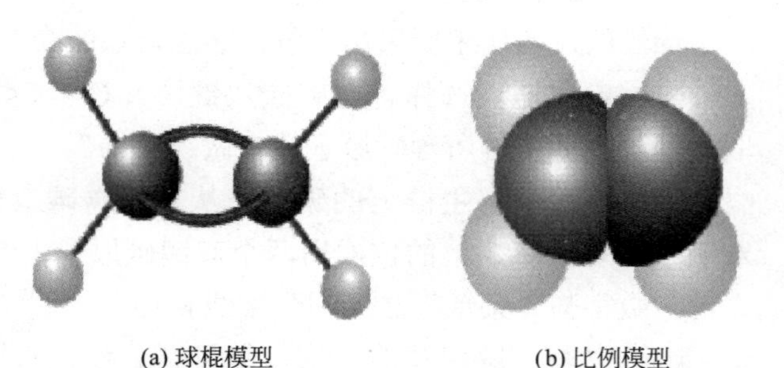

(a) 球棍模型　　(b) 比例模型

图9-4　乙烯分子的结构及结构模型

因为乙烯分子中的碳碳双键中，一个键是不稳定的，容易断裂而与其他原子或原子团结合，因此乙烯的化学性质比烷烃活泼，能发生加成、氧化、聚合等反应。

（1）加成反应

在一定条件下，烯烃与一些试剂作用，双键中的一个键断裂，两个双键碳原子分别与试剂中的两个原子或基团结合，生成加成产物，这种反应叫做加成反应。

① 催化加氢　在铂、钯或镍等金属催化剂存在下，乙烯能与氢气发生加成反应，生成烷烃。

$$CH_2=CH_2+H_2\xrightarrow{\text{催化剂}}CH_3CH_3$$

② 卤素加成　乙烯与卤素容易发生加成反应，生成连二卤化物（两个卤原子连在相邻两个碳原子上）：

$$CH_2=CH_2+Cl_2\longrightarrow \underset{\underset{Cl}{|}}{CH_2}-\underset{\underset{Cl}{|}}{CH_2}$$

做一做

将乙烯通入盛有1 ～ 2mL溴水的试管中，观察发生的现象。	实验现象：________________

这是因为乙烯与溴水中的溴发生了反应，生成了无色的1, 2-二溴乙烷。

$$CH_2=CH_2+Br_2\longrightarrow \underset{\underset{Br}{|}}{CH_2}-\underset{\underset{Br}{|}}{CH_2}$$

1,2-二溴乙烷

③ 与卤化氢加成　卤化氢（氯化氢、溴化氢和碘化氢）能与乙烯发生加成反应，生成

卤烷。

$$CH_2=CH_2+HCl\xrightarrow[130\sim250^\circ C]{AlCl_3}\underset{\displaystyle H}{CH_2}-\underset{\displaystyle Cl}{CH_2}\quad \text{氯乙烷}$$

④ 与水加成　在酸催化下，乙烯与水加成生成乙醇。

$$CH_2=CH_2+H_2O\xrightarrow[260\sim290^\circ C,\ 7MPa]{\text{磷酸-硅藻土}}CH_3CH_2OH$$

（2）氧化反应　乙烯官能团碳碳双键的存在容易发生氧化反应。

① 燃烧

做一做

在导气管口点燃纯净的乙烯，观察乙烯燃烧时的火焰。

实验现象：______________________

____

乙烯在空气里完全燃烧时生成二氧化碳和水，并放出大量的热。

$$CH_2=CH_2+3O_2\xrightarrow{\text{点燃}}2CO_2+2H_2O$$

想一想

为什么点燃的乙烯要求是纯净的？为什么乙烯燃烧的火焰要比甲烷燃烧的火焰要明亮得多？

② 与高锰酸钾反应

做一做

在将乙烯通入盛有1～2mL质量分数为0.5%的高锰酸钾溶液（加几滴稀硫酸）的试管中，观察发生的现象。

实验现象：______________________

____

____

说一说

甲烷能使高锰酸钾溶液褪色吗？

③ 催化氧化　在催化剂存在下，乙烯用空气或氧气氧化，在不同催化剂作用下可分别被氧化生成醛、酮等产物。

$$CH_2=CH_2+\frac{1}{2}O_2\xrightarrow[200\sim300^\circ C,\ 1\sim3MPa]{Ag\text{-}\alpha\text{-}Al_2O_3}\underset{\displaystyle O}{CH_2-CH_2}$$

目前这是工业上生产环氧乙烷的主要方法。

这种方法可用于工业上生产乙醛和丙酮，其中乙烯氧化生产乙醛的方法已成为主要的工业生产方法。

（3）聚合反应　由于乙烯分子中含有碳碳双键，它不仅能与许多试剂加成，本身也可以进行加成。

这种由分子间进行的加成反应叫做聚合反应，聚合生成的产物叫做聚合物。能与同种或其他分子聚合的小分子叫做单体。

$$nCH_2{=}CH_2 \longrightarrow {+}\!\![CH_2{-}CH_2]\!\!{+}_n \quad \text{聚乙烯}$$

乙烯小分子的化合物叫做单体，$+\!\!\!\!-CH_2-CH_2\!\!-\!\!\!\!+_n$叫做链节，$n$叫做聚合度。

聚乙烯的相对分子质量很大，可达几万、几十万。聚乙烯是一种重要的塑料，由于它性质坚韧，低温时仍能保持柔软性，化学性质稳定，电绝缘性高，在工农业生产和日常生活中有着广泛的应用。

用乙烯和丙烯按一定比例聚合可制取乙丙橡胶，用来制电缆、电线的包皮。乙烯与苯乙烯聚合生成聚苯乙烯，它是制取塑料、丁苯橡胶的原料。

3. 乙烯的制法与用途

工业上的乙烯，主要是从石油炼制厂和石油化工厂所产生的气体里分离出来的。

实验室采用无水酒精和浓硫酸混合加热脱水制得乙烯。浓硫酸在反应过程里起催化剂和脱水剂的作用。

做一做

按图9-5的装置把仪器连接好，在烧瓶中注入无水酒精和浓硫酸（$V_{无水酒精}:V_{浓硫酸}=1:3$）的混合液约20mL，并放入几片碎瓷片（避免混合液在受热沸腾时剧烈跳动）。加热液体使温度迅速升到170°C（温度在140°C时会生成大量乙醚），这时就有乙烯生成。

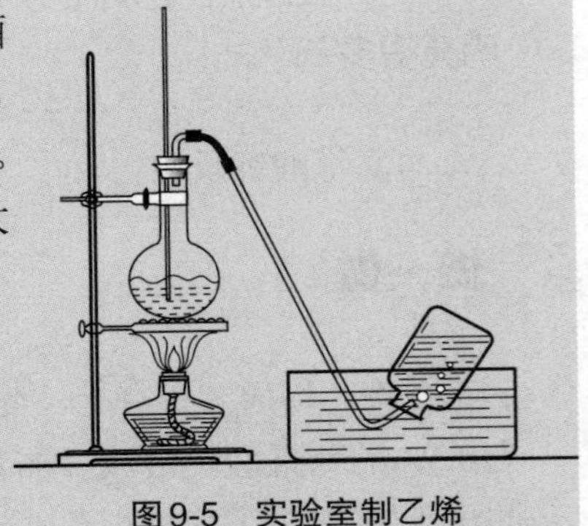

图9-5　实验室制乙烯

实验室制备乙烯的反应式：

$$CH_3{-}CH_2{-}OH \xrightarrow[170^\circ C]{\text{浓硫酸}} CH_2{=}CH_2 + H_2O$$

想一想

加入碎瓷片的作用是什么？为什么要快速升温到170℃？

工业上，乙烯主要来源于石油的裂化和裂解。实验室里，乙烯是用浓硫酸与乙醇混合加热使乙醇脱水而制得。

乙烯是石油化工最重要的基础原料。乙烯的产量是衡量一个国家化工发展水平的重要指标之一，也是一个国家综合国力的标志之一。乙烯是生产乙醇、乙醛、环氧乙烷、苯乙烯、氯乙烯、聚乙烯的基本原料；用于制造聚乙烯、聚苯乙烯等塑料，合成维纶纤维、醋酸纤维，制造合成橡胶、有机溶剂等。

乙烯还是一种植物生长调节剂，可用作果实的催熟剂。为了避免果实在运输中腐烂，常将生的果实运到目的地后，在存放果实仓库的空气中加入少量的乙烯，就可使果实催熟。一些成熟的水果会放出乙烯。

科学视野

这究竟是怎么回事？

1864年，美国人发现一个件奇怪的事情，煤气灯泄漏出的气体可使附近的树木提前落叶。

1892年，在亚速尔群岛，有个木匠在温室中工作时，无意中将美人蕉的碎屑当作垃圾烧了起来，结果美人蕉燃烧的烟雾弥漫开来后，温室中的菠萝一齐开了花。

针对上述事实，科学家进行了大量的研究，结果发现，这原来都是乙烯捣的鬼：煤气灯中漏出的是乙烯，它能使树叶早落。美人蕉碎屑烧后产生乙烯，它能促使花儿开放。

看来，乙烯可作为植物生长的调节剂。

用一用

在同一塑料袋里放一个熟苹果和几个青橘子或几只青香蕉，扎紧袋口密封好，每天观察它们的变化，几天时间后，青橘子或青香蕉是否变黄、成熟。

练一练

一、填空题

烯烃的通式是＿＿＿＿＿＿＿＿＿＿，烯烃的官能团是＿＿＿＿＿＿＿。

二、用系统命名法给下列烃命名

1. $CH_3—CH═CH—CH_3$

2. $CH_3C(CH_3)═CHCH_3$（$CH_3C═CHCH_3$，C 上连 CH_3）

3. $CH_3C(CH_3)_2—CH═CH_2$（$CH_3C—CH═CH_2$，C 上、下各连一个 CH_3）

三、完成下列方程式

1. $CH_2═CH_2 + Br_2 \longrightarrow$

2. $CH_2═CH_2 + HCl \longrightarrow$

3. $nCH_2=CH_2 \xrightarrow{聚合}$　　4. $CH_2=CH_2+H_2O \longrightarrow$

四、计算题

将乙烯通入溴水中，使盛溴水的瓶增重14g，有多少升乙烯（标准状况下）被吸收了？生成了多少克1,2-二溴乙烷？

第四节　炔烃

分子中含有碳碳三键（$—C\equiv C—$）的烃，叫做炔烃。（$—C\equiv C—$）碳碳三键是炔烃的官能团。

一、炔烃的通式和命名

1. 烃烃的通式

由于（$—C\equiv C—$）碳碳三键比（$>C=C<$）碳碳双键多一个键，炔烃比烯烃少两个氢原子，故炔烃的通式为C_nH_{2n-2}（$n\geqslant 2$）。

2. 炔烃的命名

（1）普通命名法　基本原则同烯烃一样。只要把名称中的“烯”改为“炔”即可。

（2）系统命名法　同烯烃类似。

① 选主链　选含有三键的碳链作为主链；

② 编号　从距离三键最近的一端开始编号；

③ 书写　把三键中碳原子位号较小的编号写在名称“炔”的前面。

例如：

$$CH\equiv C—\underset{\displaystyle CH_3}{\underset{|}{CH}}—CH_3$$

3-甲基-1-丁炔

$$CH_3—C\equiv C—\overset{\displaystyle CH_3}{\overset{|}{\underset{\displaystyle CH_3}{\underset{|}{C}}}}—CH_3$$

4,4-二甲基-2-戊炔

练一练

用系统命名法命名下列炔烃

1. $CH_3CH_2C\equiv CCH_3$　　2. $CH_3\underset{\displaystyle CH_3}{\underset{|}{C}}HCH_2C\equiv CCH_3$

二、乙炔的性质

1. 乙炔的物理性质

纯净的乙炔为无色、无味的气体。乙炔的密度比空气稍小。乙炔微溶于水，易溶于有机溶剂。

2. 乙炔的化学性质

乙炔分子中的2个碳原子和2个氢原子都在同一条直线上，是直线形分子（见图9-6）。

H—C≡C—H

图9-6 乙炔的结构

（1）加成反应 在催化剂Ni、Pt、Pd等催化剂作用下，（—C≡C—）碳碳三键既可以与一分子氢加成生成烯烃，又可以与两分子氢加成生成烷烃。

例如：

$$CH\equiv CH \xrightarrow[Pd]{H_2} CH_2{=}CH_2 \xrightarrow[Pd]{H_2} CH_3CH_3$$

想一想

如何除去烷烃中混有的少量炔烃？

与乙烯相似，乙炔也能与卤素、卤化氢等进行加成反应，但比乙烯难。例如：

$$CH\equiv CH \xrightarrow{Br_2} \underset{\text{1,2-二溴乙烯}}{CHBr{=}CHBr} \xrightarrow{Br_2} \underset{\text{1,1,2,2-四溴乙烷}}{CHBr_2{-}CHBr_2}$$

乙炔与溴加成后，由于溴的红棕色消失，因此与乙烯相似，也可以通过溴（或溴水）的褪色来检验（C≡C）碳碳三键的存在。另外，通过与卤素的加成，还可用来制备卤代烃。

练一练

用化学方法鉴别乙烷和乙烯。

一般情况下，乙炔与水不发生反应，但在催化剂存在下，乙炔与水反应生成乙醛。例如：

$$CH\equiv CH + H{-}OH \xrightarrow{H_2SO_4\text{-}HgSO_4} \underset{\text{乙烯醇}}{[CH_2{=}CH(OH)]} \xrightarrow{\text{重排}} \underset{\text{乙醛}}{CH_3{-}\overset{\overset{\displaystyle O}{\|}}{C}{-}H}$$

工业上常利用上述反应来制取乙醛，但汞和汞盐的毒性很大，影响健康并严重污染环境，现已利用铜、锌等非汞催化剂来代替汞盐。

（2）氧化反应

① 燃烧　点燃纯净的乙炔，火焰明亮而带浓烟，完全燃烧时会放出大量热。

$$2CH \equiv CH + 5O_2 \xrightarrow{点燃} 4CO_2 + 2H_2O + Q \quad 放热$$

乙炔在纯氧中燃烧时，产生的氧炔焰温度高达3000℃以上，工业上常利用它来焊接或切割金属。乙炔和空气的混合物遇火也会发生爆炸，所以在生产和使用乙炔时必须注意安全。

② 与高锰酸钾反应　与乙烯相似，乙炔也可被高锰酸钾氧化。由于反应过程中紫色的高锰酸钾颜色逐渐消失，因此，可以利用此反应来鉴别乙炔。也可利用此反应来区别甲烷和乙炔。

练一练

用化学方法鉴别下列化合物：丁烷、1-丁烯、1-丁炔。

三、乙炔的制备及应用

纯的乙炔是没有颜色、没有臭味的气体，微溶于水，易溶于丙酮。乙炔与空气混合点火则发生爆炸，爆炸极限为2.6%～80%（体积分数），使用时一定注意安全。

1. 乙炔的制法。

（1）电石法　石灰和焦炭在高温电炉中加热至2200～2300℃，生成碳化钙（俗称电石）。碳化钙与水反应生成乙炔（俗称电石气）。

$$CaO + 3C \xrightarrow{2200 \sim 2300℃} CaC_2 + CO \uparrow$$

$$CaC_2 + 2H_2O \longrightarrow HC \equiv CH \uparrow + Ca(OH)_2$$

乙炔在实验室采用电石法，即用电石和水反应制得。

做一做

在烧瓶里放几小块碳化钙，慢慢旋开分液漏斗的活塞，使水缓缓滴入（为了缓解反应，可用饱和食盐水代替），用排水法收集乙炔。观察乙炔的颜色、状态。

实验现象：________________

____

____

____

电石法技术比较成熟，但因耗能较高，故工业上多用甲烷裂解法。

（2）甲烷裂解法　甲烷在1500～1600℃时发生裂解，可制得乙炔：

$$2CH_4 \xrightarrow{1500 \sim 1600℃} CH \equiv CH + 3H_2$$

2. 乙炔的用途

乙炔是三大合成材料工业重要的基本原料之一。由乙炔出发，通过化工过程，可以生产出塑料、橡胶、纤维以及其他许多化工原料和化工产品。

另外，乙炔在氧气中燃烧，火焰温度高达3000～4000℃，一般称为氧炔焰，广泛用于焊接和切割金属材料。

练一练

一、填空题

1．乙烯和乙炔均能发生水合反应。乙烯烃在催化剂作用下水合，其产物是_____类。乙炔在Hg^{2+}催化下水合，其产物是_____。

2．通常状况下，乙炔是一种_____色_______味的气体，_____溶于水，_____溶于有机溶剂。

3．碳化钙跟水的反应比较剧烈，为了得到平稳的乙炔气流，可以用_____________代替水。

二、选择题

关于乙炔的下列叙述中正确的是（　　）。

A．分子里含有碳碳三键

B．乙炔分子里的碳原子都在同一条直线上

C．乙炔易发生加成反应，也易发生取代反应

D．乙炔可以使溴水褪色，也可以使酸性高锰酸钾溶液褪色

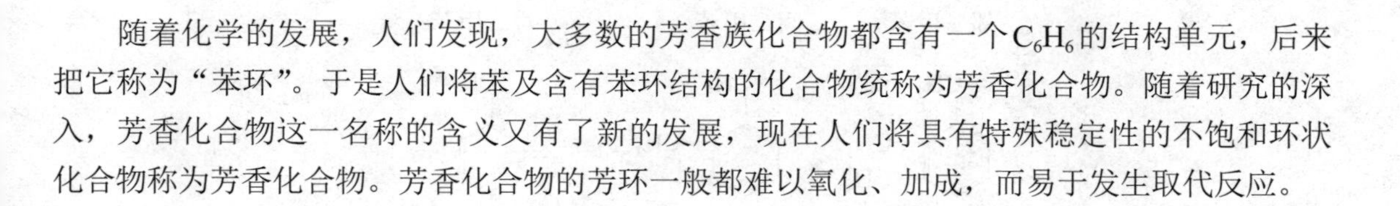

第五节 芳香烃

随着化学的发展，人们发现，大多数的芳香族化合物都含有一个C_6H_6的结构单元，后来把它称为“苯环”。于是人们将苯及含有苯环结构的化合物统称为芳香化合物。随着研究的深入，芳香化合物这一名称的含义又有了新的发展，现在人们将具有特殊稳定性的不饱和环状化合物称为芳香化合物。芳香化合物的芳环一般都难以氧化、加成，而易于发生取代反应。

一、芳香烃的分类和命名

1. 芳香烃的分类

根据分子中所含苯环的数目，可将芳烃分为单环芳烃、多环芳烃和稠环芳烃。

单环芳烃是指只含一个苯环的芳烃，包括苯及其同系物。例如：

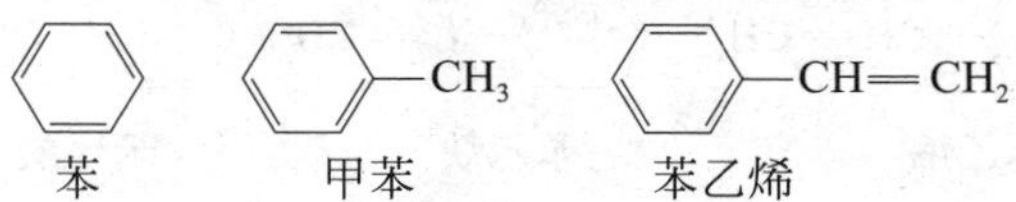

多环芳烃是指分子中含有两个或两个以上的苯环，并通过单键或碳链连接的芳烃。例如：

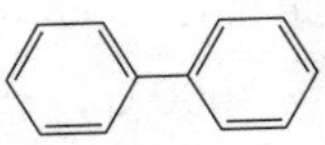

$-CH_2-$

联苯 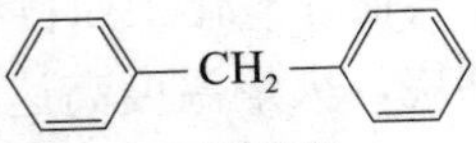　　二苯甲烷

稠环芳烃是指分子中含有两个或两个以上的苯环，苯环之间共用相邻两个碳原子的芳烃。例如：

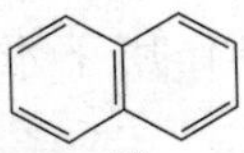

萘 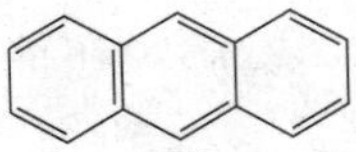　　蒽 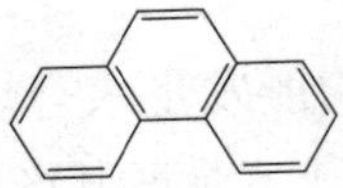　　菲

2. 单环芳烃的命名

单环芳烃的命名是以苯环为母体，烷基作为取代基，称为“某烷基苯”，命名时通常把“基”字省略。例如：

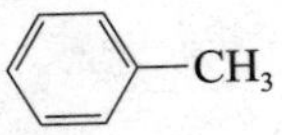

$-CH_3$　　$-CH_2CH_3$　　$-NO_2$

甲苯 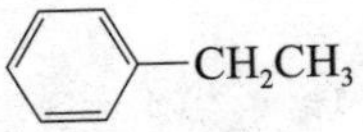　　乙苯 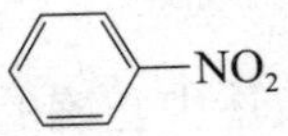　　硝基苯

当苯环上连有两个或两个以上取代基时，为表明它们的相对位置，可用1，2，3，…来表示。如果苯环上仅有两个取代基时，也可用“邻”、“间”、“对”字来表示它们的相对位置。如果苯环上仅有三个取代基，且三个取代基都相同时，也可用“连”、“偏”、“均”字来表示它们的相对位置。例如：

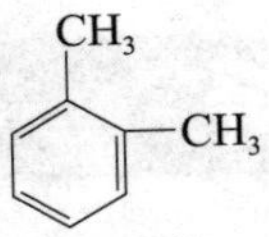

CH_3 CH_3　　CH_3 CH_3　　H_3C CH_3

1,2-二甲苯　　1,3-二甲苯　　1,4-二甲苯

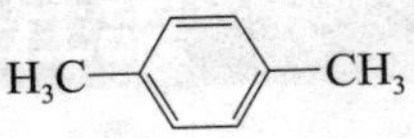

邻二甲苯　　间二甲苯　　对二甲苯

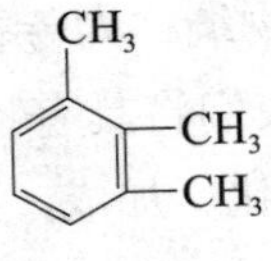

CH_3 CH_3 CH_3　　CH_3 CH_3 CH_3　　CH_3 H_3C CH_3

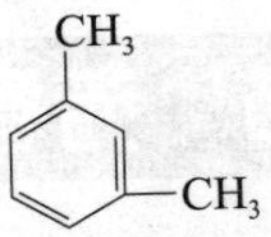

1,2,3-三甲苯　　1,2,4-三甲苯　　1,3,5-三甲苯

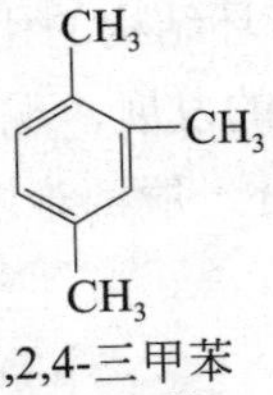

连三甲苯　　偏三甲苯　　均三甲苯

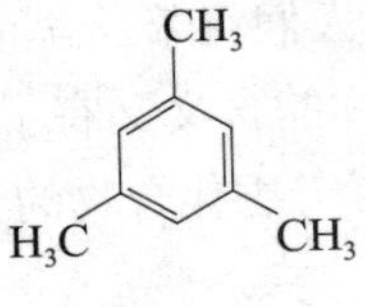

当苯环上连有烯、炔、醇、醛、酮、羧酸、磺酸等取代基时，常以取代基的原形作为母体，苯环作为取代基。例如：

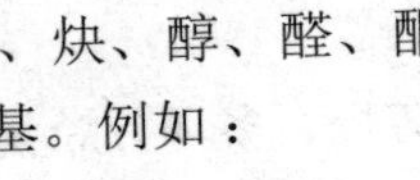

$-CH{=}CH_2$　　$-C{\equiv}CH$　　$-CO_2H$

苯乙烯　　苯乙炔　　苯甲酸

说一说

你能说出一些生活中包含有芳烃类化合物的商品吗？

练一练

写出下列化合物的结构简式

（1）硝基苯　（2）1,4-二甲苯　（3）苯磺酸　（4）苯乙烯

二、苯的结构

根据元素分析可知，苯的分子式是C_6H_6。通常情况下，苯很难发生加成反应，也难被氧化，在一定条件下，能发生取代反应。

1865年，凯库勒从苯的分子式出发，根据苯的一元取代物只有一种，说明六个氢原子是等同的事实，提出了苯的环状构造式。因为碳原子是四价的，故把它写成：

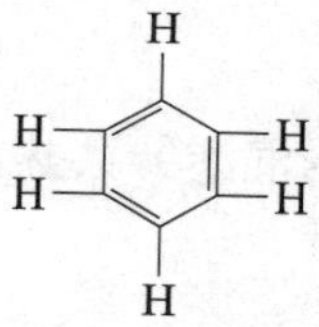

简式

三、单环芳烃的物理性质

单环芳烃一般为无色液体，比水轻，不溶于水，易溶于汽油、乙醇和石油醚等有机溶剂，具有特殊的气味和一定的毒性（见表9-4）。由于苯及其同系物中含碳量比较高，所以燃烧时产生带烟的火焰。

表9-4　单环芳烃的物理常数

名　称	熔点/℃	沸点/℃	相对密度（20℃）
苯	5.5	80.1	0.879
甲苯	−95	110.6	0.867
乙苯	−94	136	0.867
邻二甲苯	−25.5	144	0.880
间二甲苯	−47.9	139	0.864
对二甲苯	13	138	0.861

说一说

你知道PX（对二甲苯）吗？

四、苯烃的化学性质

苯环相当稳定。因此，苯不易被氧化，不易进行加成，但易发生取代反应。

1. 取代反应

（1）卤代反应　苯与卤素在一般情况下不发生取代反应，但在铁盐或铁粉的催化下加热，苯环上的氢被卤原子取代，生成卤代苯。不同的卤素与苯环发生取代反应的活性顺序是：氟＞氯＞溴＞碘。其中氟化反应很猛烈；碘反应不仅较慢，同时生成的碘化氢是一个还原剂，使反应成为可逆反应且以逆反应为主，因此氟化物和碘化物通常不用此法制备。

$$C_6H_6 + Cl_2 \xrightarrow[55\sim60℃]{Fe或FeCl_3} C_6H_5Cl + HCl$$

反应温度升高，一卤代苯可以继续卤化，生成二卤代苯，主要是邻位和对位产物。例如：

$$C_6H_5Cl + Cl_2 \xrightarrow[55\sim60℃]{Fe或FeCl_3} 邻-C_6H_4Cl_2 + 对-C_6H_4Cl_2$$

（2）硝化反应　苯与浓硫酸和浓硝酸（称为混酸）共热，苯环上的氢原子会被硝基取代的反应称为硝化反应。

$$C_6H_6 + HNO_3 \xrightarrow[55\sim60℃]{H_2SO_4} C_6H_5NO_2 + H_2O$$

硝基苯不容易继续硝化，但如果增加硝酸的浓度，并提高反应温度，反应可继续进行，生成间二硝基苯，乃至均三硝基苯

$$C_6H_6 \xrightarrow[浓H_2SO_4,\ 95℃]{过量发烟HNO_3} \underset{间二硝基苯}{间-C_6H_4(NO_2)_2} \xrightarrow[发烟H_2SO_4,\ 100\sim110℃]{发烟HNO_3} \underset{极少量}{1,3,5-C_6H_3(NO_2)_3}$$

烷基苯比苯容易硝化，主要生成邻位和对位产物。例如：

$$C_6H_5CH_3 + HNO_3 \xrightarrow{H_2SO_4} 邻-CH_3C_6H_4NO_2 + 对-CH_3C_6H_4NO_2$$

（3）磺化反应　苯与浓硫酸共热，苯环上的氢原子被磺酸基所取代，生成苯磺酸。磺化反应是可逆的，苯磺酸与水共热可脱去磺酸基。

$$C_6H_6 + H_2SO_4 \xrightleftharpoons{\triangle} C_6H_5-SO_3H + H_2O$$

2. 加成反应

苯容易发生取代反应，难以发生加成反应，但在合适的条件下也可以加成。

（1）与卤素加成　苯在光照下与氯加成，产物为六氯代苯，也称六氯代环己烷，曾作为农药大量使用，但由于结构稳定，难以生物降解，致使残毒严重而被淘汰，很多国家已禁止使用。

$$C_6H_6 + 3Cl_2 \xrightarrow[50℃]{h\nu} C_6H_6Cl_6$$

（2）与氢气加成　在较高温度和压力下，在有催化剂存在时，苯与氢气发生加成反应。这是工业上制备环己烷的方法。

$$C_6H_6 + 3H_2 \xrightarrow[200\sim240℃,3.92MPa]{Ni} C_6H_{12}$$

3. 氧化反应

苯不易被氧化，只有在高温和催化剂作用下，才氧化生成顺丁烯二酸酐。

$$C_6H_6 + O_2 \xrightarrow[400\sim500℃]{V_2O_5} C_4H_2O_3 + CO_2 + H_2O$$

做一做

苯环的化学性质

1. 在三支试管中分别加入等量的苯、甲苯、二甲苯，然后加入适量溴水，充分振荡，观察现象。

2. 在另外三支试管中分别加入等量的苯、甲苯、二甲苯，然后加入适量酸性高锰酸钾溶液，充分振荡，观察现象。

实验现象：________________________

____

____

____

____

____

____

想一想

如何鉴别苯、甲苯和己烯？

练一练

1．下列变化属于取代反应的是__________。

A．苯与溴水混合，水层褪色

B．乙烯使溴的四氯化碳溶液褪色

C．甲苯制三硝基甲苯

D．苯和氯气在一定条件下生成六氯环己烷

2．欲将苯、硝基苯、己烯鉴别开来，选用的试剂最好是__________。

A．石蕊试液　　B．稀H_2SO_4溶液　　C．水　　D．溴水

本章小结

一、烷烃

1．烷烃的通式、同系物和同分异构现象
- 烷烃的通式 C_nH_{2n+2}
- 同系物
- 同分异构现象

2．烷烃的命名
- 习惯命名法
- 系统命名法
  - 直链烷烃的命名
  - 支链烷烃的命名
    - 选主链
    - 编号
    - 写名称

3．烷烃的物理性质

4．烷烃的化学性质
- 氧化反应
- 取代反应
- 裂化反应

二、烯烃

1．烯烃定义

分子中含有C＝C双键的烃叫做烯烃。把分子中含有一个C＝C双键的烃叫做单烯烃，含有两个C＝C双键的烃叫做二烯烃。

2．烯烃通式：C_nH_{2n}（$n \geq 2$）

3．烯烃的命名规则：

（1）定主链

（2）编号

（3）书写

4．乙烯的化学性质

（1）氧化反应

① 点燃燃烧；

② 使酸性$KMnO_4$溶液褪色。

（2）加成反应（与H_2、X_2、HX、H_2O等）

（3）聚合反应

三、炔烃

1．乙炔的通式：C_nH_{2n-2}（$n \geqslant 2$）

2．乙炔的化学性质

3．发生加成、氧化反应

四、芳香烃

1．芳香烃的分类和命名

2．苯的结构和化学性质

本章习题

一、选择题

1．下列有机物的名称不正确的是（　　）。

A．2-甲基丙烯　　B．2,3-二甲基戊烷

C．1-丁炔　　D．2,3,3-三甲基丁烷

2．在甲烷与氯气发生取代反应的产物中，室温下呈气态的有机物有（　　）。

A．一种　　B．两种　　C．三种　　D．四种

3．下列各组属于同分异构体的是（　　）。

A．C_2H_6和C_3H_8　　B．正丁烷和异丁烷　　C．O_2和O_3　　D．${}^{16}_{8}O$、${}^{18}_{8}O$

4．不粘锅的内壁有一薄层聚四氟乙烯涂层，用不粘锅烹饪饭菜时不易粘锅和烧焦，但现有人怀疑其对人有害，下列关于聚四氟乙烯的说法正确的是（　　）。

A．聚四氟乙烯分子中含有双键　　B．聚四氟乙烯的单体是不饱和烃

C．聚四氟乙烯的化学活动性较大　　D．聚四氟乙烯中氟的质量分数为76.0%

5．下列叙述正确的是（　　）。

A．分子式相同，各种元素质量分数也相同的物质是同种物质

B．通式相同的不同物质一定属于同系物

C．分子式相同的不同物质一定是同分异构体

D．相对分子质量相同的不同物质一定是同分异构体

6．下列反应不需要浓硫酸的是（　　）。

A．制乙烯　　B．苯的硝化　　C．制TNT　　D．制乙炔

7．既可以用来鉴别乙烯和甲烷，又可以用来除去甲烷中混有的乙烯的方法是（　　）。

A．通入足量的溴水中　　B．与足量的溴反应

C．点燃　　D．在催化剂存在的条件下与H_2反应

8．下列物质不能使酸性高锰酸钾溶液褪色的是（　　）。

A．乙烯　　B．乙炔　　C．甲烷

9．某些不合格的建筑材料，会缓慢放出浓度过高、影响健康的气体，这些气体最常见的是（　　）。

A．CO_2　　B．SO_2

C．CO　　D．甲苯等有机物蒸气及甲醛

10．下列各分子中，所有原子不在同一平面内的是（　　）。

A．乙炔　　B．乙烯　　C．丙烯　　D．苯

二、填空题

1．某烃的结构简式为

$$\begin{array}{l}CH_3CH_2CHCH_2CH_3\\ \qquad\quad\ |\\ \qquad\ CH(CH_3)_2\end{array}$$

该烃的名称为__________。

2．实验室用____和____的混合物共热来制备甲烷，其反应的化学方程式是________，气体发生装置与实验室制备____气体的装置相同，收集方法可采用____。

3．写出下列反应的化学方程式并指出反应类型。

（1）乙炔与溴水的反应　　（2）由苯制备硝基苯

（3）由氯乙烯制聚氯乙烯　　（4）实验室制乙烯

4．用系统命名法命名下列化合物：

（1）苯环上带 CH_3 和相邻的 C_2H_5（结构式）　　（2）$CH_3-CH=CH-CH_3$

（3）$CH_3CH_2C(CH_2)_3CH_3$，C 上以双键连接 $=CH_2$　　（4）$H_2C=CH-C=CH-CH_3$，C 上连接 CH_3

（5）2,4-二溴甲苯　　（6）2-苯基丁烷

三、计算题

1．某液态烃的分子式为C_mH_n，相对分子质量为氢气的60倍，它能使酸性高锰酸钾溶液褪色，但不能使溴水褪色。在催化剂存在下，12g该烃能跟0.3mol氢气发生加成反应，生成饱和烃C_mH_p。求m、n、p的值。

2．0.01mol某烃与标准状况下2.02L的氧气点燃恰好反应生成CO_2、CO和水蒸气，将产物通过浓硫酸，浓硫酸增重0.9g；接着其再通过灼热的氧化铜粉末，充分反应后，氧化铜质量减少0.48g，求该烃的分子式。

第十章

烃的衍生物

1. 学会烃的衍生物的命名方法。
2. 掌握常见烃的衍生物（乙醇、苯酚、乙醛、丙酮、乙酸等）的化学性质。
3. 理解烃的衍生物常见官能团之间的转换。
4. 了解烃的衍生物在实际生活中的应用。

烃分子中的氢原子被其他原子或者原子团所取代而生成的一系列化合物称为烃的衍生物。其中取代氢原子的其他原子或原子团使烃的衍生物具有不同于相应烃的特殊性质，被称为官能团。常见官能团有：碳碳双键、—OH、—COOH、—CHO、—NH_2，常发生的反应有取代、加成、消去、加聚、缩聚、有机物的氧化与还原、显色等。

烃的衍生物种类很多，本章将学习卤代烃、醇、酚、醛酮、羧酸及其衍生物等。

第一节　卤代烃

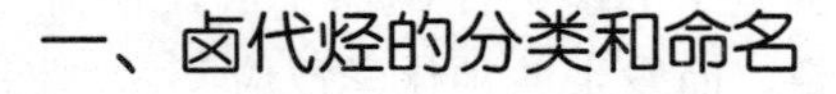

一、卤代烃的分类和命名

1. 卤代烃的结构

图10-1　溴乙烷的结构

溴乙烷可以看作是乙烷分子中的一个氢原子被溴原子（—Br）取代而生成的化合物（见图10-1）。

由此类推，烃分子中的氢原子被卤素原子取代后的化合物称为卤代烃，简称卤烃。卤代烃的通式为：(Ar)R—X，X可看作是卤代烃的官能团，包括F、Cl、Br、I。

2. 卤代烃的分类

① 按分子中卤原子的个数分：一卤代烃和多卤代烃。

② 按所含卤原子的种类分：氟代烃、氯代烃、溴代烃、碘代烃。

③ 按烃基的种类分：饱和烃和不饱和烃。

④ 按是否含苯环分：脂肪烃和芳香烃。

3. 卤代烃的命名

（1）习惯命名法（又称普通命名法） 用普通命名或俗名（称为卤代某烃或某基卤）。例如：

CH_3Cl	CH_3CH_2Cl	$CH_3CH{=}CH{-}Br$
甲基氯（氯甲烷）	乙基氯（氯乙烷）	丙烯基溴

（2）系统命名法　构造复杂的卤代烃需用系统命名法命名。

① 选择含有卤素原子的最长碳链为主链，根据主链的碳原子数称为“某烷”。

② 从靠近取代基的一端将主链碳原子依次编号，将侧链和卤原子作为取代基。

③ 书写名称时，取代基的先后顺序按规则排列，较优先的原子和基团依次放在后面。例如：

$$\overset{1}{C}H_3\overset{2}{C}H(Cl)-\overset{3}{C}H_2-\overset{4}{C}H(CH_3)\overset{5}{C}H_2\overset{6}{C}H_3$$

4-甲基-2-氯己烷

$$\overset{5}{C}H_3\overset{4}{C}H_2-\overset{3}{C}H_2-\overset{2}{C}H(\underset{1}{C}H_2Cl)CH_2CH_3$$

2-乙基-1-氯戊烷

练一练

用系统命名法命名下列化合物

$CH_3CH_2CH_2CH(Br)CH_3$　　　　$(CH_3)_2CCl{-}CHCl{-}CH_3$

二、卤代烃的化学性质

以溴乙烷为例解析卤代烃的化学性质。由于卤原子吸引电子的能力比碳原子大，使得碳卤键C—X成为极性较强的共价键，在化学反应中容易断裂，而发生各种化学反应。

1. 取代反应

卤代烃分子中的卤原子被其他原子或基团取代的反应称为取代反应。

与氢氧化钠的水溶液反应

$$C_2H_5-Br + H-OH \xrightarrow{NaOH} C_2H_5-OH + HBr$$

溴乙烷与水的反应也可看成水解反应，它是一个可逆反应，为了使反应进行得比较完全，水解时需加热，同时加入氢氧化钠，以中和生成的氢溴酸，使反应向正反应方向进行。

想一想

写出其水解反应式

$CH_3CH_2Cl \xrightarrow{水解}$

$CH_3CH_2CH_2Br \xrightarrow{水解}$

2. 消除反应

卤代烷在NaOH或KOH等强碱的醇溶液中加热，分子中脱去一分子卤化氢生成烯烃。

这种分子中脱去一些简单分子（如HX、H_2O等），同时形成不饱和键的反应称为消除反应。在消除反应中是从β-碳原子上脱去氢，故称β-消除反应。

$$\underset{\boxed{H \quad\quad\quad Br}}{CH_2 - CH_2} + NaOH \xrightarrow[\triangle]{醇} CH_2{=}CH_2 \uparrow + NaBr + H_2O$$

当含有两个或两个以上β-H原子的卤代烷发生消除反应时，可按两种不同的方式脱去卤化氢，而生成两种不同的产物。

大量实验证明：仲卤代烷和叔卤代烷脱卤化氢时，主要脱去含氢较少的β-碳原子上的氢原子，即主要形成双键碳原子上连有烷基较多的烯烃。这个经验规则称为查依采夫（Sayzeff）规则。

例如：

$$CH_3CH_2-\underset{Br}{\overset{CH_3}{C}}-CH_3 \xrightarrow[C_2H_5OH]{KOH} CH_3CH{=}C(CH_3)_2 \ \text{主产物} + CH_3CH_2-\underset{CH_3}{C}{=}CH_2 \ \text{副产物}$$

做一做

在一支试管中加入1g KOH固体和乙醇4～5 mL，微微加热，当KOH全部溶解后，再加入溴乙烷1mL振荡混匀，塞上带有导管的塞子，导管的另一端插入盛有溴水或高锰酸钾溶液的试管中，观察反应现象。

实验现象：____________________

____

____

____

____

____

看一看

试管中有气泡产生，溶液褪色，说明有乙烯生成。

练一练

写出下列物质的消除反应方程式

（1）$CH_3CH_2CH_2Br$　　　　（2）$CH_3CH_2CH_2\underset{\underset{Br}{|}}{C}HCH_3$

三、重要的卤代烃及其应用

1. 三氯甲烷

三氯甲烷（$CHCl_3$）俗名氯仿，常温下是一种有特殊气味的无色液体（见图10-2），沸点61.7℃，密度1.483g/cm^3。

不易燃烧，不溶于水，能溶于多种有机物。它本身也是良好的溶剂，能溶解油脂、蜡、有机玻璃、橡胶等，常用来提取中草药有效成分。还广泛用作有机合成原料。

2. 四氯化碳

四氯化碳分子式（CCl_4），常温下是一种有特殊气味的无色液体（见图10-3），沸点76.54℃，20℃时密度为1.5940g/cm^3。由于它的沸点低，易挥发，蒸气比空气重，不能燃烧，常用作灭火剂。

3. 氯乙烯及聚氯乙烯

氯乙烯常温下是无色气体，沸点-13.9℃，易燃烧，与空气形成爆炸性混合物，爆炸极限为3.6% ～ 26.4%（体积分数）。不溶于水，溶于二氯乙烷、乙醇等有机溶剂，长期高浓度接触可引起许多疾病，并可致癌。

氯乙烯主要用途是制备聚氯乙烯，聚氯乙烯是我国目前产量最多的一种塑料（见图10-4），加入不同的增塑剂可制成硬聚氯乙烯和软聚氯乙烯，前者可制成薄板、管、棒等，后者可制成薄膜制品。

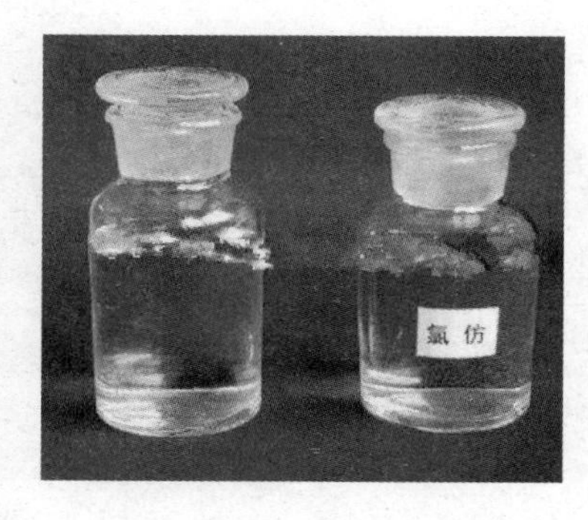

图10-2　三氯甲烷（氯仿）

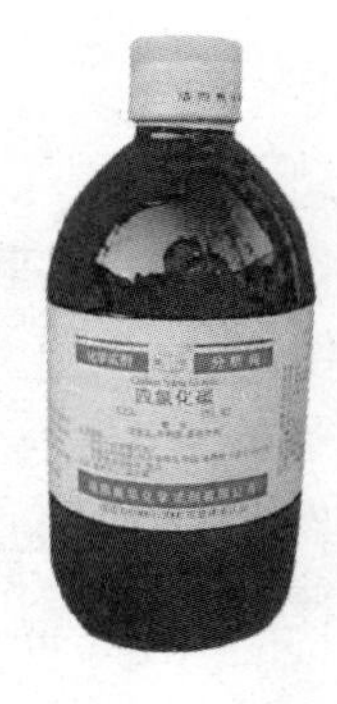

图10-3　四氯化碳

图10-4　聚氯乙烯

用一用

人们在日常生活中使用的塑料袋有的没毒，也有的有毒，怎么鉴别呢？

感官检测法：无毒的塑料袋呈乳白色、半透明或无色透明，手摸时有润滑感，表面似有蜡；有毒的塑料袋颜色浑浊或呈淡黄色，手感发黏。

用水检测法：把塑料袋置于水中，并按入水底，无毒塑料袋密度小可浮出水面有毒塑料袋密度大，下沉。

抖动检测法：用手抓住塑料袋一端用力抖，发出清脆声者无毒；声音闷涩者有毒。

火烧检测法：无毒的聚乙烯塑料袋易燃，火焰呈蓝色，燃烧时像蜡烛泪一样滴落，有石蜡味；有毒的聚氯乙烯塑料袋不易燃，离火即熄，火焰呈黄色发出盐酸的刺激性气味。

科学视野

聚四氟乙烯和氟里昂

一、聚四氟乙烯——“塑料王”

四氟乙烯常温下为无色气体，无臭，低毒，熔点为-142.5℃，沸点为-76.3℃，不溶于水，可溶于多种有机溶剂。四氟乙烯是生产聚四氟乙烯的单体，也是最重要的含氟单体。在引发剂（如过硫酸钾等）作用下，与40～80℃和0.3～3MPa压力下，四氟乙烯可聚合生成聚四氟乙烯。

$$nCF_2=CF_2 \xrightarrow{催化剂} [CF_2-CF_2]_n$$

二、氟里昂

分子中含有氟和氯或溴的多卤代烃，称为氟氯代烷或氟溴代烷，商品名氟里昂（Freon）。氟里昂实际是指含一个或两个碳原子的氟氯代烷，常用F表示。

在常温下，氟里昂是无色气体或易挥发液体，低毒、无腐蚀性、不燃烧，具有较高的化学稳定性，主要作制冷剂。但由于它破坏大气臭氧层，目前已停止生产和使用，采用其他的代替品。

第二节　醇

一、醇的结构和分类

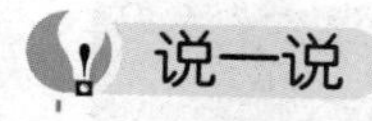

说一说

你知道什么是酒驾吗？

1. 醇的结构

乙醇分子的比例模型（见图10-5）。

图10-5 乙醇的结构模型

分子式	结构式	结构简式	官能团
C_2H_6O	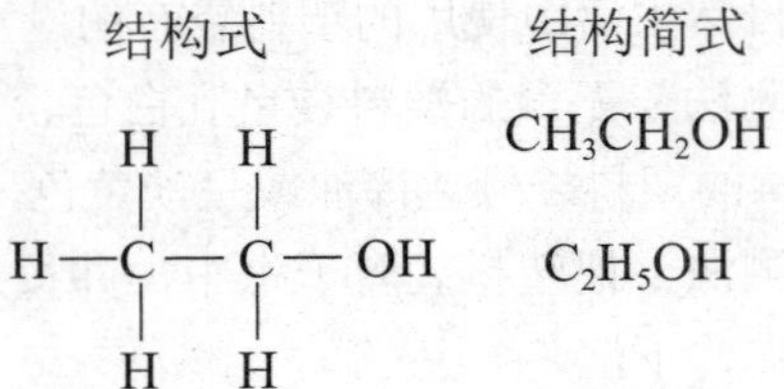	CH_3CH_2OH C_2H_5OH	—OH

乙醇可以看做是乙烷分子中的1个H原子被—OH（羟基）取代的化合物。

由此类推，醇可以看做是烃分子里的氢原子(苯环上的氢原子除外)被羟基（—OH）取代后的化合物，—OH（羟基）是醇的官能团。

2. 醇的分类

醇由烃基与羟基两部分组成，因而可按烃基的类型与羟基的数目进行分类。

（1）按烃基结构分

饱和醇	$CH_3CH_2CH_2CH_2OH$	正丁醇
不饱和醇	$CH_2{=}CHCH_2OH$	烯丙醇
脂环醇	—OH	环戊醇
芳香醇	—CH_2OH	苯甲醇

（2）按醇分子中所含羟基的数目分

一元醇	CH_3OH	甲醇
二元醇	CH_2-CH_2 OH OH	乙二醇
多元醇	$CH_2-CH-CH_2$ OH OH OH	丙三醇

二、乙醇的物理性质

说一说

你知道乙醇有哪些物理性质吗？

状态：液体。

颜色：无色透明（见图10-6）。

气味：特殊香味。

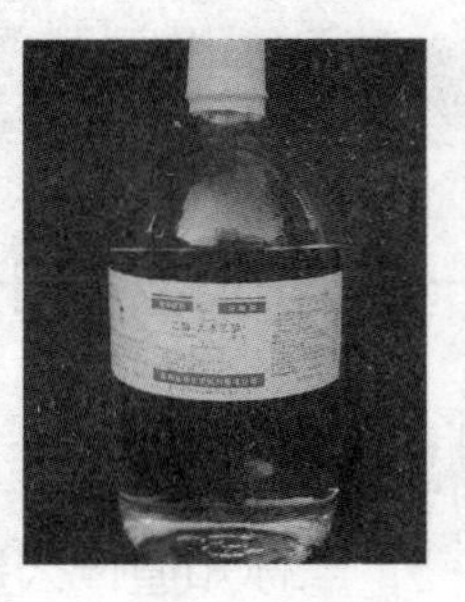

图10-6 乙醇

挥发性：易挥发，沸点78℃。

密度：比水小，0.7893g/cm³。

溶解性：与水任意比例混溶，能够溶解多种无机物和有机物。

三、乙醇的化学性质

1. 与活泼金属的反应

乙醇跟活泼金属的反应

准备一小块新切的金属钠，用滤纸擦干表面的煤油，放入已注入1～2mL无水乙醇的试管中，观察反应现象，用手指堵住试管口，检验放出的氢气，向试管中滴入1～2滴酚酞，检验溶液的酸碱性。做钠与水的对比实验。

实验现象：________________

钠与乙醇反应比较缓和，沉入底部，产生气泡，加入酚酞后溶液由无色变为红色。反应放出的热不足以使氢气燃烧。

钠与水剧烈反应，浮在水面上，放出的热能将钠块熔成银白色的小球，向各个方向迅速游动，加入酚酞后溶液由无色变为红色。反应放出的热使氢气燃烧。

想一想

说明钠的密度比水小，比乙醇大，通过反应的剧烈程度说明乙醇羟基中的氢原子不如水分子中的氢原子那样活泼。反应后溶液均显碱性。

$$2CH_3CH_2OH + 2Na \longrightarrow 2CH_3CH_2ONa + H_2\uparrow$$

醇跟活泼金属(K、Mg、Na)反应，置换出—OH中的H。

用一用

由于金属钠在乙醇中的反应比在水中缓和得多，反应所产生的热不足以使氢自燃，因此可以利用乙醇与金属钠的反应来销毁残余的钠，使之不致发生燃烧和爆炸。

2. 与氢卤酸HX的卤代反应

醇与氢卤酸作用，羟基被卤素取代，生成卤代烃和水。这是制备卤代烃的重要方法之一。

$$CH_3CH_2—OH + H—Br \longrightarrow CH_3CH_2Br + H_2O$$

想一想

这个反应与之前学过的哪部分内容有联系？

小提示：您还记得卤代烃的性质吗？

3. 氧化反应

（1）乙醇在空气中燃烧

$$CH_3CH_2OH + 3O_2 \xrightarrow{\text{点燃}} 2CO_2 + 3H_2O$$

（2）乙醇在催化剂存在条件下的氧化反应

做一做

擦亮铜丝，将铜丝在酒精灯火焰上烧至通红，趁热插入乙醇中，观察铜丝表面的变化。反复操作几次，闻一闻。

实验现象：________________________

小提示：

1. 铜丝在酒精灯火焰上一定要烧至通红，否则温度达不到，反应现象难以观察。

2. 铜丝在酒精灯火焰上烧至通红后趁热插入乙醇中，动作要快，否则温度降低，观察到的现象不明显。

看一看

擦亮铜丝，铜丝表面由暗变亮、由黑变红，将铜丝在酒精灯火焰上烧至通红，铜丝在离开火焰之后插入乙醇之前的瞬间，在空气中铜丝表面变黑，铜丝插入乙醇后，其表面由黑变红，反复多次，可闻到刺激性气味。

想一想

铜丝在整个反应过程中，先是发生什么反应，然后又发生什么反应，与乙醇反应的前后，其组成有没有变化？说明铜丝在反应中起到什么作用？乙醇发生了什么反应，说明乙醇具有什么性质？

擦亮铜丝的目的是除去表面的氧化层，铜丝在酒精灯火焰上烧至通红的目的是升高铜丝的温度，使铜丝能与空气中的氧气快速发生反应，铜丝表面生成氧化铜由红变黑，插入乙醇后，铜丝表面由黑变红，铜丝表面的氧化铜被还原为铜，反应中铜起到催化剂的作用，乙醇被氧化生成乙醛，乙醛的气味有点难闻、刺鼻。

$$2CH_3-\underset{\underset{O-H}{|}}{\overset{\overset{H}{|}}{C}}-H + O_2 \xrightarrow[\triangle]{\text{Cu或Ag}} 2CH_3-CHO + 2H_2O$$

乙醇除了燃烧时能生成二氧化碳和水之外，在加热和有催化剂（Cu、Ag或Ni）存在的条件下，也能与氧气发生氧化反应，生成乙醛。

4. 乙醇的脱水反应

有两种方式：较低温度下发生分子间脱水生成醚；

较高温度下发生分子内脱水生成烯烃。

常用的脱水剂有硫酸、氧化铝等。

做一做

按照图10-7将装置安装好，并检查是否漏气。从铁架上取下圆底烧瓶，向其中加入酒精，在不断振摇和冷水冷却下慢慢滴入浓硫酸（酒精与浓硫酸的体积比为1∶3），加入少量沸石防止爆沸。用带温度计和导管的橡皮塞塞紧圆底烧瓶，检查气密性。用酒精灯加热，使混合物的温度迅速升至170℃左右。注意加热到140℃左右时，主要生成乙醚，可闻到乙醚的气味。

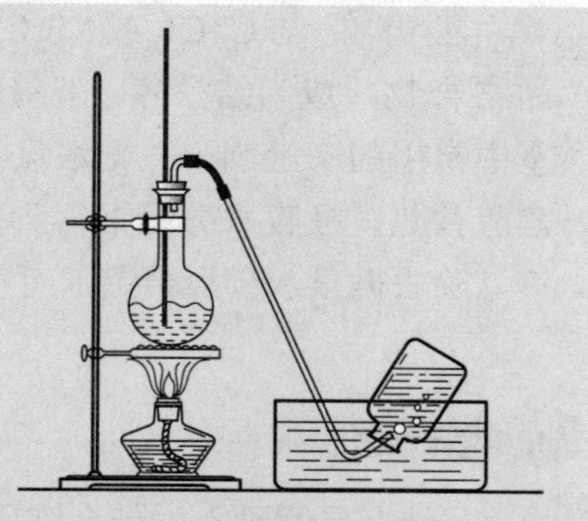

图10-7　乙醇制备乙烯的实验装置

乙醇在浓硫酸存在下，加热到140℃左右时，主要生成乙醚，高于140℃产生乙烯，在170℃时主要生成乙烯。

$$CH_3CH_2—OH + H—OCH_2CH_3 \xrightarrow[\text{或}Al_2O_3,240℃]{\text{浓}H_2SO_4,140℃} CH_3CH_2OCH_2CH_3 + H_2O \quad \text{分子间脱水}$$

$$\underset{\displaystyle H}{\underset{|}{CH_2}}—\underset{\displaystyle OH}{\underset{|}{CH_2}} \xrightarrow[\text{或}Al_2O_3,360℃]{\text{浓}H_2SO_4,170℃} CH_2═CH_2 + H_2O \quad \text{分子内脱水}$$

醇的分子内脱水为消去反应，能发生消去反应的条件是β-C上必须有H。分子内脱水依照查依采夫规则，即从含氢原子数较少的β-C上脱去氢原子。

四、重要的醇及其应用

醇的用途极广是有机合成工业的原料，也是用得最多最普遍的溶剂。低分子醇常用作溶剂、抗冻剂、萃取剂等；高级醇如正十六醇可用作消泡剂、水库的蒸发阻滞剂。表10-1列有一些醇的用途。

表10-1　一些醇的用途

名　称	用　途
正十三醇	是一种生理活性极强的植物生长调节剂，可提高种子的发芽率，促进茎叶生长
苯甲醇	镇痛和防腐
乙二醇	优良的抗冻剂，合成涤纶的原料
甘油	用于治疗便秘、合成树脂，化妆品工业中用途广泛
肌醇	用于治疗肝硬化、肝炎、脂肪肝以及胆固醇过高等疾病

科学视野

乙醇（酒精）可渗入细菌体内，在一定浓度下能使蛋白质凝固变性而杀灭细菌。最适宜的杀菌浓度为75%。但是不能杀灭芽孢和病毒，因此不能直接用于手术器械的消毒。50%乙醇可用于预防褥瘊，25%～30%乙醇可擦浴，用于高热病人，使体温下降。

大量饮用酒精可引起中枢神经系统抑制，麻痹呼吸中枢及心脏，使血管扩张，最后引起呼吸衰竭和循环衰竭。长期酗酒可引起多发性神经病、慢性胃炎、脂肪肝、肝硬化、心肌损害及器质性精神病等。皮肤长期接触可引起干燥、脱屑、皲裂和皮炎。

乙醇能与$CaCl_2$或$MgCl_2$形成$CaCl_2 \cdot 3CH_3CH_2OH$或$MgCl_2 \cdot 6CH_3CH_2OH$结晶络合物，成为结晶醇。低级醇也都有与氯化钙等无机盐形成络合物的性质，所以实验室中常用的干燥剂——无水氯化钙不能作为醇的脱水干燥剂。实验室中通常用生石灰与乙醇共热，吸收水分蒸馏得到99.5%的乙醇，欲使含水量进一步降低，则在乙醇中加入镁，除去微量水分后蒸馏，可得到99.95%的乙醇。

想一想

什么是假酒？为什么饮用后会中毒？如何解毒呢？

查一查

你知道如何检测酒驾吗？你了解其他常见的醇的用途吗？例如：乙二醇、丙三醇。上网查一查吧（见图10-8）。

图10-8 各种醇

第三节 酚

一、酚的结构

羟基与芳环直接相连形成的化合物称为酚。羟基（—OH）是酚的官能团，最简单的酚是苯酚。

看一看

下列化合物中，属于酚类的有哪些？

① 环—OH　② CH_3—苯环—OH　③ 苯环—CH_2OH　④ HO—苯环—OH

二、苯酚的物理性质

看一看

观察苯酚的颜色、状态。

想一想

苯酚的熔点为43℃，而与之相对分子质量相近的甲苯的熔点（-95℃）却低很多，为什么？

纯净的苯酚为无色晶体，但放置时间长的苯酚往往是粉红色的，这是由于部分苯酚被空气中的氧气氧化所致。

做一做

1. 取少量苯酚于试管中，加入2mL蒸馏水，振荡试管，观察现象。

2. 将试管置于酒精灯上加热，观察现象。

实验现象：____________________

室温下，苯酚在水中的溶解度较小，当温度高于65℃时，能与水混溶。

苯酚有毒，对皮肤有腐蚀性，使用时一定要小心，如不慎粘到皮肤上，应立即用酒精洗涤。

三、苯酚的化学性质

苯酚，俗称石炭酸，是酚类化合物中最简单的一元酚，其分子式是C_6H_6O，结构简式是：苯环—OH 或C_6H_5OH。

1. 苯酚的弱酸性

做一做

1．向盛有少量苯酚的试管中加入3mL蒸馏水，振荡，形成苯酚的浊液。

2．向试管中逐滴加入5%的NaOH溶液并振荡试管，观察现象。

3．向试管中通入CO_2气体，观察现象。

实验现象：____

苯酚中的羟基在水溶液中能够发生微弱电离，具有弱酸性，能与NaOH溶液反应，反应的化学方程式为：

$$C_6H_5OH + NaOH \longrightarrow C_6H_5ONa + H_2O$$

如果向澄清的苯酚钠溶液中通入二氧化碳气体，可以看到澄清的苯酚钠溶液又变浑浊。这是因为易溶于水的苯酚钠在碳酸的作用下，重新生成了苯酚：

$$C_6H_5ONa + CO_2 + H_2O \longrightarrow C_6H_5OH + NaHCO_3$$

想一想

向苯酚钠溶液中通入二氧化碳可析出苯酚，说明了什么？

苯酚虽有酸性，但其水溶液不能使酸碱指示剂变色，苯酚的酸性比碳酸的弱。

用一用

我们可以利用苯酚的酸性来提纯含有苯酚的苯，具体操作是：向含有苯酚的苯中加入适量的NaOH溶液，振荡，转移至分液漏斗中静置、分液，上层液体即为纯净的苯。

2. 苯环上的取代反应

做一做

向盛有少量苯酚稀溶液的试管中加入浓溴水，边加边振荡，观察现象。

实验现象：____

我们发现，试管中出现了白色沉淀，该沉淀是难溶于水的2, 4, 6-三溴苯酚。

$$\text{C}_6\text{H}_5\text{OH} + 3Br_2 \text{(水溶液)} \longrightarrow \text{2,4,6-三溴苯酚}\downarrow + 3HBr$$

苯酚与溴的反应非常灵敏，可用于苯酚的定性检验和定量测定。

比较苯和苯酚发生溴代反应时条件和产物的不同，你会得出什么结论？

由于酚羟基的存在，提高了苯环上（主要是羟基邻、对位）氢原子的活性，使得苯酚比苯更容易发生取代反应。

3. 显色反应

做一做

向盛有少量苯酚稀溶液的试管里加入 $FeCl_3$ 溶液，边加边振荡，观察现象。

实验现象：________________

____

苯酚遇 $FeCl_3$ 溶液显紫色，可以利用该显色反应检验苯酚的存在。

第四节 醚

一、醚的结构

醚可以看作水分子中两个氢原子被烃基取代的产物：

$$\underset{\text{水}}{H—O—H} \longrightarrow \underset{\text{醚}}{R—O—R'}$$

其中，“C—O—C”叫醚键，是醚的官能团。

二、重要的醚及其应用

1. 乙醚

无色透明液体。有特殊刺激气味。相对密度0.7134。熔点-116.3℃。沸点 34.6℃。带甜味。易燃、低毒，溶于低碳醇、苯、氯仿、石油醚和油类，微溶于水。极易挥发。其蒸气重于空气。在空气的作用下能氧化成过氧化物、醛和乙酸，暴露于光线下能促进其氧化。

$$2C_2H_5OH \xrightarrow[\text{加热，加压}]{Al_2O_3} C_2H_5OC_2H_5 + H_2O$$

2. 环氧乙烷

工业上由乙烯在银催化剂存在下用空气氧化制备：

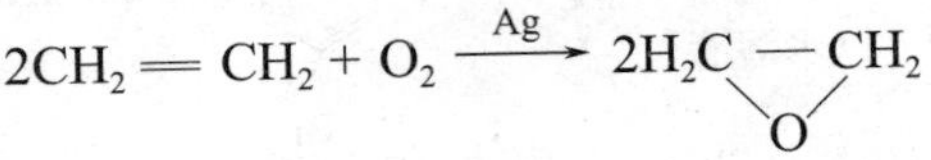

$$2CH_2=CH_2+O_2\xrightarrow{Ag}2H_2C\overset{}{-}CH_2\ (\text{环氧，}-O-\text{桥连两个碳})$$

环氧乙烷（EO）为一种最简单的环醚，属于杂环类化合物，是重要的石化产品。环氧乙烷在低温下为无色透明液体，在常温下为无色带有醚刺激性气味的气体，沸点13.5℃，能溶于水、乙醇和乙醚。

在工业上主要用作生产乙二醇的原料：

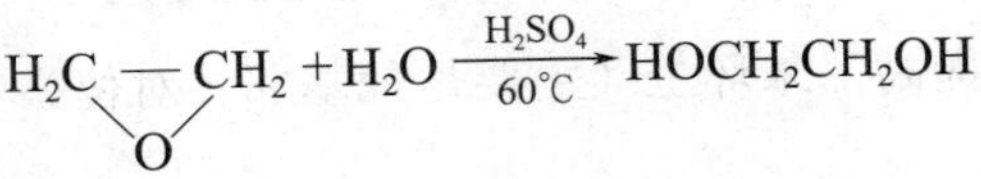

$$H_2C-CH_2(O)+H_2O\xrightarrow[60℃]{H_2SO_4}HOCH_2CH_2OH$$

环氧乙烷还能与氨水（20%左右）反应，属于自催化反应，生成醇胺、一乙醇胺、二乙醇胺，三乙醇胺、还有重胺，三乙醇胺含量最多，可以达到75%以上，反应式如下：

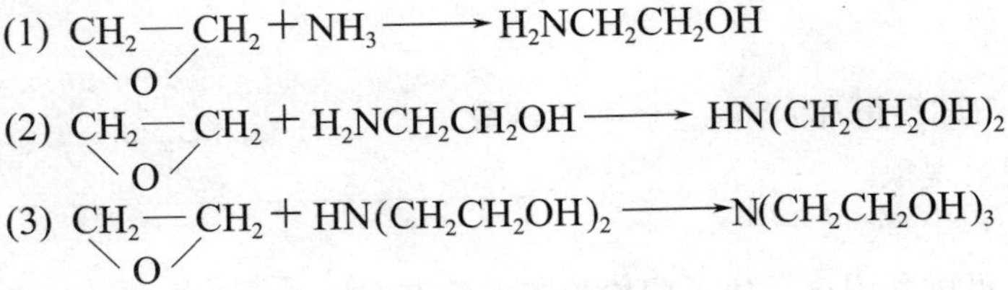

(1) $CH_2-CH_2(O)+NH_3\longrightarrow H_2NCH_2CH_2OH$

(2) $CH_2-CH_2(O)+H_2NCH_2CH_2OH\longrightarrow HN(CH_2CH_2OH)_2$

(3) $CH_2-CH_2(O)+HN(CH_2CH_2OH)_2\longrightarrow N(CH_2CH_2OH)_3$

最终产物是$N(CH_2CH_2OH)_3$三乙醇胺。

第五节 醛和酮

一、醛和酮的结构

说一说

生活中常见的醛有哪些？

乙醛和丙酮分子的球棍模型分别见图10-9及图10-10。

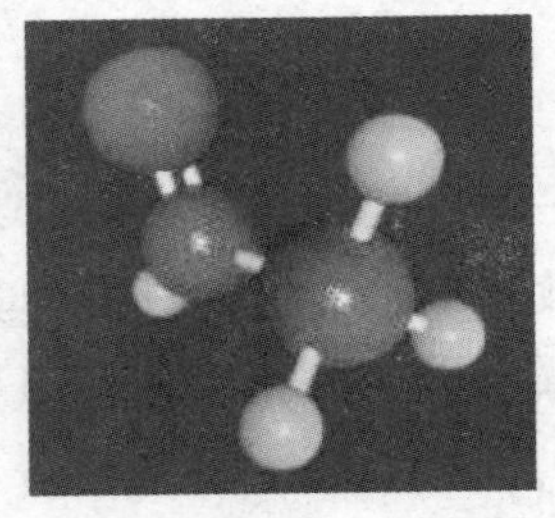

分子式	结构简式	官能团
C_2H_4O	CH_3CHO	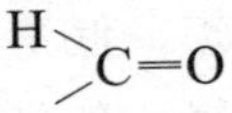 $H-C=O$ 或 $-CHO$

图10-9 乙醛分子的球棍模型

图10-10　丙酮分子的球棍模型

分子式	结构简式	官能团
C_3H_6O	CH_3COCH_3	$>C=O$

醛和酮都是含有羰基（$>C=O$）官能团的化合物，因此又统称为羰基化合物，两者的羰基在碳链中的位置是不同的。醛的羰基位于碳链的链端，而酮的羰基位于碳链的中间。

二、醛和酮的化学性质

醛和酮都含有羰基，因此，它们具有许多相似的化学性质，主要表现在羰基的加成反应和氧化还原反应等。

1. 加成反应

$$CH_3-\overset{O}{\overset{\|}{C}}-H + H_2 \xrightarrow[\triangle]{催化剂} CH_3-\underset{H}{\overset{OH}{\overset{|}{\underset{|}{C}}}}-H$$

这一反应也是还原反应，在有机反应中，通常把有机物分子中引入氢或者失去氧的反应叫做还原反应。

练一练

写出丙酮与氢气的加成反应方程式。

2. 氧化反应

（1）乙醛能被氧气氧化　在一定温度和催化剂存在的条件下，乙醛能被空气中的氧气氧化成乙酸。

$$2CH_3-\overset{O}{\overset{\|}{C}}-H + O_2 \xrightarrow[\triangle]{催化剂} 2CH_3COOH$$

在工业上，可以利用这个反应来制取乙酸。

（2）乙醛能被弱氧化剂氧化

① 与托伦（Tollen）试剂反应（硝酸银的氨溶液）

做一做

银镜反应

取一洁净试管，加入2mL 2%的$AgNO_3$溶液，再逐滴滴入2%的稀氨水，至生成的沉淀恰好溶解。在配好的上述银氨溶液中滴入乙醛溶液，然后把试管放在热水浴中静置。

实验现象：________________

$$CH_3CHO + 2Ag(NH_3)_2OH \xrightarrow{水浴} CH_3COONH_4 + 2Ag\downarrow + 3NH_3 + H_2O$$

如果反应器壁非常洁净，会在容器壁上形成光亮的银镜。因此这一反应又称为银镜反应。常用来检验醛基的存在。

② 与斐林（Fehling）试剂反应（新制的氢氧化铜溶液）

做一做

斐林反应

在试管中加入斐林试剂，然后加入乙醛溶液，充分振摇后，置于沸水浴中加热几分钟，取出观察现象，记录并解释原因。

实验现象：________________

斐林试剂能将乙醛氧化成乙酸，同时二价铜离子被还原成砖红色的氧化亚铜沉淀。

$$CH_3CHO + 2Cu(OH)_2 \xrightarrow{\triangle} CH_3COOH + \underset{(砖红色)}{Cu_2O\downarrow} + 2H_2O$$

这一反应也可以用来检验醛基的存在。

注：丙酮不易被氧化，所以它不与氨溶液起银镜反应，也不能把新制的氢氧化铜还原成红色的氧化亚铜沉淀

三、重要的醛和酮

1. 甲醛（HCHO）

甲醛俗称蚁醛，在常温下是无色的有特殊刺激气味的气体，沸点-21℃，易燃，与空气混合后遇火爆炸，爆炸范围7%～77%（体积分数）。

甲醛易溶于水，它的31%～40%水溶液（常含8%甲醇作稳定剂）称为“福尔马林”，常用作消毒剂和防腐剂。药防治稻瘟病。原因是甲醛溶液能使蛋白质变性，致使细菌死亡，因而有消毒、防腐作用。甲醛有毒，对眼黏膜、皮肤有刺激作用，过量吸入蒸气会引起中毒（见图10-11）。

2. 丙酮（CH_3COCH_3）

丙酮是无色、易燃、易挥发性的具有清香气味的液体（见图10-12），沸点56℃，在空气中的爆炸极限为2.55%～12.80%（体积分数）。

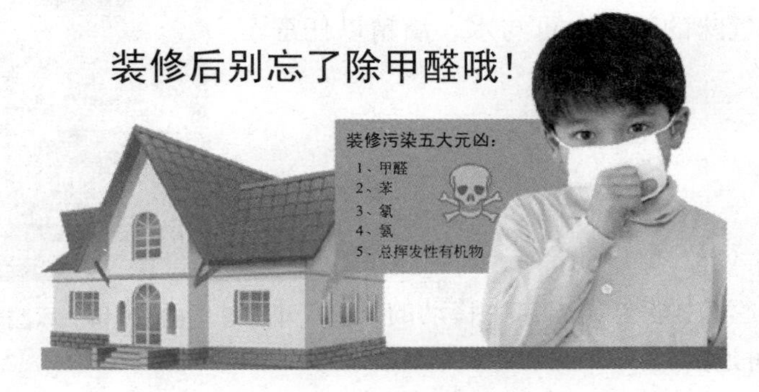

图10-11　生活中的甲醛

图10-12　丙酮

丙酮是常用的有机溶剂，能溶解油脂、树脂、蜡和橡胶等许多物质。丙酮也是各种维生素和激素生产过程中的萃取剂。

丙酮具有典型的酮的化学性质，是重要的有机化工原料，可用来制造环氧树脂、有机玻璃、氯仿等。

第六节　羧酸及其衍生物

一、羧酸的结构

乙酸分子的球棍模型见图10-13。

图10-13　乙酸分子的球棍模型

分子式	结构简式	官能团
$C_2H_4O_2$	CH_3COOH	$-\overset{\overset{O}{\|}}{C}-OH$ 或 $-COOH$

羧酸的官能团是羧基（$-COOH$，$-\overset{\overset{O}{\|}}{C}-OH$），是由一个羰基（$-CO-$，$-\overset{\overset{O}{\|}}{C}-$）和一个羟基（$-OH$）组成的基团。一元羧酸的通式为$R-COOH$。

二、乙酸的物理性质

乙酸又名醋酸，它是食醋的主要成分，普通食醋含6%～10%乙酸，是日常生活中经常接触的一种有机酸。沸点117.9℃，熔点：16.6℃，易结成冰一样的晶体（冰醋酸由此得名，见图10-14）。

常温下为无色有强烈刺激性气味的液体，可与水、酒精以任意比例互溶。

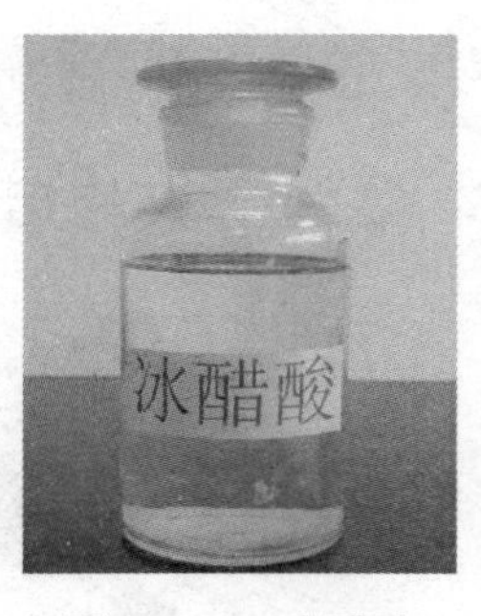

图10-14 冰醋酸

三、乙酸的化学性质

1. 酸性（O—H键断裂）

乙酸具有明显的酸性，在水溶液中能电离出自由移动的H^+，并使蓝色石蕊试纸变红，该反应是可逆的。

$$CH_3COOH \rightleftharpoons CH_3COO^- + H^+$$

乙酸的酸性比碳酸强，能与碱中和生成乙酸盐、水及二氧化碳。乙酸具有酸的通性，能与金属、碱性氧化物、碱、盐等反应。

练一练

写出乙酸与金属、碱性氧化物、碱、盐的反应方程式。

2. 酯化反应（C—O键断裂）

在浓H_2SO_4存在并加热的条件下，羧酸和醇发生了分子间脱水反应生成酯，称为酯化反应，酯化反应是可逆反应，在有酸或碱存在的条件下，酯能发生水解反应，生成相应的酸和醇。

$$CH_3-\overset{\overset{\displaystyle O}{\|}}{C}-OH + H-O-C_2H_5 \underset{\triangle}{\overset{浓H_2SO_4}{\rightleftharpoons}} H_3C-\overset{\overset{\displaystyle O}{\|}}{C}-OC_2H_5 + H_2O$$

想一想

厨师在烧制鱼的时候为什么加一些醋再加一些酒？

练一练

写出羧酸的化学性质。并以甲酸为例写出相应的化学方程式。

四、重要的羧酸

1. 甲酸

甲酸俗称蚁酸，甲酸的结构简式是HCOOH，是无色有刺激性气味的液体（见图10-15），相对密度为1.22，酸性较强（$pK_a=3.77$），有腐蚀性，能刺激皮肤起泡，溶于水、乙醇、乙醚和甘油。

甲酸的结构比较特殊，分子中同时含有羧酸和醛基。

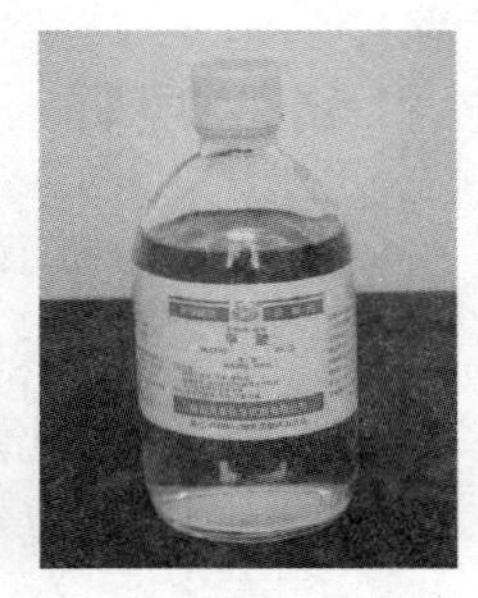

图 10-15　甲酸

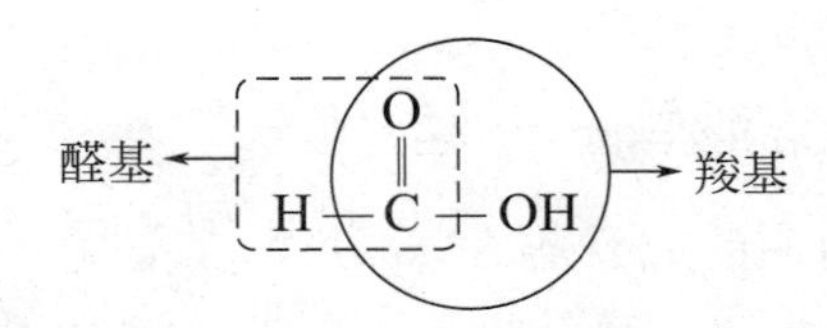

甲酸的分子结构决定了它既有羧酸的性质，又有醛的性质。例如，甲酸具有较强的酸性、还原性等，甲酸不仅可被强氧化剂氧化成二氧化碳和水，还可被弱氧化剂托伦试剂、斐林试剂氧化生成银镜和铜镜，可用于甲酸的鉴别。

想一想

家中烧开水的水壶和盛放开水的暖瓶或凉瓶，使用时间长了易结水垢，用什么方法巧除水垢呢?

做一做

1．回家帮妈妈清理水壶里的水垢。

2．做一个调查研究：乙酸在工业和生活中有什么重要用途?

2. 乙二酸

乙二酸常以钾盐或钠盐的形式存在于植物的细胞中，俗称草酸，是最简单的二元羧酸。

图 10-16　乙二酸

草酸是无色透明晶体（见图10-16），常见的草酸晶体含有两个结晶水，熔点101.5℃。当加热到100 ～ 150℃时，失去结晶水，生成无水草酸，其熔点为189.5℃。草酸能溶于水和乙醇中，有一定毒性。

草酸具有较强的酸性（$pK_a=1.46$），是二元羧酸中酸性最强的一个，而且酸性远比甲酸（$pK_a=3.77$）和乙酸（$pK_a=4.76$）强。

科学视野

合理用醋　健康生活

在温热的洗澡水中，加入少许醋，洗浴后会感觉格外凉爽舒适。将醋与甘油以五比一的比例混合，经常擦用，能使粗糙的皮肤变得细嫩。醋还有保健与食疗的作用。醋有降血压、防止动脉硬化和治疗冠心病的效果。用醋的蒸气熏蒸房子，能有效地杀灭病毒与病菌，防治流感和传染病。在食用大量油腻荤腥食品后，可用醋做美羹汤来解除油腻和帮助消化。

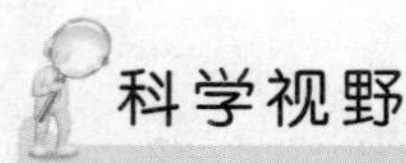

科学视野

越陈越香——酒

为什么酒越陈越香呢？我们知道酒的成分是乙醇，乙醇在空气中被氧化成为乙醛，乙醛继续被氧化成为乙酸。没有被氧化的乙醇和氧化生成的乙酸发生酯化反应，生成了乙酸乙酯，所以酒存久了就有芳香的气味。也就有了这个说法——酒越陈越香。

本章小结

1．烃的衍生物的分类方法

2．烃的衍生物的系统命名法

3. 烃的衍生物的化学性质

（1）卤代烃的化学性质：取代反应、消除反应。

（2）乙醇的化学性质：取代反应、氧化反应、脱水反应。

（3）苯酚的化学性质：弱酸性、取代反应、显色反应。

（4）醚的化学性质：醚的化学性质很稳定。

（5）醛酮的化学性质：加成反应、氧化反应。

（6）乙酸的化学性质：酸的通性、酯化反应。

本章习题

一、选择题

1．如今人们把食品分为绿色食品、蓝色食品、白色食品等类型。绿色植物通过光合作用转化的食品叫绿色食品；而直接从海洋中获取的食品叫蓝色食品；通过微生物发酵制得的食品叫白色食品。下面属于白色食品的是（　　）。

A．食醋　　B．面粉　　C．海带　　D．食盐

2．右图是某分子的比例模型，黑色的是碳原子，白色的是氢原子，灰色的是氧原子。该分子是（　　）。

A．C_2H_5OH　　B．C_6H_5OH

C．CH_3CHO　　D．CH_3COOH

3．下列物质中属于烃的衍生物的是（　　）。

A．CH_4　　B．C_2H_4　　C．C_4H_8　　D．CH_3Cl

4．下列物质中，既能跟盐酸反应，又能跟NaOH溶液反应的是（　　）。

A．$Al(OH)_3$　　B．Na_2CO_3　　C．乙醇　　D．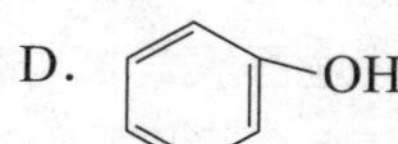

5．下列反应中符合“绿色化学”的要求，而且得到的产物是纯净物的是（　　）。

A．甲烷与Cl_2反应　　B．乙醇和浓硫酸共热制乙烯

C．乙烯与氯化氢加成　　D．乙烯与氢气加成

6．除去苯里含有少量的苯酚杂质，常用的方法是（　　）。

A．加水振荡后，用分液漏斗分层后分离

B．用稀盐酸振荡后，用分液漏斗分层后分离

C．加氢氧化钠溶液振荡后，用分液漏斗分层后分离

D．加CCl_4振荡后，用分液漏斗分层后分离

7．将CO_2气体持续通入下列溶液中，溶液变浑浊后不再澄清的是（　　）。

A.澄清石灰水　　B.苯酚钠　　C.苯酚　　D.硅酸钠

8．医院里检验糖尿病的方法是将病人尿液加入$CuSO_4$和NaOH的混合液中，加热后产生红色沉淀，说明病人的尿中含有（　　）。

A．脂肪　　B．乙酸　　C．蛋白质　　D．葡萄糖

9．乙醇与乙酸反应中，浓硫酸的作用是（　　）。

A．脱水作用　　B．氧化作用　　C．吸水作用　　D．催化和吸水作用

二、填空题

1．山西假酒案曾轰动全国，使多人受毒害致死的物质是______________，其电子式是______________。

2．甲醛俗名__________，在常温下具有强烈的刺激性气味的__________。35%～40%的甲醛水溶液俗称____________，可作消毒剂和__________。

3．鉴别苯酚溶液和乙酸溶液可用____作试剂；鉴别乙醇和乙酸可用__________作试剂；鉴别乙酸和乙醛可用____________作试剂。

4．比赛中，当运动员肌肉挫伤或扭伤时，队医随即对准球员的受伤部位喷射药剂氯乙烷（沸点12.27℃），进行局部冷冻麻醉应急处理。乙烯和氯化氢在一定条件下制得氯乙烷的化学反应方程式（有机物用结构简式表示）是__________。该反应的类型是______反应。

5．写出下列基团的名称

—C≡C—	$—CH_2CH_3$或$—C_2H_5$	—OH	—CHO	—COOH

三、简答题

1．在横线上填上一种试剂的名称或分子式：

（1）检验某工业废水中含有苯酚______；

（2）鉴别葡萄糖、果糖______；

（3）验证某乙酸中含有蚁酸______。

2．写出下列反应的方程式，并在括弧中注明反应类型。

（1）乙醛的斐林反应________________________（　　）

（2）溴乙烷与氢氧化钠的醇溶液共热____________________（　　）

（3）实验室用苯与溴反应制取溴苯________________________________（　　）

（4）苯酚制取三硝基苯酚____________________________________（　　）

3．用系统命名法命名下列化合物或写结构简式。

（1）$CH_3-\underset{\underset{Cl}{|}}{CH}-\underset{\underset{CH_3}{|}}{CH}-CH_3$　　（2）$C_6H_5CH_2CHO$（苯环上连 CH_2CHO）

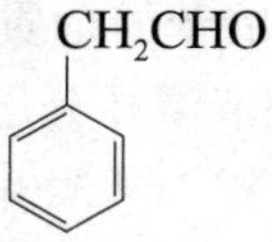

（3）三溴苯酚　　（4）甘油

四、计算题

含C 40%、O 53.3%、H 6.7%对空气相对密度2.069的有机物A，显酸性；另有相对分子质量与A相等的B，显中性。两者在浓硫酸脱水下生成不溶于水具香味的有机物C。

推断A、B、C的结构简式。

第十一章

其他常见有机物

学习指导

1. 掌握胺的官能团和命名。
2. 理解胺的分类。
3. 了解胺的性质。
4. 了解腈的性质。
5. 了解糖的定义和分类。
6. 掌握单糖、二糖和多糖的性质与用途。
7. 掌握蛋白质和氨基酸的结构与性质。
8. 了解蛋白质和氨基酸的用途。

第一节 胺

说一说

请说说氨的分子结构和它的一些物理、化学性质。

胺可以看做是氨的烃基衍生物。即氨分子中的一个、两个或三个氢原子被烃基取代的生成物。

一、胺的分类

胺分子中氮原子与脂肪烃基相连的称为脂肪胺，与芳香烃基相连的称为芳香胺。例如：

$CH_3CH_2CH_2NH_2$
脂肪胺（丙胺）

$C_6H_5-NH_2$
芳香胺（苯胺）

根据胺分子所含氨基的数目，可分为一元胺、二元胺、多元胺等。例如：

$C_6H_5-NH_2$　　$H_2NCH_2CH_2NH_2$　　$C_6H_3(NH_2)_3$

一元胺（苯胺）　二元胺（乙二胺）　多元胺（间三苯胺）

若氮上连有4个烃基，相当于氢氧化铵NH_4OH和卤化铵NH_4X的四个氢原子被烃基取代得到的化合物，分别称为季铵碱和季铵盐。例如：

$R_4N^+Cl^-$
季铵盐

$R_4N^+OH^-$
季铵碱

在写物质的名称时，什么时候该用“氨”、“铵”、“胺”？

二、胺的命名

简单的胺以习惯命名法命名，它是在“胺”字之前加以烃基的名称来命名。如果是仲胺或叔胺，把简单烃基的名称放在前面，复杂烃基的名称放在后面。烃基相同时，用汉字二或三来表示。例如：

$CH_3CH_2CH_2NH_2$　丙胺

$C_6H_5-NH_2$　苯胺

$CH_3-NH-CH_3$　二甲胺

$CH_3CH_2-NH-CH_3$　甲乙胺

而仲胺或叔胺分子中烃基不同时，命名时选最复杂的烃基作为母体伯胺，小烃基作为取代基，并在前面冠以“*N*”，突出它是连在氮原子上的。例如：

$CH_3CH_2CH_2-N(CH_3)-CH_2CH_3$
N-甲基-*N*-乙基丙胺（或甲乙丙胺）

$C_6H_5-N(CH_3)-CH_3$
N,*N*-二甲基苯胺

季铵盐、季铵碱的命名与相应的无机盐、碱的命名相似，铵离子命名类似上面。

$[H_3CH_2C-N(CH_3)_2-CH_2CH_3]^+Cl^-$
氯化二甲基二乙基铵

$[H_3CH_2C-N(CH_3)_2-CH_3]^+OH^-$
氢氧化三甲基一乙基铵

练一练

写出下列物质的结构：乙胺　二乙胺　N-甲基-N-乙基苯胺　间氨基氯苯　溴化甲基三乙基铵。

三、胺的物理性质

低级脂肪胺，如甲胺、二甲胺和三甲胺等，在常温下是气体，丙胺以上是液体，十二胺以上为固体。芳香胺是无色高沸点的液体或低熔点的固体，并有毒性。

低级的伯、仲、叔胺都有较好的水溶性。因为它们都能与水形成氢键。随着相对分子质量的增加，其水溶性迅速减小。

四、胺的化学性质

1. 胺的碱性

和氨相似，胺显碱性。胺和酸反应生成盐，铵盐易溶于水。胺的碱性与无机碱相比，属于弱碱，正因为胺的碱性较弱，因此它的盐与氢氧化钠和氢氧化钾等强碱作用时，可释放出游离胺。利用这些性质，可将胺类从水不溶性化合物中分离出来。例如：

$$\underset{\text{不易溶于水}}{RNH_2 + HCl} \longrightarrow \underset{\text{易溶于水}}{R\overset{+}{N}H_3Cl^-} \xrightarrow{NaOH} \underset{\text{不易溶于水}}{RNH_2 + NaCl} + H_2O$$

想一想

有较好疗效的局部麻醉药——普鲁卡因，属于有机胺类化合物，不溶于水。在实际中，为什么要将它配制成水溶性的盐酸盐，才能做成针剂，才便于使用。

2. 烷基化反应

胺与卤代烷作用，氮原子上的氢被烷基取代的反应,称为胺的烷基化反应。

$$\ddot{N}H_3 + CH_3\text{-}Br \longrightarrow CH_3-\overset{+}{N}H_3 \xrightarrow{OH^-} CH_3-NH_2$$

$$CH_3-\ddot{N}H_2 + CH_3\text{-}Br \longrightarrow CH_3-\overset{+}{N}H_2 \xrightarrow{OH^-} CH_3-NH$$

$$CH_3-\ddot{N}H + CH_3\text{-}Br \longrightarrow CH_3-\overset{+}{N}H \xrightarrow{OH^-} CH_3-N$$

$$CH_3-\ddot{N} + CH_3\text{-}Br \longrightarrow CH_3-\overset{+}{N}Br^-$$

产物为混合物，分离提纯比较困难。

五、重要的胺

（1）乙二胺（$H_2NCH_2CH_2NH_2$）　乙二胺是最简单且重要的二元胺。乙二胺为无色清亮稠厚液体。易溶于水，能与乙醇混溶，不溶于乙醚、苯，具有氨味，有毒，对眼睛、呼吸道、皮肤有刺激性。它可由二氯乙烷与氨反应制得。乙二胺用于生产农药杀菌剂、杀虫剂、除草剂、染料、水质稳定剂、金属螯合剂EDTA等。

（2）己二胺（$H_2NCH_2CH_2CH_2CH_2CH_2CH_2NH_2$） 无色叶状结晶。易溶于水、乙醇和苯。能从空气中吸收二氧化碳和水。带有吡啶气味。毒性较大，对皮肤、眼睛有刺激性。己二胺主要用于合成尼龙-66、尼龙-610等，也可用作脲醛树脂、环氧树脂等的固化剂及有机交联剂等。

（3）苯胺 苯胺存在于煤焦油中，为无色或淡黄色油状液体，有毒，有特殊气味，微溶于水，易溶于有机溶剂。露置空气中或见光会逐渐变成棕色。工业上苯胺可由硝基苯还原、氯苯氨化等方法制得。苯胺是重要的中间体，广泛用于合成染料、农药等。

（4）胆碱 胆碱是季铵碱类化合物，具有碱性。其结构式为：$[HOCH_2CH_2N(CH_3)_3]OH$。胆碱是易吸湿的白色结晶，易溶于水和醇。医疗上用胆碱治疗肝炎、肝中毒等疾病。胆碱分子中羟基被乙酰基取代生成的酯，称为乙酰胆碱。

用一用

冰 毒

化学名称甲基苯丙胺，外观为纯白晶体，晶莹剔透，故被吸毒、贩毒者称为“冰”。冰毒具有使中枢神经兴奋，有一定的致幻作用。该药小剂量时有短暂的兴奋抗疲劳作用，但吸食后可产生强烈的信赖性，一旦断药，会出现戒毒病状。冰毒是一种新型毒品,对人的健康祸害极大，服食会成瘾，过量则导致死亡；而且会造成行为失控，诱发治安和刑事案件。

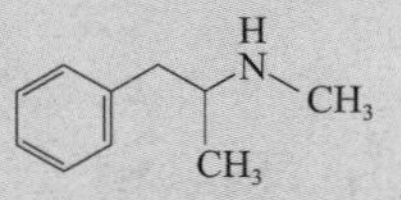

第二节 腈

腈可看作是烃分子中的氢原子被氰基（—CN）取代后的生成物。常用通式RCN或Ar—CN表示。—CN是腈的官能团，氰基中的碳原子与氮原子以三键相连。构造式为—C≡N，可简写为—CN。氰基是较强的极性键，因此腈是具有极性的化合物。

一、腈的命名

腈的命名常根据腈分子中所含碳原子的数目（包括—CN中的碳原子）叫某腈或某二腈；或以烃作为母体，氰基作为取代基称为“氰基某烃”。例如：

CH_3CH_2CN	$CH_2=CH-CN$	$NC(CH_2)_4CN$	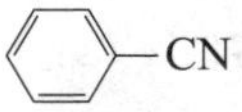 C_6H_5-CN
丙腈（或氰基乙烷）	丙烯腈（或氰基乙烯）	己二腈（1,4-二氰基丁烷）	苯甲腈（或苄腈）

二、腈的物理性质

脂肪族低级腈为无色液体，高级腈为固体。乙腈能与水混溶，碳氮键有较强的极性，分子间有较大的引力，所以沸点较高（81.6℃），比与它相对分子质量相近的烃、醚、醛和酮等都高。与相应的醇的沸点相近，但低于相应的羧酸的沸点。低级腈不仅可以与水混溶，也能溶解多种极性和非极性物质，并能溶解许多盐类，故腈是一类优良溶剂。

三、腈的化学反应及应用

1. 水解反应

腈在酸或碱的催化下，在较高温度（100 ～ 200℃）和长时间（数小时）加热下，水解生成羧酸或羧酸盐。腈的水解是工业上制备羧酸的重要方法之一，例如工业上由己二腈水解制备己二酸：

$$NC(CH_2)_4CN \xrightarrow[100\sim200℃]{H_2O,H^+} HOOC(CH_2)_4COOH + NH_3\uparrow$$

又如由苯乙腈制备苯乙酸

$$C_6H_5\text{—}CH_2CN \xrightarrow[\triangle]{H_2O,77\%H_2SO_4} C_6H_5\text{—}CH_2COOH + NH_3\uparrow$$

2. 还原反应

腈经催化加氢或用氢化铝锂还原生成伯胺。例如工业上由乙腈在高压下催化加氢制取乙胺。

$$CH_3CN \xrightarrow[高压]{H_2,Ni} CH_3CH_2NH_2$$

四、重要的腈（丙烯腈）

丙烯腈为无色液体。沸点77.4℃，微溶于水，易溶于有机溶剂。其蒸气有毒，能与空气形成爆炸性混合物，爆炸极限为3.05% ～ 17.0%（体积分数）。工业上由乙炔和氢氰酸直接加成或丙烯通过氨氧化法制得丙烯腈，氨氧化法是目前生产丙烯腈的主要方法。

$$\underset{(过量)}{HC\equiv CH} + HCN \xrightarrow[70℃]{Cu_2Cl_2} CH_2=CH\text{—}CN$$

$$CH_2=CH\text{—}CH_3 + NH_3 + \frac{3}{2}O_2 \xrightarrow[470℃]{磷钼酸} CH_2=CH\text{—}CN + 3H_2O$$

丙烯腈在引发剂（如过氧化苯甲酰）的存在下，可聚合成聚丙烯腈。

$$nCH_2=\underset{\displaystyle CN}{\underset{|}{CH}} \xrightarrow{引发剂} \left[CH_2\text{—}\underset{\displaystyle CN}{\underset{|}{CH}} \right]_n$$

聚丙烯腈

聚丙烯腈纤维即腈纶，又称人造羊毛，它具有强度高、保暖性好、着色性好、耐日光、耐酸和耐溶剂等特性。丙烯腈还能与其他化合物共聚，丁腈橡胶就是由丙烯腈和1,3-丁二烯共聚而成。

第三节 糖类

人类为了维持生命与健康，除了阳光与空气外，必须摄取食物。食物的主要成分有糖类、油脂、蛋白质、维生素、无机盐和水六大类，通常称为营养素。它们和通过呼吸进入人体的氧气一起经过新陈代谢过程，转化为构成人体的物质和维持生命活动的能力。所以，它们是维持人体的物质组成和生理机能不可缺少的要素，也是生命活动的物质基础。表11-1列出了有关人体内主要物质含量的数据。

表11-1 人体内主要物质含量

化合物	占人体质量的百分数/%	化合物	占人体质量的百分数/%
蛋白质	15～18	无机盐	3～4
脂肪	10～15	水	55～67
糖类	1～2	其他	1

说一说

从表11-1中，你能看出哪些物质是人体不可或缺的营养物质吗？

糖类是自然界中广泛分布的一类重要的有机化合物。日常食用的蔗糖、粮食中的淀粉、植物体中的纤维素、人体血液中的葡萄糖等均属糖类。糖类在生命活动过程中起着重要的作用，是一切生命体维持生命活动所需能量的主要来源。植物中最重要的糖是淀粉和纤维素，动物细胞中最重要的多糖是糖原。

在自然界，糖类是绿色植物光合作用的产物，是重要的天然有机化合物，是动植物所需能量的重要来源。根据我国居民的实物构成，人们每天摄取的热能中大约有75%来自糖类。

想一想

你想到的生活中常见的糖有哪些呢？什么是糖呢？

糖类，又称碳水化合物，从结构上看，一般是多羟基醛或多羟基酮以及能水解生成多羟基醛或多羟基酮的物质。

糖类是由C、H、O三种元素组成的一类有机化合物，当时发现它们的组成符合通式$C_n(H_2O)_m$（n与m可以相同，也可以不同），如葡萄糖$C_6(H_2O)_6$、蔗糖$C_{12}(H_2O)_{11}$。随着科学的发展，现在发现碳水化合物的名称没有正确反映糖类化学物的组成和结构特征。糖类中的H原子和O原子的个数比并不都是2∶1，也并不以水分子的形式存在，如鼠李糖$C_6H_{12}O_5$；而有些符合通式的物质也不是碳水化合物，如甲醛CH_2O、乙酸$C_2H_4O_2$等，所以碳水化合物这个名称虽然仍然沿用，但已经失去原来的意义。但沿用已久，所以现在仍在使用。

糖类根据其是否水解以及水解产物的多少，可以分为单糖、二糖和多糖。

单糖是不能水解的简单糖类，它是最简单的多羟基醛或多羟基酮。

在自然界中，单糖的种类很多，根据分子中所含碳原子的数目可分为丙糖、丁糖、戊糖、己糖等；根据分子中所含羰基可分为醛糖和酮糖，分子中含有醛基的叫醛糖，如葡糖糖；分子中含有酮基的叫酮糖，如果糖。

二糖是能水解，每摩尔二糖水解后产生2mol单糖，常见的有蔗糖和麦芽糖。

多糖也是能水解的糖，每摩尔多糖水解后可生产许多摩尔的单糖，常见的多糖有淀粉和纤维素。

单糖中最重要的是葡萄糖和果糖，二糖中最重要的是蔗糖和麦芽糖，多糖中最重要的是淀粉和纤维素，下面分别介绍这几种重要的糖。

一、单糖

想一想

什么是单糖，常见的单糖有哪些？

在自然界里，单糖的种类很多，最常见的单糖是葡萄糖和果糖。

1. 葡萄糖

葡萄糖是自然界分布最广的单糖，它存在于葡萄和其他带甜味的成熟水果里，蜂蜜里也含有葡萄糖，淀粉等食用糖类在人体中能转化为葡萄糖而被吸收，植物的种子、根、茎、叶、花中，动物的血液、脑脊髓液中也含有少量的葡萄糖。

说一说

你知道葡萄糖有哪些物理性质吗？

状态：晶体　　　　颜色：白色　　　　气味：甜味

熔点：164℃

溶解性：易溶于水，稍溶于酒精，不溶于乙醚和烃类

做一做

葡萄糖的结构和性质

实验一：在洁净的试管里配制2mL银氨溶液，加入1mL 10%的葡萄糖溶液，振荡，然后在水浴里加热3～5min，观察现象。

实验二：在试管里加入2mL 10%氢氧化钠溶液，滴加5%硫酸铜溶液5滴，再加入2mL 10%的葡萄糖溶液，加热，观察现象。

实验现象：________________

____

____

____

____

____

____

看一看

从实验一中可以看出，有银镜生成，从实验二中可以看出有红色沉淀CuO生成。

想一想

根据上述实验现象，分析葡萄糖分子中具有什么官能团？葡萄糖具有什么性质？

（1）葡萄糖的结构　葡萄糖分子式：$C_6H_{12}O_6$

结构式：$CH_2OH—CHOH—CHOH—CHOH—CHOH—CHO$

或$CH_2OH(CHOH)_4CHO$

葡萄糖是一种多羟基醛，是一种己醛糖。

（2）葡萄糖的性质　葡萄糖分子中的醛基，具有还原性，容易被氧化成羧基。

葡萄糖能与银氨溶液反应，葡萄糖被氧化成葡萄糖酸。

$$CH_2OH(CHOH)_4CHO+2Ag(NH_3)_2OH \longrightarrow CH_2OH(CHOH)_4COONH_4+2Ag\downarrow+H_2O+3NH_3$$

葡萄糖溶液与新制氢氧化铜悬浊液反应：

$$CH_2OH(CHOH)_4CHO+2Cu(OH)_2 \xrightarrow[\triangle]{\text{催化剂}} CH_2OH(CHOH)_4COOH+Cu_2O\downarrow+2H_2O$$

（3）葡萄糖的制法　在工业上，通常采用淀粉做原料，用硫酸等无机酸作催化剂，加热到144～147℃时，发生水解反应而制得葡萄糖。

$$(C_6H_{10}O_5)_n+nH_2O \xrightarrow[\triangle]{\text{催化剂}} nC_6H_{12}O_6$$

（4）葡萄糖的用途　葡萄糖是人体新陈代谢不可缺少的一种营养物质，它是人类生命活动所需能量的重要来源之一，它在人体组织中进行氧化反应而放出热量，以供人们所需要的能力。

$$C_6H_{12}O_6(S)+6O_2(g) \longrightarrow 6CO_2(g)+6H_2O(1)\Delta H=-2894kJ/mol$$

葡萄糖在医药上用作营养剂，并有强心、利尿、解毒等作用。它也是制备维生素C、葡萄糖酸钙等药物的原料，葡萄糖酸钙是重要的补钙药物，与维生素D合用，可以治疗小儿佝偻病。

制镜工业和热水瓶胆镀银常用葡萄糖做还原剂。葡萄糖在食品工业用于制糖浆、糖果。

说一说

葡萄糖与糖尿病有什么关系？医院如何对糖尿病人进行尿糖检查？

2. 果糖

果糖是自然界中分布很广的一种单糖。广泛存在于植物中，与葡萄糖共存于蜂蜜和许多水果中，因此而得名果糖。

说一说

你知道果糖有哪些物理性质吗?

状态：晶体　颜色：白色　气味：甜味

熔点：102℃　溶解性：易溶于水，易溶于乙醇和乙醚中。

（1）果糖的结构　果糖分子式：$C_6H_{12}O_6$。

结构式：$CH_2OH-CHOH-CHOH-CHOH-CO-CH_2OH$

或$CH_2OH(CHOH)_3COCH_2OH$

果糖是一种多羟基酮，是一种己酮糖。

（2）果糖的性质　果糖分子中的酮基，在催化加氢时也能被还原成己六醇。

果糖是酮糖，分子中虽不含醛基，但在碱性溶液中能转变为葡萄糖，因此也能与银氨溶液和新制备的氢氧化铜发生反应，也是一种还原性糖。

（3）果糖的制法　在工业上，通常采用蔗糖水解得到果糖。

$$(C_6H_{10}O_5)_n+nH_2O \xrightarrow[\triangle]{\text{催化剂}} nC_6H_{12}O_6$$

（4）果糖的用途　果糖可以用作营养剂，它在体内极易转变为葡萄糖。果糖也可以用于食品工业中作为调味剂。

二、二糖

想一想

什么是二糖，常见的二糖有哪些?

糖类每一个分子水解后能生成几个分子单糖的叫低聚糖，每个分子水解能生成二分子单糖的低聚糖叫二糖。蔗糖和麦芽糖都是常见的二糖。

1. 蔗糖

蔗糖是自然界中分布较广的二糖。它广泛存在于植物的茎、叶、种子、根和果实内，其中以甘蔗（11%～17%）的茎和甜菜（14%～26%）的块根含量最多。日常生活中所食用的白糖、冰糖和红糖的主要成分都是蔗糖。

说一说

你知道蔗糖有哪些物理性质吗?

状态：晶体　颜色：白色　气味：甜味　熔点：180℃　溶解性：易溶于水

做一做

蔗糖的结构和性质

实验三：在2支洁净的试管里各加入20%的蔗糖溶液1mL，并在其中一支试管里加入3滴稀硫酸（1 ∶ 5）。把两支试管都放在水浴中加热5min。然后向已经加入硫酸的试管中滴加氢氧化钠溶液，至溶液呈现碱性。最后再向两支试管里各加2mL新制备的银氨溶液，在水浴上加热3 ～ 5min，观察现象。

用新制备的氢氧化铜代替银氨溶液作上述实验，观察现象。

实验现象：________________

____

____

____

____

____

____

____

____

____

看一看

从实验三中可以看出，没有加硫酸的蔗糖溶液不发生银镜反应，也不能还原新制的氢氧化铜，这说明分子结构中不含有醛基，因此不显还原性，在硫酸的作用下，蔗糖发生水解生产葡萄糖和果糖，而能发生银镜反应，也能和新制的氢氧化铜发生反应。

想一想

根据上述实验现象，分析蔗糖分子具有哪些性质?

（1）蔗糖的分子式　$C_{12}H_{22}O_{11}$。

（2）蔗糖的性质　蔗糖分子中不含醛基，不具还原性，是一种非还原性糖。但蔗糖在无机酸或酶的作用下能水解生成葡萄糖和果糖，因此水解后能发生银镜反应。

$$\underset{\text{蔗糖}}{C_{12}H_{22}O_{11}}+H_2O \xrightarrow{\text{催化剂}} \underset{\text{葡萄糖}}{C_6H_{12}O_6}+\underset{\text{果糖}}{C_6H_{12}O_6}$$

（3）蔗糖的用途　蔗糖是重要的甜味食物，是人类生活中不可缺少的食用糖，人们所用的白糖、冰糖和红糖的主要成分都是蔗糖。它在医药上用作矫味剂，常制成糖浆应用。

2. 麦芽糖

麦芽糖是蔗糖的同分异构体，常见的麦芽糖是没有结晶的糖膏。麦芽糖易溶于水，有甜味，但不如蔗糖甜。

说一说

你知道麦芽糖有哪些物理性质吗?

状态：晶体　颜色：白色　气味：甜味　熔点：160～165℃　溶解性：易溶于水

（1）麦芽糖的分子式　$C_{12}H_{22}O_{11}$。

（2）麦芽糖的性质　麦芽糖分子中含有醛基，能发生银镜反应，也能还原新制的氢氧化铜，因此，麦芽糖是一种还原性糖。麦芽糖在硫酸等无机酸或酶的催化作用下，能发生水解反应。

$$\underset{\text{麦芽糖}}{C_{12}H_{22}O_{11}}+H_2O \xrightarrow{\text{催化剂}} \underset{\text{葡萄糖}}{2C_6H_{12}O_6}$$

（3）麦芽糖的制备　通常麦芽糖是用含淀粉较多的农产品（如大米、玉米、薯类等）为原料在淀粉酶的催化作用下，在约60℃时，发生水解反应而制得。

（4）麦芽糖的用途　麦芽糖是饴糖的主要成分，它还用于食品工业以及作为微生物的培养基。麦芽糖也用作甜味食品。

三、多糖

想一想

什么是多糖，常见的多糖有哪些？

多糖是能水解生成多个分子单糖的糖类，广泛存在于自然界中的一类天然有机高分子化合物，它可以看作是由许多单个单糖分子按照一定的方式，通过分子间脱水结合而成的化合物，多糖的性质与单糖、二糖有较大的区别。淀粉和纤维素是自然界中最常见的和最重要的多糖，它们的通式是$(C_6H_{10}O_5)_n$，淀粉和纤维素分子里所包含的（$C_6H_{10}O_5$）的数目不同，即n值不相同，它们在结构上有所不同，它们不是同分异构体。

1. 淀粉

淀粉是绿色植物进行光合作用的产物，存在于植物的种子和块根里，其中谷类含淀粉较多。例如，大米中约含淀粉80%，小麦约含70%，马铃薯约含20%等。

说一说

你知道淀粉有哪些物理性质吗？

状态：粉末　颜色：白色　气味：无气味，无味道　溶解性：不溶于冷水

做一做

淀粉的结构和性质

实验四：在试管1和试管2里各放入0.5g淀粉，在试管1里加入4mL 20%的硫酸

实验现象：________________

____

____

溶液，在试管2里加入4mL水，都加热3～4min。用碱液中和试管1里的硫酸溶液，把一部分液体倒入试管3，在试管2和试管3里都加入碘溶液，观察有没有蓝色出现。在试管1里加入银氨溶液，稍加热后，观察试管内壁上有无银镜出现。

想一想

根据上述实验现象，分析淀粉分子中含有什么官能团？具有什么性质？

（1）淀粉性质　从上述实验可以看到，淀粉用酸催化可以发生水解，生成能发生银镜反应的葡萄糖，而在没加酸的试管中加碘溶液呈现蓝色，说明淀粉没有发生水解。

$$\underset{\text{淀粉}}{(C_6H_{10}O_5)_n}+nH_2O \xrightarrow{\text{催化剂}} \underset{\text{糊精}}{(C_6H_{10}O_5)_m} \xrightarrow{\text{催化剂}} \underset{\text{麦芽糖}}{nC_{12}H_{22}O_{11}} \xrightarrow{\text{催化剂}} \underset{\text{葡萄糖}}{nC_6H_{12}O_6}$$

简写为

$$\underset{\text{淀粉}}{(C_6H_{10}O_5)_n}+nH_2O \xrightarrow{\text{催化剂}} \underset{\text{葡萄糖}}{nC_6H_{12}O_6}$$

说一说

淀粉没有甜味，为什么在吃米粉和馒头时，多加咀嚼就会感到有甜味？

人们在咀嚼米饭和馒头时，一部分淀粉受唾液酶的催化作用，开始水解，生产了麦芽糖，余下的淀粉在小肠里，在胰脏分泌出的淀粉酶的作用下，继续进行水解，生成麦芽糖；麦芽糖在肠液中麦芽糖的催化作用下，水解为人体可吸收的葡萄糖，供人体组织的营养需要。

（2）淀粉的用途　淀粉是食物的一种重要成分，是人体的重要能源。

淀粉也是一种重要的工业原料，可用来制造葡萄糖和酒精。用含淀粉物质酿酒的主要过程，就是使淀粉在酶的催化作用下，先转化为麦芽糖，再转为葡萄糖，葡萄糖在酒化酶的催化作用下，转变为酒精，同时放出二氧化碳。

$$C_6H_{12}O_6 \xrightarrow{\text{酒化酶}} 2C_2H_5OH+2CO_2$$

2. 纤维素

纤维素是构成植物细胞壁的基础物质，是自然界分布最广的一种多糖，因此，一切植物中均含有纤维素。各种植物含纤维素多少不一，棉花是含纤维素很丰富的植物，其质量分数可达92%～95%，亚麻中含纤维素达80%，木材中的纤维素约占木材质量的1/2。

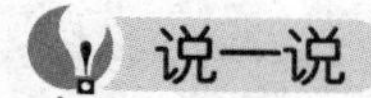

你知道淀粉有哪些物理性质吗？

状态：粉末 颜色：白色 气味：无气味，无味道 溶解性：不溶于冷水

做一做

纤维素的结构和性质

实验五：把一小团棉花或几小片滤纸放入试管中，加入几滴90%的浓硫酸，用玻璃棒把棉花或滤纸捣成糊状。小火微热，使成亮棕色溶液。稍冷，滴入3滴硫酸铜溶液，并加入过量氢氧化钠溶液使溶液中和至出现氧化铜沉淀。加热煮沸，观察现象。

实验现象：______________________________

想一想

根据上述实验现象，分析纤维分子中含有什么官能团？具有什么性质？

（1）纤维素性质 从上述实验可以看到，纤维素用酸催化可以发生水解，生成能发生银镜反应的葡萄糖，

$$\underset{\text{纤维素}}{(C_6H_{10}O_5)_n}+nH_2O \xrightarrow{\text{催化剂}} \underset{\text{葡萄糖}}{nC_6H_{12}O_6}$$

（2）纤维素的用途 纤维素的用途非常广泛，棉麻纤维大量用于纺织工业，其他一些富含纤维素的物质，如木材、稻草、麦秸、废渣等，可用来造纸。除此之外，纤维素还可用来制造纤维素硝酸酯、纤维素乙酸酯和黏胶纤维等，因为纤维素分子由很多单糖单元构成，每个单糖单元有3个醇羟基，因此纤维素能表现出醇的一些性质，如和酸反应生成酯。

食物中的纤维素在人体消化过程中也起着重要作用（见图11-1），虽然在人体消化道中没有使纤维素水解的酶，但它能刺激肠道蠕动和分泌消化液，有助于食物的消化和排泄，而在食草动物的消化道中，能分泌纤维素酶使纤维素水解成葡萄糖，成为食草动物的营养物质。

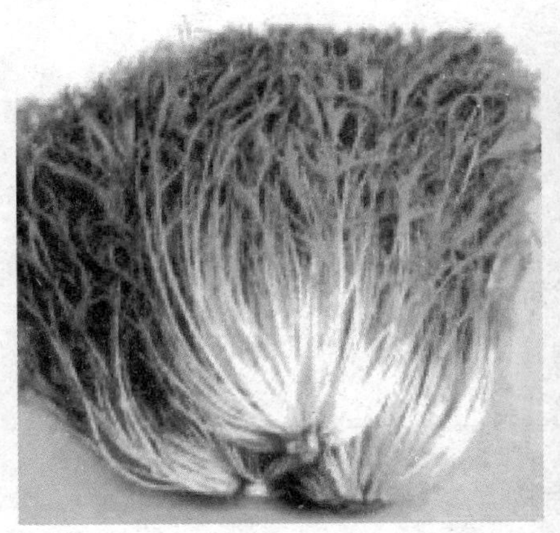

图11-1 富含纤维素的食物

第四节 蛋白质

蛋白质广泛存在于生物体内，是组成细胞的基础物质。动物的肌肉、皮肤、发、毛、蹄和角等的主要成分都是蛋白质。蛋白质是构成人体的物质基础，约占人体除水分外剩余质量的一半，许多植物（如大豆、花生、小麦、稻谷）的种子中也含有丰富的蛋白质（见图11-2）。一切重要的生命现象和生理机能都与蛋白质有密切关系。如在生物新陈代谢中起催化作用的酶，有些调节激素，运输氧气的血红蛋白，以及引起疾病的细菌、病毒，抵抗疾病的抗体等，都含有蛋白质。所以说，蛋白质是生命的基础，没有蛋白质就没有生命。

图11-2 富含蛋白质的食物

一、氨基酸

氨基酸是生物功能大分子蛋白质的基本组成单位，是构成动物营养所需蛋白质的基本物质（见图11-3）。是含有一个碱性氨基和一个酸性羧基的有机化合物（见图11-1）。氨基连在α-碳原子上的为α-氨基酸。天然氨基酸均为α-氨基酸。

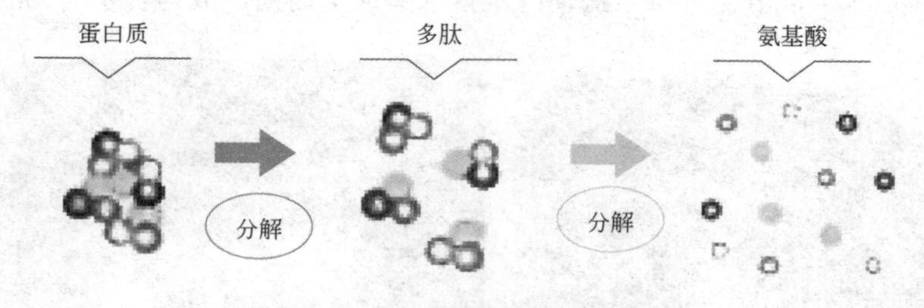

图11-3 蛋白质分解为氨基酸

想一想

氨基酸是属于烃的衍生物中哪类有机化合物？

氨基酸属于烃的衍生物质中羧酸类物质。羧酸分子里烃基上的氢原子被其他原子或原子团取代后的生成物，叫作取代酸。根据取代基种类的不同，取代酸分为卤代酸、羟基酸、羰基酸和氨基酸等。其中氨基酸是蛋白质的基石，本章主要学习氨基酸。

羧酸分子中烃基上的氢原子被氨基取代后的生成物叫氨基酸。

例如：H_2NCH_2COOH　$CH_3CH(NH_2)COOH$

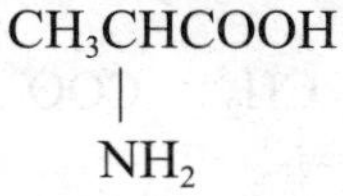

1. 命名（系统命名法）

以羧酸作母体，氨基作为取代基。分子中碳原子的位置可以用阿拉伯数字表示，从羧基碳原子开始编号；也可以用α、β、γ等希腊字母表示，从离羧基最近的碳原子开始编号。

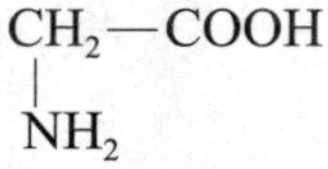

$CH_2(NH_2)—COOH$　α-氨基乙酸（甘氨酸）

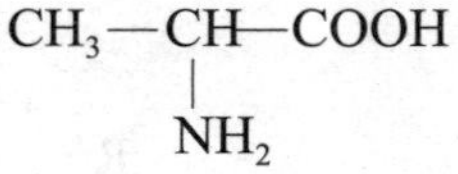

$CH_3—CH(NH_2)—COOH$　α-氨基丙酸（丙氨酸）

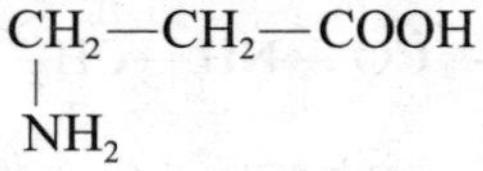

$CH_2(NH_2)—CH_2—COOH$　β-氨基丙酸

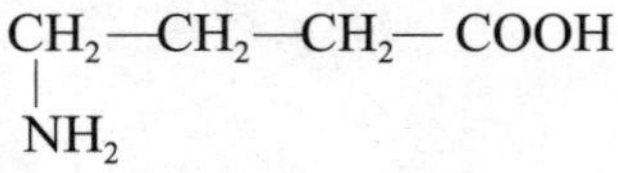

$CH_2(NH_2)—CH_2—CH_2—COOH$　γ-氨基丁酸

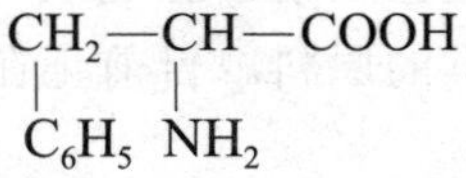

$CH_2(C_6H_5)—CH(NH_2)—COOH$　α-氨基-β-苯基丙酸（苯丙氨酸）

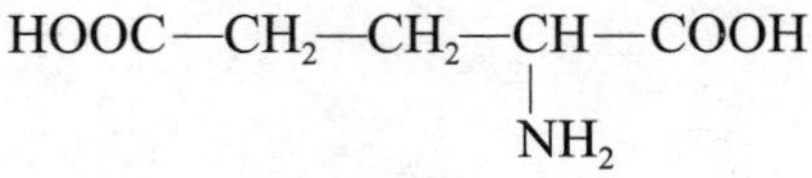

$HOOC—CH_2—CH_2—CH(NH_2)—COOH$　α-氨基戊二酸（谷氨酸）

α-氨基酸是组成蛋白质的结构单元，也可以说是蛋白质的基石。这里主要学习α-氨基酸。

2. 氨基酸的性质

说一说

你知道氨基酸有哪些物理性质吗？

状态：晶体　颜色：无色　气味：甜味

熔点：200～300℃

溶解性：易溶于水，不易溶于乙醚、苯等非极性有机溶剂

氨基酸的分子中既含有羧基（酸性基团），又含有氨基（碱性基团），因此为两性化合物，既能与碱起反应生成盐，也能与酸起反应生成盐。例如：

$$CH_2(NH_2)—COOH + HCl \longrightarrow [CH_2(NH_3^+)—COOH]Cl^-$$

$$CH_2(NH_2)—COOH + NaOH \longrightarrow [CH_2(NH_2)—COO^-]Na^+ + H_2O$$

氨基酸是两性化合物，故分子间能消去水分子而互相以酰氨基相连而形成肽类化合物，其中酰氨基结构—CO—NH—叫肽键，由两个氨基酸分子间消去水分子而形成的含有一个肽键的化合物叫二肽，反应如下：

$$H_2N—CH(R)—CO—OH + H—NH—CH(R')—COOH \longrightarrow H_2N—CH(R)—CO—NH—CH(R')—COOH + H_2O$$

由多个氨基酸分子间消去水分子而形成的含有多个肽键的高分子化合物叫多肽。多肽的相对分子质量大于1000的叫蛋白质。

3. 氨基酸的用途

氨基酸不仅在生物的生命活动中具有重要作用，而且也应用于工业上，食品工业中广泛应用的味精就是谷氨酸的钠盐。许多氨基酸是合成纤维的原料。目前正在发展用氨基酸来合成人造革、耐高温塑料、表面活性剂等。

二、蛋白质

蛋白质是天然有机高分子化合物，广泛存在于生物体内，是组成细胞的基础物质。生物的一切生命现象和生理机能都离不开蛋白质，所以研究蛋白质具有重要作用。

说一说

哪些生物体中含有蛋白质，蛋白质是如何形成的？

1. 蛋白质的组成

蛋白质是一类非常复杂的化合物，通常含有碳、氢、氧、氮、硫等元素，有些蛋白质还含有磷 、铁、碘、锰、锌等元素。蛋白质是由许多氨基酸分子通过肽键构成的高分子化合物。它的相对分子质量很大，从几万到几十万，例如，烟草斑纹病毒的核蛋白的相对分子质量超过两千万。

由于氨基酸的种类很多，组成蛋白质时氨基酸的数量和排列又各不相同，所以蛋白质的结构很复杂。研究蛋白质的结构和组成，进一步探索生命现象，是生命科学研究中的重要课题。1965年我国科学家在世界上第一次用人工方法合成了具有生命力的蛋白质——结构胰岛素，对蛋白质的研究做出了重要的贡献。

2. 蛋白质的性质

蛋白质有的能溶于水，如鸡蛋白，有的难溶于水，如丝、毛等。蛋白质除了能水解为氨基酸外，还具有如下性质。

做一做

蛋白质的性质

实验六：在盛有鸡蛋白溶液的试管里，缓慢地加入饱和溶液，观察沉淀的析出。然后把少量带有沉淀的液体加入盛有蒸馏水的试管里，观察沉淀是否溶解。

实验七：在两支试管里各加入3mL鸡蛋白溶液，给一支试管加热，同时向另一支试管加入少量乙酸铅溶液，观察发生的现象。把凝结的蛋白和生成的沉淀分别放入2支盛有清水的试管里，观察是否溶解。

实验八：在盛有2mL鸡蛋白溶液的试管里，滴入几滴浓硝酸，微热，观察现象。

实验现象：________________

看一看

（1）盐析　从实验六中可以看出，向蛋白质溶液中加入某些浓的无机盐溶液后，可以使蛋白质凝聚而从溶液中析出，这种作用叫做盐析（见图11-4）。这样析出的蛋白质仍可以溶解在水中，而不影响原来蛋白质的性质。因此，盐析是一个可逆的过程。利用这个性质，可以采用多次盐析的方法来分离、提纯蛋白质。

（2）变性　从实验七中可以看出，蛋白质受热达到一定温度或加入铅盐时就会凝结，这种凝结是不可逆的，即凝结后不能在水中重新溶解。把蛋白质的这种变化叫做变性。除加热以外，紫外线、X射线或强酸、强碱、铅、铜、汞等重金属盐类，以及一些有机化合物，如甲醛、酒精、苯甲酸等，均能使蛋白质发生变性（见图11-5）。蛋白质变性后，不仅丧失了原有的可溶性，同时也失去了生理活性。

（3）颜色反应　从实验八中可以看出，鸡蛋白溶液遇浓硝酸颜色变黄。蛋白质可以跟许多试剂发生特殊的颜色反应（见图11-6）。某些蛋白质跟浓硝酸作用会产生黄色。

（4）水解　由于蛋白质的氨基酸是通过脱水以后得到的，所以蛋白质在酸、碱或酶的作用下，能发生水解反应，先生成多肽，进一步水解，最后得到α-氨基酸（见图11-7）。

图 11-4 高级脂肪酸钠的盐析

图 11-5 酒精使蛋白质变性

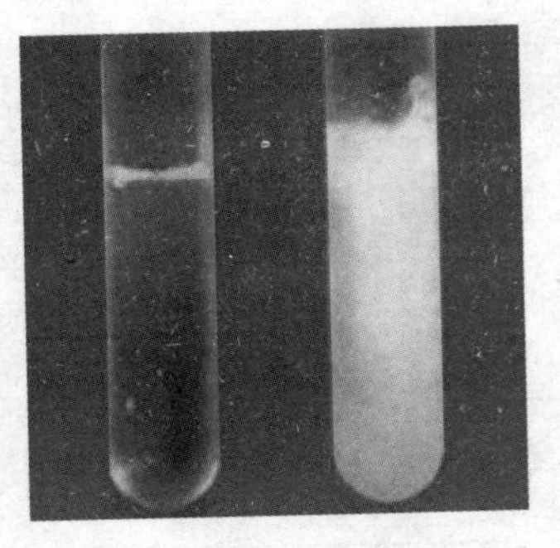

图 11-6 蛋白质的颜色反应

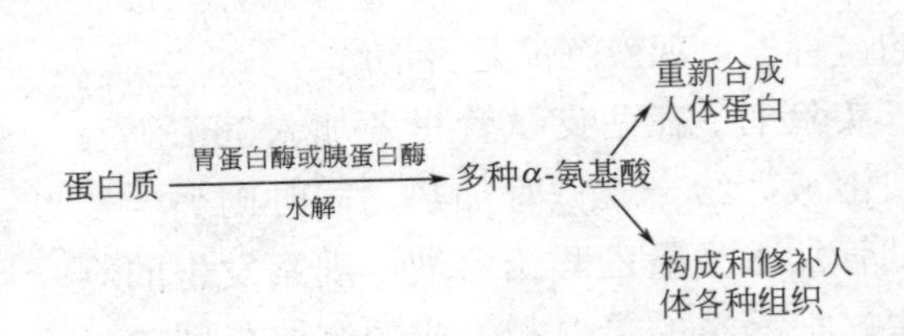

图 11-7 蛋白质的水解

（5）两性 蛋白质是由α-氨基酸通过肽键构成的高分子化合物，不论肽键多长，两端仍有氨基和羧基存在，因此蛋白质和氨基酸一样是两性物质，与酸和碱都起反应生成盐。

此外，蛋白质被灼烧时，产生具有烧焦羽毛的气味。

3. 蛋白质的用途

蛋白质是人和动物必需的营养物质，成年人每天大约要摄取60～80g蛋白质，才能满足生理需要，保证身体健康。人们从食物中摄取的蛋白质，在胃液中的胃蛋白酶和胰液中的胰蛋白酶作用下，经过水解生成氨基酸。氨基酸被人体吸收后，重新结合成人体所需的各种蛋白质。人体内各种组织的蛋白质也在不断地分解，最后主要生成尿素，排出体外。

蛋白质不仅是重要的营养物质，在工业上也有广泛的用途。动物的毛和蚕丝的成分都是蛋白质，它们是重要的纺织原料。动物的皮经过药剂鞣制后，其中所含的蛋白质就变成不溶于水、不易腐烂的物质，可以加工成柔软坚韧的皮革。

动物胶是用动物的骨、皮和蹄等经过熬煮提取的蛋白质，可用作胶黏剂。无色透明的动物胶叫白明胶，可用来制造照相胶卷和感光纸。阿胶使用驴皮熬制的胶，它是一种药材。

酪素是从牛奶中凝结出来的蛋白质，除用作食品外，还能跟甲醛合成塑料，它可用来制造纽扣、梳子等生活用品。

此外，由蛋白质组成的酶也有广泛的用途。

本章小结

一、胺

1．胺的命名：对简单结构的胺可采用习惯命名法，以NH_3为母体；对复杂的胺采用系统命名法，把氨基作为取代基。

2．胺的物理性质：与醇类似。

3．胺的化学性质

① 与氨类似，有碱性；

② 与醇类似，氮上氢容易被取代，发生烷基化反应和酰基化反应。

二、腈

1．腈的命名

2．腈的物理性质

3．腈的化学性质及应用
- 水解反应
- 还原反应

4．重要的腈（丙烯腈）

三、糖类

1．单糖
- 葡萄糖
  - 葡萄糖的结构
  - 葡萄糖的性质
  - 葡萄糖的制法
  - 葡萄糖的用途
- 果糖
  - 果糖的结构
  - 果糖的性质
  - 果糖的制法
  - 果糖的用途

2．二糖
- 蔗糖
  - 蔗糖的分子式
  - 蔗糖的性质
  - 蔗糖的用途
- 麦芽糖
  - 麦芽糖的分子式
  - 麦芽糖的性质
  - 麦芽糖的制法
  - 麦芽糖的用途

3．多糖
- 淀粉的性质和用途
- 纤维素的性质和用途

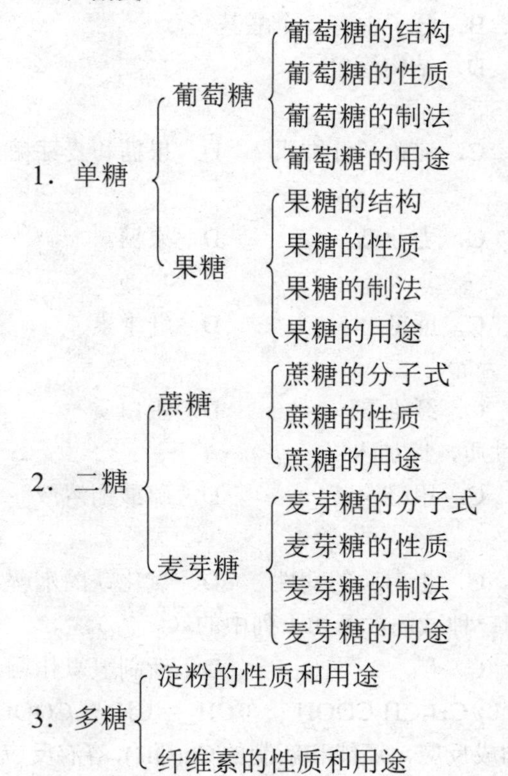

四、蛋白质

1．氨基酸的命名、性质和用途

2．蛋白质的性质：盐析；变性；颜色反应；水解；两性

3．蛋白质的用途

本章习题

一、选择题

1．下列物质中既可与HCl反应，又可与KOH溶液反应的是（　　）。

A．CH_3COOH　　B．$CH_3CH_2CH_2NH_2$

C．$CH_3-C(=O)-CH_3$　　D．$CH_2(NH_2)-CH(CH_3)-COOH$

2．下列物质属于天然高分子化合物的是（　　）。

A．纤维素　　B．蔗糖　　C．葡萄糖　　D．麦芽糖

3．葡萄糖是单糖的主要原因是（　　）。

A．在糖类中含碳原子数最少　　B．分子中有一个醛基

C．不能水解成更简单的糖　　D．结构简单

4．下列物质互为同分异构体的是（　　）。

A．葡萄糖和蔗糖　　B．蔗糖和麦芽糖　　C．淀粉和纤维素　　D．果糖和麦芽糖

5．下列物质属于非还原性糖的是（　　）。

A．葡萄糖　　B．蔗糖　　C．麦芽糖　　D．果糖

6．下列物质遇淀粉变蓝的是（　　）。

A．葡萄糖　　B．淀粉　　C．蔗糖　　D．纤维素

7．下列物质属于天然高分子化合物的是（　　）。

A．淀粉　　B．油脂　　C．纤维素　　D．蛋白质

8．欲将蛋白质从水中析出而又不改变它的性质，应加入（　　）。

A．饱和硫酸钠　　B．浓硫酸　　C．甲醛溶液　　D．硫酸铜溶液

9．下列过程不可逆的是（　　）。

A．蛋白质的盐析　　B．酯的酸催化水解　　C．蛋白质的变性　　D．氯化铁的水解

10．为鉴别乙醇、乙酸、葡萄糖溶液，选用一种试剂，可为下列中的（　　）。

A．钠　　B．硝酸　　C．碘　　D．新制氢氧化铜

11．有四种有机物①$CH_2=CH-CH_2OH$；②CH_3CH_2COOH；③$CH_2=CH-COOH$；④葡萄糖，其中既能发生酯化反应，又能发生加成反应，还能和新制的$Cu(OH)_2$溶液反应的是（　　）。

A．①②　　B．③④　　C．①③　　D．①②③

12．向盛有蔗糖的烧杯中加入浓H_2SO_4后，不可能发生的现象或反应是（　　）。

A．变黑　B．有气体生成　C．氧化还原反应　D．水解反应

13．将淀粉浆和淀粉酶的混合物放入试管，浸入温水中。过一段时间后取出试管中的液体，使之分别与碘水、新制$Cu(OH)_2$溶液（加热）、浓HNO_3（微热）接触，可观察到的现象是（　　）。

A．显蓝色，无现象，显黄色　B．显蓝色，有红色沉淀，显黄色

C．无现象，凝结，无现象　D．无现象，有红色沉淀，显黄色

14．下列作用不属于水解反应的是（　　）。

A．吃馒头时多咀嚼后有甜味

B．淀粉溶液和稀H_2SO_4共热一段时间后，滴加碘水不显蓝色

C．不慎将浓HNO_3沾到皮肤上会出现黄色斑痕

D．油脂与NaOH溶液共煮后可以制得肥皂

15.下列各组物质互为同分异构体的是（　　）。

A．葡萄糖和果糖　B．蔗糖和麦芽糖

C．淀粉和纤维素　D．四氯化碳和四氯甲烷

16．硫酸在下列各反应中，不起催化剂作用的是（　　）。

A．蔗糖和浓H_2SO_4反应

B．苯与浓HNO_3、浓H_2SO_4的混合物发生反应

C．蛋白质在稀H_2SO_4作用下发生水解

D．淀粉和稀硫酸共热

17．人造丝和蚕丝（　　）。

A．都是蛋白质　B．都是高分子化合物

C．都是纤维素　D．灼烧时都有烧焦羽毛的气味

18．下列反应中不能生成乙醇的是（　　）。

A．淀粉在淀粉酶、酒酶作用下发酵　B．淀粉在淀粉酶作用下水解

C．乙酸乙酯在稀硫酸作用下水解　D．在一定条件下乙烯与水加成

19．下列试剂中，将乙醇、淀粉溶液和苯三种无色液体鉴别开的是（　　）。

A．钠　B．新制$Cu(OH)_2$溶液

C．溴水　D．碘水

20．下列说法正确的是（　　）。

A．淀粉、纤维素、蛋白质和油脂是天然的高分子化合物

B．糖类是碳和水结合而成的化合物，故也称为“碳水化合物”

C．二糖是两个单糖分子加成的产物

D．多糖、二糖都可以水解成单糖

21．蛋白质在蛋白酶的作用变成氨基酸的反应属于（　　）。

A．消去反应　B.缩聚反应　C．水解反应　D．酯化反应

22．误食重金属盐会使人中毒，可用以解毒急救的措施是（　　）。

A．服大量食盐水　B．服葡萄糖水　C．服泻药制品　D．服鸡蛋清

23．淀粉和纤维素不能互称为同分异构体是由于（　）。

A．分子的表示式不同　　B．葡萄糖单元的组成不同

C．组成的元素种数不同　　D．高分子聚合度不同

24．下列不属于多糖的用途是（　）。

A．制黏胶纤维　　B．制火棉　　C．制淀粉酶　　D．制酒精

25．下列过程是不可逆的有（　）。

A．将$CuSO_4$溶液加入蛋白质　　B．酯加酸水解

C．将K_2SO_4溶液加入蛋白质　　D．NH_4Cl溶液加入鸡蛋清

26．下列关于蛋白质的叙述正确的是（　　）。

A．鸡蛋黄的主要成分是蛋白质　　B．鸡蛋生食营养价值更高

C．鸡蛋白遇碘变蓝色　　D．蛋白质水解最终产物是氨基酸

27．下列关于某病人尿糖检验的做法正确的是（　）。

A．取尿样，加入新制$Cu(OH)_2$，观察发生的现象

B．取尿样，加H_2SO_4中和碱性，再加入新制$Cu(OH)_2$，观察发生的现象

C．取尿样，加入新制$Cu(OH)_2$，煮沸，观察发生的现象

D．取尿样，加入$Cu(OH)_2$，煮沸，观察发生的现象

28．下列各组物质中，均能发生水解反应的是（　　）。

A．氨基酸与蛋白质　　B．淀粉与纤维素

C．蛋白质与麦芽糖　　D．蔗糖与果糖

二、填空题

1．蛋白质是生命的基础，由__________等元素所组成，水解产物是__________。

2．蛋白质的水解最终产物是多种氨基酸，氨基酸有两种性质的官能团，呈酸性的是________，呈碱性的是________，故具有两性。

3．在葡萄糖溶液中加入氢氧化铜溶液观察到的现象是：__________________。

4．葡萄糖的结构简式是________________，结构中含有6个________和1个________的官能团。若用RCHO表示葡萄糖的分子结构，试写出它发生如下反应的化学方程式：

（1）跟$Cu(OH)_2$溶液共热：________________________；

（2）银镜反应：____________________________；

（3）葡萄糖维持生命活动的方程式是____________________。

5．蔗糖和麦芽糖结构不同点是____________，水解产物不同点是____________。

6．胺的水溶液往往具有_____性（酸、碱）。

7．从结构上看，糖类一般是_____或_____，以及能_____生成它们的物质。

8．葡萄糖的分子式是_______，结构简式是_______，分子中含有的官能团是______基和_____基。

9．自然界中最常见和最重要的多糖是_______和_______。

10．蛋白质是由许多______通过_____键构成的高分子化合物，分子中仍含有______基和______基，既与_______起反应生成盐，又能与______起反应生成盐。

11．写出下列营养素水解的最终产物：

（1）纤维素＿＿＿＿＿＿；（2）蛋白质＿＿＿＿＿＿。

12．分别写出淀粉、蔗糖、麦芽糖水解的三个方程式：

（1）淀粉：＿＿＿＿＿＿＿＿＿＿＿＿

（2）蔗糖：＿＿＿＿＿＿＿＿＿＿＿＿

（3）麦芽糖：＿＿＿＿＿＿＿＿＿＿＿＿

13．做蔗糖水解实验：在试管内加入少量的蔗糖溶液，再加3～5mL稀H_2SO_4，小心煮沸几分钟，冷却后取少量冷却液，加入装有新制$Cu(OH)_2$溶液的试管中再加热到煮沸，无红色沉淀生成，简要说明实验失败的原因：＿＿＿＿＿＿。

14．鉴别下列物质

物质	沼气和乙烯	苯和四氯化碳	酒精和醋酸	乙酸乙酯和乙醇
试剂				
实验现象				
物质	糨糊和蛋清	面粉和葡萄糖	毛线和棉线	乙醇与乙醛
试剂				
实验现象				

三、判断题

1．凡是分子组成符合通式$(C_6H_{10}O_5)_n$、$C_n(H_2O)_m$的化合物属于糖类，也叫碳水化合物。（　　）

2．葡萄糖是多羟基酮，果糖是多羟基醛。（　　）

3．纤维素不能作为人类的营养物质，但它可以作为食草动物的营养物质。（　　）

4．淀粉和纤维素的分子式都是$(C_6H_{10}O_5)_n$，但它们结构不同，因此互为同分异构体。（　　）

5．糖类物质都是白色晶体，易溶于水，都具有甜味。（　　）

6．羧酸分子中羟基上的氢原子被氨基取代后的生成物，叫做氨基酸。（　　）

7．蛋白质是组成细胞的基础物质，生物的一切生命现象都离不开蛋白质。（　　）

8．蛋白质是许多氨基酸通过肽键构成的高分子化合物，显中性。（　　）

9．误食重金属盐，可以服用大量牛乳、蛋清或豆浆解毒。（　　）

四、简答题

1．吃米饭或馒头时，为什么多加咀嚼就会感到甜味？

2．在以淀粉为原料生产葡萄糖的水解过程中，用什么方法来检验淀粉的水解是否完全？

3．蛋白质在工业上有什么用途？

4．在两支试管里分别盛放蛋白质和淀粉的溶液，怎么鉴别它们？

第十二章

基础化学实训部分

学习指导

1. 学生通过基本实验实训的严格训练，能够规范地掌握基础化学实验的安全常识、基本技术、基本操作和基本技能。

2. 通过化学实训，培养学生对学习化学的兴趣和学生的综合运用能力。

3. 在项目化教学中，通过任务引领、启发教学，使学生从任务入手，查阅文献资料、设计实验方案、实施实验及结果分析，得到解决化学问题和科研能力的初步锻炼和培养。

4. 培养学生勤奋学习、求真、求实的优良品德和科学精神。

项目一　化学实训的基本操作（A）

（一）实训目的

1. 掌握溶解、过滤、蒸发等实验的操作技能。
2. 掌握固体物品的取用技术和过滤器的制作技术。
3. 理解过滤法分离混合物的化学原理。
4. 体会过滤的原理在生活生产等社会实际中的应用。

（二）实训用品

仪器：托盘天平，量筒，烧杯，玻璃棒，药匙，漏斗，铁架台（带铁圈），蒸发皿，酒精灯，坩埚钳，胶头滴管，滤纸，剪刀，火柴，纸片。

药剂：粗盐，水。

（三）实训过程

1．溶解

用托盘天平称取5g粗盐（精确到0.1g），用量筒量取10mL水倒入烧杯里。用药匙取一匙粗盐加入水中，观察发生的现象。用玻璃棒搅拌，并观察发生的现象（玻璃棒的搅拌对粗盐的溶解起什么作用？）。接着再加入粗盐，边加边用玻璃棒搅拌，一直加到粗盐不再溶解时为止。观察溶液是否浑浊，在天平上称量剩下的粗盐，计算在10mL水中大约溶解了多少克粗盐。

2．过滤

按照化学实验基本操作所述方法进行过滤（见图12-1）。仔细观察滤纸上的剩余物及滤液的颜色，滤液仍浑浊时，应该再过滤一次。

如果经两次过滤滤液仍浑浊，则应检查实验装置并分析原因。找出原因后，要重新操作。

图12-1　过滤

3．蒸发

把得到的澄清滤液倒入蒸发皿上，把蒸发皿放在铁架台的铁圈上，用酒精灯加热。同时用玻璃棒不断搅拌滤液，等到蒸发皿中出现较多量的固体时，停止加热。利用蒸发皿的余热，使滤液蒸干。

4．计算用玻璃棒把固体转移到纸上，称量后，回收到教师指定的容器。比较提纯前后食盐的状态，并计算精盐的产率。

（四）问题和讨论

1．怎样选择漏斗和滤纸？

2．怎样组装过滤器？

3．怎样正确地进行过滤？

4．怎样正确地洗涤沉淀物？

5．怎样检验沉淀物是否洗净？

6．过滤时，滤液过多而超出滤纸边缘或滤纸被划破怎么办？

7．过滤操作是否还有其他方式？

项目二　化学实训的基本操作（B）

（一）实训目的

1．复习初中学过的部分仪器的使用方法。

2．巩固过滤操作技术、掌握蒸发操作技术

3．通过氧气的制取，掌握固固加热型气体抽取方法。

4．通过实训学习科学研究的方法。

（二）实训用品

仪器：试管、试管夹、烧杯、漏斗、蒸发皿、玻璃棒、量筒、酒精灯、集气瓶、单孔橡胶塞、胶皮管、玻璃导管、水槽、铁架台、玻璃片、药匙、滤纸、托盘天平、研钵、火柴、木条、剪刀。

药剂：$KClO_3$、$CuSO_4 \cdot 5H_2O$、NaOH饱和溶液。

（三）实训过程

任务1：制取氧化铜

（1）称取5g $CuSO_4 \cdot 5H_2O$，在研钵中研细后倒入烧杯中。向烧杯中加入30mL蒸馏水，搅拌，使固体完全溶解。观察溶液的颜色。

（2）向盛有$CuSO_4$溶液的烧杯中滴加NaOH饱和溶液并搅拌，直到不再产生沉淀。写出反应的化学方程式。

（3）用滤纸和漏斗做一个过滤器，过滤并分离烧杯内的液体及沉淀（见图12-1）。用少量蒸馏水洗涤沉淀2～3次。观察滤液及沉淀的颜色。

（4）把滤纸上的沉淀转移到蒸发皿内，加热（见图12-2），搅拌，直到全部变为黑色固体，停止加热。写出反应的化学方程式。

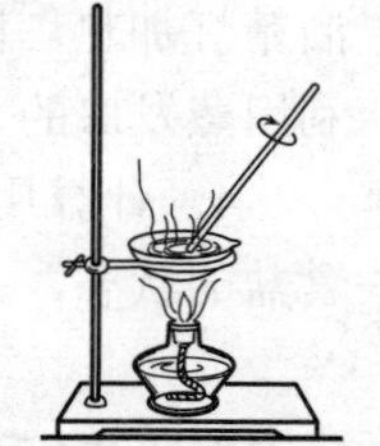

图12-2 蒸发

（5）把蒸发皿中的固体转移到研钵中，研细，留下备用。

任务2：制取氧气

（1）如图12-3所示装配好实验装置。检查装置的气密性。

（2）称取1.2g $KClO_3$，与前面制取的CuO粉末（这里作为通常使用的催化剂MnO_2的代用品）混合均匀后装入大试管中，用带有导管的单孔橡胶塞塞紧管口。

（3）加热，用排水法收集一试管氧气。

（4）先撤出导气管，再停止加热（为什么？）。

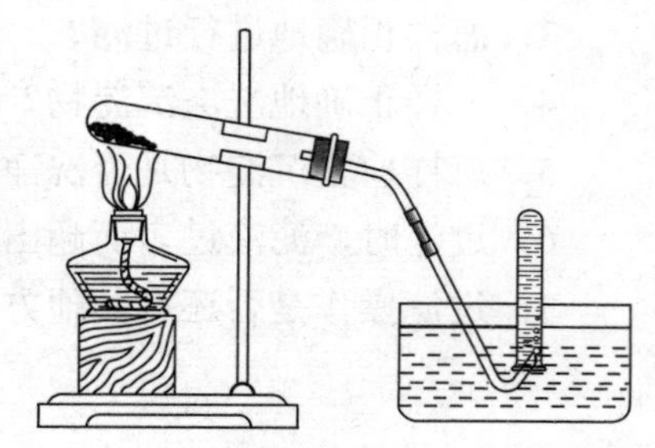

图12-3 氧气的制取

（5）用带火星的木条伸入试管中检验收集的氧气。

（四）问题和讨论

1．过滤和蒸发都是重要的基本操作，在操作时应注意哪些问题？

2．通过探索CuO也能作为$KClO_3$分解制取氧气反应的催化剂的实验，你能得到什么启迪？

3．总结一下固固加热型气体发生装置的特点是什么？

4．想一下还能用此装置能制取什么气体？

项目三 玻璃管加工和塞子钻孔

（一）实训目的和要求

1．掌握酒精喷灯、酒精灯、打孔器的使用方法。

2．初步掌握玻璃管的截断、弯曲、拉制、熔烧等操作。

3．玻璃管的简单加工：120°带尖嘴的弯管1支、90°弯管2支、60°弯管1支、拉2支滴管。

（二）实训用品

酒精灯、酒精喷灯（见图12-4）、玻璃管、玻璃棒、锉刀、打孔器、石棉网、橡皮塞、橡皮管。

图12-4 酒精喷灯

（三）实训过程

任务1：酒精喷灯的使用

（1）添加酒精；烧杯取适量酒精，拧下铜帽，用漏斗向酒精壶内添加酒精，酒精量不超过其体积的2/3。

（2）预热盘中加适量酒精（盛酒精的烧杯须远离火源）并点燃，充分预热，保证酒精全部汽化，并适时调节空气调节器。

（3）当灯管中冒出的火焰呈浅蓝色，并发出“哧哧”的响声时，拧紧空气调节器，此时可以进行玻璃管加工了。

（4）若一次预热后不能点燃酒精时，可在火焰熄火后重新往预热盘添加酒精（用石棉网或湿抹布盖在灯管上端即可熄灭酒精喷灯），重复上述操作点燃。

（5）座式喷灯连续使用不应过长，如果超过30min，应先暂时熄灭喷灯。冷却，添加酒精后继续使用，在使用过程中，要特别注意安全，手尽量不要碰到酒精喷灯金属位。

任务2：玻璃管的简单加工

120°带尖嘴的弯管1支、90°弯管2支、60°弯管1支、2支滴管。

1. 玻璃管的截断和熔光

（1）锉痕　左手按紧玻璃管（平放在桌面上），右手持锉刀，用刀的棱适当用力向前方锉，锉划痕深度适中，不可往复锉，锉痕范围在玻管周长的1/6 ～ 1/3，且锉痕应与玻璃管垂直［见图12-5（a）］。

（2）截断　双手持玻璃管锉痕两端，拇指齐放在划痕背后向前推压，同时食指向外拉［见图12-5（b）（c）］。

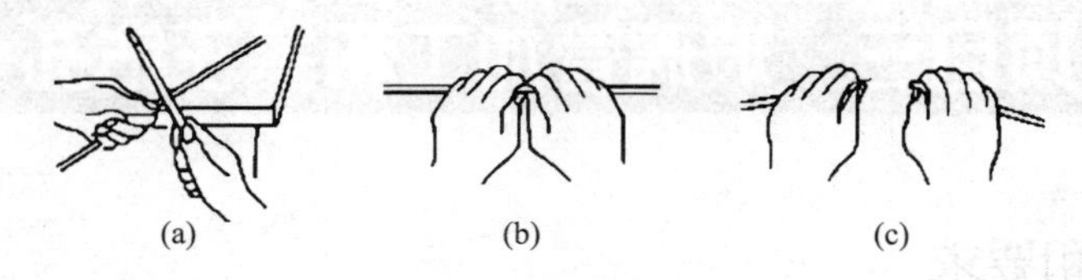

图12-5　玻璃的截断

（3）熔光　将玻管断面斜插入氧化焰上，并不停转动，均匀受热，熔光截面，待玻璃管加热端刚刚微红即可取出，若截断面不够平整，此时可将加热端在石棉网上轻轻按一下。

2. 弯曲玻璃管

（1）进行弯管操作时，两手水平地拿着玻璃管，将其在酒精喷灯的火焰中加热，见图12-6（a）。受热长度约1cm，边加热边缓慢转动使玻璃管受热均匀。当玻璃管加热至黄红色并开始软化时，就要马上移出火焰(切不可在灯焰上弯玻璃管)，两手水平持着轻轻用力，顺势弯曲至所需要的角度，见图12-6（b），注意弯曲速度不要太快，否则在弯曲的位置易出现瘪陷或纠结；也不能太慢，否则玻璃管又会变硬。

（2）大于90°的弯导管应一次弯到位。小于90°的则要先弯到90°，再加热由90°弯到所需角度。质量较好的玻璃弯导管应在同一平面上，无瘪陷或纠结出现，见图12-6（c）。

（3）对于管径不大（小于7mm）的玻璃管，可采用重力的自然弯曲法进行弯管。其操作方法是：取一段适当长的玻璃管。一手拿着玻璃管的一端，使玻璃管要弯曲的部分放在酒精灯的最外层火焰上加热（火不宜太大！），不要转动玻璃管。开始时，玻璃管与灯焰互相垂直，随着玻璃管的慢慢自然弯曲，玻璃管手拿端与灯焰的夹角也要逐渐变小。这种自然弯法的特点是玻璃管不转动，比较容易掌握。但由于弯时与灯焰的夹角不可能很小，从而限制了可弯的最小角度，一般只能是45°左右。

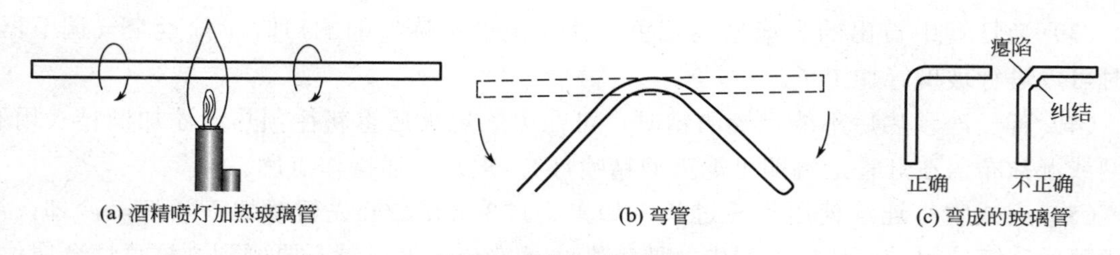

图12-6　制作玻璃弯管

3. 制备滴管

（1）烧管　将两端已熔光的长10cm的玻璃管，按弯曲玻璃管的要求在火焰上加热，但烧管的时间要长些，软化程度要大些，玻璃管受热面积应小些。

注：玻璃管加热时间与其厚度有很大关系。

（2）拉管　待玻璃管软化好后，自火焰中取出，沿水平方向向两边边拉边转，使中间细管长约8cm为止，并使细管口径约等于1.5mm。

（3）扩口　待拉管截断后，细端熔光，粗端灼烧至红热后，用灼热的锉刀柄斜放在管口内迅速而均匀的转动（见图12-7）。

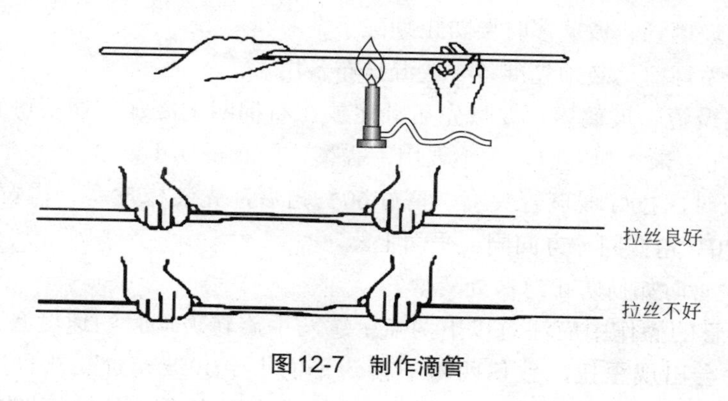

图12-7　制作滴管

（四）问题和实践

1．为什么在点燃酒精喷灯前灯管要充分预热？

2．如何截断玻璃管？为什么要熔光？

3．试一下做一个洗瓶。

（五）注意事项

1．使用酒精喷灯应该注意哪些问题？

答：① 喷灯工作时，灯座下绝不能有任何热源，环境温度一般应在35℃以下，周围不要有易燃物。

② 当罐内酒精耗剩20mL左右时，应停止使用，如需继续工作，要把喷灯熄灭后再增添酒精，不能在喷灯燃着时向罐内加注酒精，以免引燃罐内的酒精蒸气。

③ 使用喷灯时如发现罐底凸起，要立即停止使用，检查喷口有无堵塞，酒精有无溢出等，待查明原因，排除故障后再使用。

④ 每次连续使用的时间不要过长。如发现灯身温度升高或罐内酒精沸腾（有气泡破裂声）时，要立即停用，避免由于罐内压力增大导致罐身崩裂。

使用时出现的问题与解决办法如下：

① 喷灯喷火一开始火焰正常，等预热碗里的酒精烧完以后，火焰渐渐变小，最后熄灭。原因：这是由于喷管尾端没有火焰喷出到预热碗的原因。处理：可在重新预热前将空气调节阀降低。

② 壶内酒精爆沸，喷口无气体喷出，原因，喷孔堵塞。处理：这很危险，首先用湿

抹布盖住壶体，或用冷水泼洒，使壶体降温。然后检查壶体，确认无损坏后，用探针疏通喷孔。

③ 喷出气体无法燃烧，原因酒精浓度太低。解决：换用高浓度酒精。

④ 喷出气体量少，原因：灯芯烧焦，或灯芯塞得太紧。解决，前者更换灯芯。后者将灯芯适当减细。

2．断、弯、拉玻璃管各应注意哪些问题？

答：① 切割玻璃管、玻璃棒时要防止划破手。

② 使用酒精喷灯前，必须先准备一块湿抹布备用。

③ 灼热的玻璃管、玻璃棒，要按先后顺序放在石棉网上冷却，切不可直接放在实验台上，防止烧焦台面；未冷却之前，也不要用手去摸，防止烫伤手。

④ 装配洗瓶时，拉好玻璃管尖嘴，弯好60°角后，先装橡皮塞，再弯120°角，并且注意60°角与120°角在同一方向同一平面上。

3．弯曲玻璃管时如何防止弯曲处变瘪？

答：弯玻璃管的操作中应注意以下两点：①两手旋转玻璃管的速度必须均匀一致，否则弯成的进璃管会出现歪扭，致使两臂不在一平面上；②玻璃管受热程度应掌握好，受热不够则不易弯曲，容易出现纠结和瘪陷，受热过度则在弯曲处的管壁出现厚薄不均匀和瘪陷。

为此：① 加热部分要稍宽些，同时要不时转动，使其受热均匀。

② 不能一面加热一面弯曲，一定要等玻璃管烧软后离开火焰再弯，弯曲时两手用力要均匀，不能有扭力，拉力和推力。

③ 玻璃管弯曲角度太大时，不能一次弯成，先弯曲一定角度将加热中心部位稍偏离原中心部位，再加热弯曲，直至到达所要求的角度为止。

④ 弯制好的玻璃管不能立即和冷的物件接触，要把它放在石棉网上自然冷却。

4．玻璃管加工过程中有哪些不安全因素？如何避免？

答：① 切割玻璃管、玻璃棒时要防止划破手。

② 灼热的玻璃制品，应放在石棉网上冷却，不要放在桌面上，以免烧焦桌面，也不要用手去摸，以免烫伤，未用完的酒精应远离火源，在实验过程中要细致小心，防烫伤，防割伤，防火灾。

③ 实验完毕后，应清理台面，玻璃碎渣、未用完的玻璃管放在指定的容器中，熄灭酒精喷灯，保证台面整洁，待成品冷却后，才可用手拿断、弯、拉玻璃管。

项目四　配制一定物质的量浓度的溶液

（一）实训目的

1．学习配制一定物质的量浓度的溶液。

2．加深对物质的量浓度概念的理解。

3．掌握容量瓶、滴定管的结构及正确的使用方法，进一步熟悉天平的使用。

（二）实训用品

仪器：烧杯、酸式滴定管、容量瓶（100mL）胶头滴管、玻璃棒、药匙、滤纸、托盘天平。

试剂：NaCl、蒸馏水。

（三）实训过程

任务1：配制100mL 2.0mol/L NaCl溶液

1．计算溶质的质量

计算配制100mL 2.0mol/L NaCl溶液所需NaCl固体的质量。

2．称量

在托盘天平上称量出所需质量的NaCl固体。

3．配制溶液

如图12-8，把称好的NaCl固体放入烧杯中，再向烧杯中加入40mL蒸馏水，用玻璃棒搅拌，使NaCl固体完全溶解。

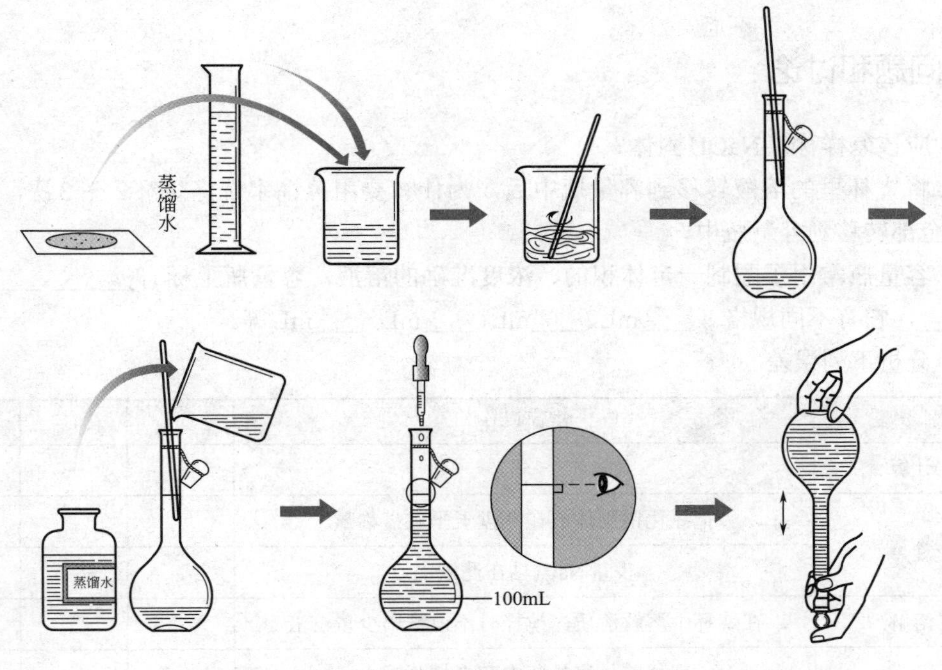

图12-8　溶液的配制

将烧杯中的溶液沿玻璃棒转移到容量瓶中，用少量蒸馏水洗涤烧杯2～3次，并将洗涤液也全部转移到容量瓶中。轻轻摇动容量瓶，使溶液混合均匀。

继续向容量瓶中加入蒸馏水，直到液面在刻度线以下1～2cm时，改用胶头滴管逐滴加水，使溶液凹面恰好与刻度相切。盖好容量瓶瓶塞，反复颠倒，摇匀。

4．将配制好的溶液倒入试剂瓶中，贴好标签。

任务2：用2.0mol/L NaCl溶液配制100mL 0.5mol/L NaCl溶液

1．计算所需2.0mol/L NaCl溶液的体积

计算配制100mL 0.5mol/L NaCl溶液所需2.0mol/L NaCl溶液的体积。

2．量取2.0mol/L NaCl溶液的体积

用酸式滴定管将所需体积的2.0mol/L NaCl溶液注入烧杯中（见图12-9）。

3．配制溶液

向盛有2.0mol/L NaCl溶液的烧杯中加入约20mL蒸馏水，用玻璃棒慢慢搅动，使其混合均匀。将烧杯中的溶液沿玻璃棒转移到容量瓶中。用少量蒸馏水洗涤烧杯和玻璃棒2～3次，并将洗涤液也转移到容量瓶中，然后加水至刻度。盖好容量瓶瓶塞。反复颠倒，摇匀。

4．将已配制好的100mL 0.5mol/L NaCl溶液倒入指定的容器中。

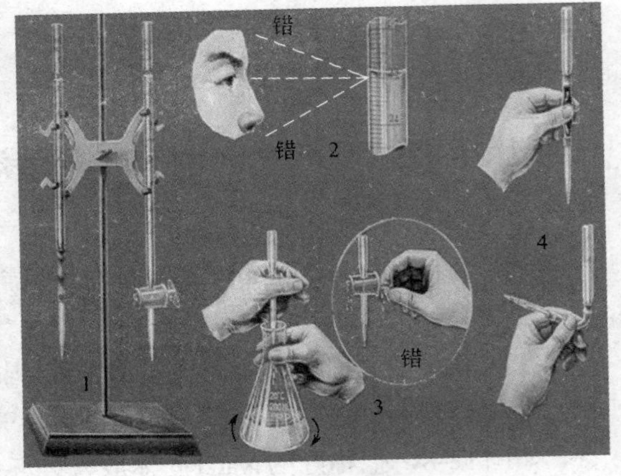

图12-9 滴定管及使用方法

（四）问题和讨论

1．应该怎样称量NaOH固体？

2．将烧杯里的溶液转移到容量瓶中后，为什么要用蒸馏水洗涤烧杯2～3次，并将洗涤液也全部转移到容量瓶中？

3．容量瓶常用于配制一定体积的、浓度准确的溶液，容量瓶上标有______、________、________，它有不同规格：____mL、____mL、____mL、____mL等。

4．分析下列误差

配制步骤	错误操作	n	V	c
①计算	—	—	—	—
②称量	把氯化钠固体放在托盘天平右盘称量			
	少量NaCl粘在滤纸上			
③溶解	在烧杯中溶解溶质，搅拌时不慎溅出少量溶液			
④转移	转移前，容量瓶内有少量蒸馏水			
	玻璃棒在刻度线上引流			
⑤洗涤	未洗涤或洗涤液未注入容量瓶			

续表

配制步骤	错误操作	n	V	c
⑥定容	仰视			
	超过刻度线，吸出一部分水			
⑦摇匀	摇匀后液面下降，补充水			
⑧装瓶	试剂瓶刚用蒸馏水洗过			
	转移到干燥、洁净的试剂瓶中时，有少量溅出			

5．想一下如何配制250mL 0.1mol/L NaOH溶液？如用浓度为98%浓硫酸（密度为1.84g/cm^3）来配制250mL 0.1mol/L H_2SO_4溶液又该如何？

（五）要点提示

（1）容量瓶

① 仪器　容量瓶是细颈、梨形平底的玻璃瓶，瓶口配有磨口玻璃塞，它的颈部刻有标线，瓶上标有温度和容量。

② 用途　用于配制一定物质的量浓度的溶液，是一种容积精确的仪器。容量瓶有各种不同规格，常用的规格有100mL、250mL、500mL和1000mL等。

③ 注意事项

a. 根据所配溶液的体积选取合适规格的容量瓶。

b. 用前要检查容量瓶是否漏水。

c. 用前要先用蒸馏水洗涤容量瓶。

d. 容量瓶中不能将固体或浓溶液直接溶解或稀释，容量瓶也不能作为反应容器，不能长期贮存溶液。

e. 在容量瓶的使用过程中，移动容量瓶，手应握在瓶颈刻度线以上部位，以免瓶内溶液受热而发生体积变化，使溶液的浓度不准确。

（2）配制一定体积物质的量浓度溶液的步骤及所用仪器

计算→称量（托盘天平或量筒）→溶解（烧杯、玻璃棒）→移液（容量瓶）→洗涤→定容（胶头滴管）

（3）配制物质的量浓度溶液时，应注意以下问题

① 配制物质的量浓度溶液是将一定质量或体积的溶质按溶液的体积在选定的容量瓶中定容，因而完全不需要计量水的用量。

② 不能配制任意体积的一定物质的量浓度的溶液，这是因为配制过程中用容量瓶来定容的，而容量瓶的规格又是固定的。

③ 溶液注入容量瓶前要恢复到室温，这是因为溶质在烧杯内稀释或溶解时常有热效应。

④ 用胶头滴管定容后再振荡，出现液面低于刻度线时不要再加水。这是因为容量瓶是属“容纳量”式的玻璃量器（指注入量器的液体体积等于刻度所示的体积），用胶头滴管定

容到液面正好和刻度线相切时，溶液的体积恰好为容量瓶的标定容量。之所以在把容量瓶振荡后，竖直容量瓶时会出现瓶内的液面低于刻度线的现象，是因为极少量的溶液在湿润磨口处而损失了。

⑤ 配制物质的量浓度溶液时切不可直接将溶质转入容量瓶中，更不可用于进行化学反应的实验。

⑥ 如果加水定容时超过了刻度线，不能将超出的部分再吸走，必须重新配制。

⑦ 如果摇匀时不小心洒出几滴，不能再补加水到刻度，必须重新配制。洒出的溶液中带走了一部分溶质，再补加水，同样也会使所配制的溶液的浓度偏低。

⑧ 溶质溶解的操作在转移至容量瓶时，必须用少量蒸馏水将烧杯及玻璃棒洗涤2～3次，并将洗涤液一并倒入容量瓶中。因为烧杯壁及玻璃棒表面粘有溶质，如不洗涤，溶质有损失，所配制的溶液的浓度偏低。

⑨ 用溶液配制一定物质的量浓度的溶液时，需用移液管取原溶液。先将移液管洗净，然后用原溶液润洗2～3次移液管再取溶液，否则使所配溶液浓度偏低。另外，移液管尖嘴部分残留的液滴不能吹入容量瓶中，否则导致所配溶液的浓度偏高。

⑩ 配制NaOH溶液时，必须用带盖的称量瓶或用小烧杯快速称量NaOH固体。因NaOH固体易潮解，且有腐蚀性，称量过程时间越长，NaOH吸水越多，导致所配溶液浓度偏低；若在纸上直接称量，NaOH吸水潮解并粘在纸上，会损失部分，使所配溶液浓度偏低。另外，潮解后固体表面的溶液渗过纸后会腐蚀托盘。

项目五　元素周期律的研究

（一）实训目的

1．探究同周期、同主族元素性质的递变规律。

2．初步培养学生设计实验的能力。

3．激发学生思维，培养其勇于探索未知的精神。

（二）实训用品

仪器：试管、锥形瓶（10mL）、试管夹、试管架、量筒、胶头滴管、酒精灯、点滴板、小刀、滤纸、玻璃片、镊子、砂纸、火柴。

药剂：钠、镁条、钾、铝片、氯水（新制的）、溴水、NaOH溶液、NaCl溶液、NaBr溶液、NaI溶液、$MgCl_2$溶液、$AlCl_3$溶液、稀盐酸（1mol/L）、酚酞试液。

（三）实训过程

任务1：同周期元素性质的递变

1．分别取少量钠、镁、铝与水反应，比较它们反应的剧烈程度。

金　　属	与滴有酚酞的水的反应现象	反应方程式
钠		
镁		
铝		
结论		

注：镁、铝与水反应时需加热。

2．分别取少量钠、镁、铝分别和稀盐酸反应，比较它们反应的剧烈程度。

金　　属	与稀盐酸反应的现象	反应方程式
镁		
铝		
结论		

关于钠、镁、铝最高价氧化物的水化物的碱性强弱比较。

3．分别向$MgCl_2$和$AlCl_3$溶液中滴加过量的NaOH溶液

溶　　液	反应现象	反应方程式
$MgCl_2$		
$AlCl_3$		
结论		

4．把$MgCl_2$和$AlCl_3$溶液分别滴加到NaOH溶液中去，并振荡。

$MgCl_2$滴加到NaOH溶液中的现象	
$AlCl_3$滴加到NaOH溶液中的现象	

［问题探究］分析氯化铝溶液中滴加氢氧化钠溶液和向氢氧化钠溶液中滴加氯化铝溶液现象不同的原因________________________________。

任务2：同主族元素性质的递变探究

请同学们做如下探究：比较钠、钾与水反应的现象的不同，以判断钠、钾的金属性强弱。

1．Na、K与水的反应

金　　属	与滴有酚酞的水的反应现象	反应方程式
Na		
K		
结论		

2．氯水与NaCl、NaBr、NaI溶液的反应后加入少量四氯化碳

溶　液	现象	反应方程式
NaCl		
NaBr		
NaI		

3．溴水与NaCl、NaBr、NaI溶液的反应后加入少量四氯化碳

溶液	反应现象	化学方程式
NaCl		
NaBr		
NaI		

[**问题探究**] 在卤素单质间的置换反应中，卤素单质作氧化剂，是否在所有的有非金属单质参加的置换反应中，非金属单质都作氧化剂。

你的结论是：________________________________。

（四）问题和讨论

1．不用其他试剂，如何鉴别$AlCl_3$溶液和NaOH溶液。

2．实训中使用的氯水为何要新制备的？加四氯化碳试剂的目的是什么？

3．如何设计实验证明同周期的硫、氯元素的非金属性强弱？

4．如何设计实验证明同主族的钠、钾元素的金属性强弱？

5．某同学做同周期元素性质递变规律实验时，自己设计了一套实验方案，经老师批准后进行试验，实验现象记录如下表（实验方案4、5盐酸浓度因记录表中数据模糊，分别用a、b表示）：

实验方案	实验现象
1．用砂纸打磨后的镁条与沸水反应，再向反应液中滴加酚酞	1．浮于水面，熔成小球，四处游动，逐渐缩小，溶液变红色
2．向新制的H_2S饱和溶液中滴加新制的氯水	2．放出无色气体，气体可燃，溶液变浅红色
3．钠与滴有酚酞试液的冷水反应	3．反应不十分强烈，产生的气体可燃
4．镁条与a mol/L的盐酸反应	4．剧烈反应，产生的气体可燃
5．铝条与b mol/L的盐酸反应	5．生成白色絮状沉淀，继而沉淀消失
6．向$AlCl_3$溶液中滴加NaOH溶液至过量	6．生成淡黄色沉淀

请根据记录回答下列问题：

（1）该同学的实验目的是________。

（2）请比较a、b的大小关系（选择“＞”、“＜”、“＝”填空）：a__b。

（3）完成实验方案3除需要烧杯、小刀、玻璃片、胶头滴管等外，还必须用到的一种仪器名称是________________________。

（4）请根据记录表填写实验现象序号对应的实验方案编号。

项目六　化学反应速率和限度影响因素探究

（一）实训目的

1．探究浓度、温度和催化剂等条件对化学反应速率的影响。
2．探究浓度、温度对化学的平衡影响。
3．通过实训，进一步理解做定量实验的方法，培养观察能力。

（二）实训用品

仪器：试管、试管架、胶头滴管、NO_2平衡仪，

试剂：0.01mol/L $KMnO_4$溶液、0.1mol/L $H_2C_2O_4$溶液、0.2mol/L $H_2C_2O_4$溶液、3mol/L H_2SO_4溶液、0.1mol/L $Na_2S_2O_3$溶液、0.1mol/L H_2SO_4溶液、3%的H_2O_2溶液、家用洗涤剂、MnO_2粉末、0.1mol/L $K_2Cr_2O_7$溶液、浓H_2SO_4溶液、6mol/L NaOH溶液、冰水、热水。

（三）实训过程

任务1：影响化学反应速率的因素探究

	实验步骤	实验现象	结论解释
浓度对反应速率的影响	取两支试管，分别向试管中加入1mL 3mol/L H_2SO_4和3mL 0.01mol/L $KMnO_4$溶液（原理：$2KMnO_4+5H_2C_2O_4+3H_2SO_4 \longrightarrow K_2SO_4+2MnSO_4+10CO_2+8H_2O$） （1）向第一支试管中加入2mL 0.1mol/L $H_2C_2O_4$溶液 （2）向第二支试管中加入2mL 0.2mol/L $H_2C_2O_4$溶液	①实验现象______ 褪色时间____（长或短） ②实验现象______ 褪色时间____（长或短）	
温度对反应速率的影响	取两支试管，各加入5mL0.1mol/L $Na_2S_2O_3$溶液；另取两支试管各加入5mL 0.1mol/L H_2SO_4溶液；将4只试管分成两组（盛有$Na_2S_2O_3$和H_2SO_4的试管各一只） （1）一组放入冷水中一段时间后相互混合，记录出现浑浊的时间 （2）另一组放入热水中一段时间后相互混合，记录出现浑浊的时间	①实验温度____（高或低） 出现浑浊的时间____（长或短） ②实验温度____（高或低） 出现浑浊的时间____（长或短）	
催化剂对反应速率的影响	（1）在试管中加入3%的H_2O_2溶液3mL和合成洗涤剂（产生气泡以示有气体生成）3～4滴，观察现象 （2）在另一支试管里加入3%的H_2O_2溶液3mL和合成洗涤剂3～4滴，再加入少量二氧化锰，观察现象	①产生气泡____ ②产生气泡____	

任务2：化学平衡的移动影响因素探究

实验步骤		实验现象	结论解释
浓度对化学平衡移动的影响	已知：在$K_2Cr_2O_7$溶液中存在如下平衡：$Cr_2O_7^{2-}$（橙色）$+ H_2O \rightleftharpoons 2CrO_4^{2-}$（黄色）$+ 2H^+$ 取两支试管，分别向试管中加入5mL 0.1mol/L $K_2Cr_2O_7$溶液 （1）向第一支试管中加入3～10滴浓H_2SO_4溶液 （2）向第二支试管中滴加10～20滴6mol/L NaOH溶液 观察并记录溶液颜色的变化	①颜色变化______ ②颜色变化______	
温度对化学平衡移动的影响	如图12-10，将NO_2平衡仪分别浸泡在冰水和热水中，观察颜色变化 热水　冰水 图12-10　NO_2平衡仪	①置于冰水中______ ②置于热水中______	

（四）问题和讨论

1．影响反应速率的因素有哪些？如何影响？

2．影响反应平衡的因素有哪些？如何影响？

3．对于化学反应$N_2(g) + 3H_2(g) \rightleftharpoons 2NH_3(g)$；已知298K时：$\Delta H = -92.2kJ/mol$；你认为怎样才能既使反应快，又能使氮气转化率提高？

项目七　电解质溶液的认识

（一）实训目的

1．学会pH试纸的使用方法。

2．加深对电解质有关知识的了解。

3．加深对盐类水解的原理的理解。

4．通过判断不同盐溶液酸碱性强弱的实验，培养分析问题的能力。

（二）实训用品

仪器：试管、试管夹、滴管、玻璃棒、镊子、酒精灯、火柴。

试剂：0.1mol/L HCl溶液、1mol/L HCl溶液、0.1mol/L CH_3COOH溶液、1mol/L CH_3COOH溶液、饱和Na_2CO_3溶液、1mol/L $(NH_4)_2SO_4$溶液、NaCl溶液、1mol/L CH_3COONa溶液、2%氨水、锌粒、酚酞试液、pH试纸。

（三）实训过程

任务1：pH试纸的使用

用干净的玻璃棒分别蘸取少量0.1mol/L CH_3COOH溶液、2%氨水和NaCl溶液，并分别点在三小块pH试纸上，观察试纸的颜色变化并跟标准比色卡相比较，以确定该种溶液的pH值。

任务2：强、弱电解质

1．用干净的玻璃棒分别蘸取0.1mol/L HCl溶液和0.1mol/L CH_3COOH溶液，并分别点在两小块pH试纸上，观察试纸的颜色变化，并判断两种溶液的pH值。

2．在一个试管中加入少量0.1mol/L CH_3COOH溶液，再加入约10倍体积的水，振荡均匀，然后用玻璃棒蘸取此稀释液并点在一小块pH试纸上，判断溶液的pH值。

CH_3COOH溶液稀释后，其pH值较未稀释前有什么变化？

3．在两个试管中分别加入一颗锌粒，然后各加入1mol/L HCl溶液和1mol/L CH_3COOH溶液。稍待一会儿（或加热试管），比较两个试管里反应的快慢。写出有关反应的离子方程式。

________________________、________________________。

任务3：盐类的水解

1．向三个试管里分别加入1mL饱和Na_2CO_3溶液、$(NH_4)_2SO_4$溶液和NaCl溶液，用pH试纸测定它们的pH值。写出有关反应的离子方程式。

2．在一个试管里加入3mL CH_3COONa溶液，滴入2滴酚酞试液，观察溶液的颜色。再取一个试管，把溶液分成两份，给其中一个试管里的溶液加热，比较两个试管里溶液的颜色。待受热试管中的溶液恢复至常温，再比较两个试管里溶液的颜色。

思考温度对水解有什么影响。

（四）问题和实践

1．为什么检验氨气时，用湿润的红色石蕊试纸，而测定某溶液的酸碱性时，直接将溶液用玻璃棒点在pH试纸上？根据实验，试总结当我们使用试纸检验气体或液体时，应各采用什么方法？

2．根据实验结果，说明温度对CH_3COONa溶液的水解反应有什么影响？

3．试测一下学校周边的土壤的酸碱度？

4．工业上经常用老碱除污，为什么用热水效果好？

5．设计验证醋酸是弱电解质的两种实验方案。

项目八 烧碱未知浓度的测定

（一）实训目的

1．练习中和滴定的实验操作。

2．通过实验进一步理解中和滴定的原理和计算方法。

3．通过实验培养科学态度和训练科学方法。

4．创设企业情景，激发学生学习的兴趣。

在化工生产和化学实验中，经常需要知道所用的酸或碱溶液的准确浓度，利用酸碱中和滴定，可以准确测定酸或碱溶液的浓度。在进行中和滴定时，应重视润洗滴定管、选择指示剂、进行滴定操作、正确读取液体体积等知识和操作方法。

（二）实训用品

仪器：酸式滴定管、碱式滴定管、滴定管夹、烧杯、锥形瓶、铁架台、白纸。

试剂 ：标准的0.2000mol/L HCl溶液、未知浓度的NaOH溶液、酚酞试液、蒸馏水。

（三）实训过程

1．从滴定管夹上取下酸式滴定管，用标准的0.2000mol/L HCl溶液润洗2～3次。每次用酸溶液3～5mL。把0.2000mol/L HCl溶液注入酸式滴定管中，使液面位于滴定管刻度“0”以上2～3cm处，再把酸式滴定管固定在滴定管夹上。在滴定管下放一个烧杯，调节活塞使滴定管的尖嘴部分充满酸液，使滴定管内部没有气泡，并使液面处在“0”或“0”以下某一刻度处。记下准确读数，并记录。

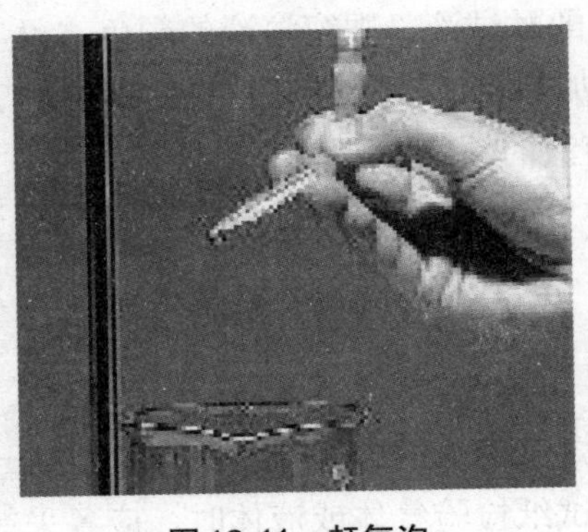

图12-11 赶气泡

2．用待测浓度的NaOH溶液把碱式滴定管润洗2～3次，然后装满待测浓度的NaOH溶液，把它固定在滴定管夹上。轻轻挤压玻璃球，使滴定管的尖嘴部分充满溶液（注意把滴定管下端的气泡赶走，见图12-11），然后调整滴定管内液面，使其保持在“0”或“0”以下某一刻度处，记下准确读数，并记录。

3．用碱式滴定管向锥形瓶中注入25.00mL待测浓度的NaOH溶液，再向锥形瓶中滴入2滴酚酞试液，这时溶液呈红色。

4．把锥形瓶放在酸式滴定管的下面，瓶下垫一张白纸，小心地滴入酸溶液，边滴边摇动锥形瓶，直到因加入一滴酸后，溶液颜色从粉红色刚好变为无色为止（见图12-12）。这表示已到滴定终点，记下滴定管液面的刻度读数，并填入表12-1。

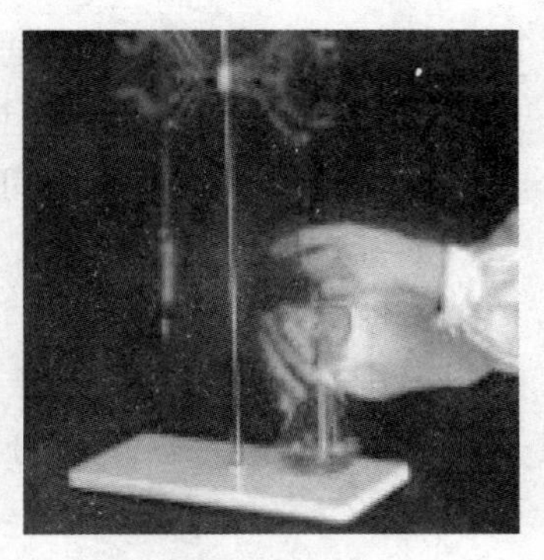

图12-12　滴定

表12-1　实验记录

滴定次数	待测碱溶液的体积			标准酸溶液的体积		
	滴定前刻度	滴定后刻度	体积/mL	滴定前刻度	滴定后刻度	体积/mL
第一次						
第二次						

5．把锥形瓶里的溶液倒掉，用蒸馏水把锥形瓶洗涤干净。按上述操作重复一次，并把滴定前后液面刻度的读数分别填入表12-1。

6．取两次测定数值的平均值，计算待测NaOH溶液的物质的量浓度。

（四）问题和讨论

1．在进行中和滴定时，为什么要用标准酸溶液润洗酸式滴定管2～3次？用酸溶液润洗后的滴定管，如果再用蒸馏水润洗一次，这种操作是否正确？

2．滴定用的锥形瓶是否也要用待测的碱溶液润洗？锥形瓶装待测液前是否必须保持干燥？为什么？

3．实验室中有一未知浓度的稀盐酸，某同学测定盐酸的浓度在实验室中进行实验。请完成下列填空：

（1）配制100mL 0.10mol/L NaOH标准溶液。

① 主要操作步骤：计算→称量→溶解→（冷却后）→洗涤（并将洗涤液移入容量瓶）→________→________→________→将配制好的溶液倒入试剂瓶中，贴上标签。

② 称量________g氢氧化钠固体所需的仪器有：天平（带砝码、镊子）、________、________。

（2）取20.00mL待测盐酸放入锥形瓶中，并滴加2～3滴酚酞作指示剂，用自己配制的标准NaOH溶液进行滴定。重复上述滴定操作2～3次，记录数据如下。

实验编号	NaOH溶液的浓度/(mol/L)	滴定完成时，NaOH溶液滴入的体积/mL	待测盐酸的体积/mL
1	0.10	22.62	20.00
2	0.10	22.72	20.00
3	0.10	22.80	20.00

① 滴定达到终点的标志是__________。

② 根据上述数据，可计算出该盐酸的浓度约为__________(保留两位有效数字)。

③ 在上述实验中，下列操作(其他操作正确)会造成测定结果偏高的有__________。

a. 滴定终点读数时俯视读数。

b. 酸式滴定管使用前，水洗后未用待测盐酸润洗。

c. 锥形瓶水洗后未干燥。

d. 碱式滴定管尖嘴部分有气泡，滴定后消失。

项目九 氯、溴、碘的性质及卤离子的检验

(一) 实训目的

1. 认识氯、溴、碘的单质以及几种卤化物的性质。
2. 认识卤素间的置换反应。
3. 学会氯离子的检验方法。
4. 培养环境保护意识

(二) 实训用品

仪器：试管、试管架、烧杯、量筒、胶头滴管、镊子。

药剂：氯水（新制的）溴水、碘水、NaCl溶液、NaBr溶液、NaI溶液、$AgNO_3$溶液、Na_2CO_3溶液、稀硝酸、盐酸、CCl_4（四氯化碳）KI淀粉试纸、淀粉溶液。

(三) 实训过程

任务1：氯、溴、碘的性质

1. 氯、溴、碘的溶解性

观察氯水、溴水、碘水的颜色。

向三支试管中分别加入1mL氯水、溴水、碘水，再向每支试管中各滴入10滴CCl_4。振荡，然后将试管静置于试管架上。观察水层和CCl_4层的颜色。注意：最后要把试管中的液体倒入指定的容器中。

2. 碘跟淀粉的反应

在两支试管中，各加入少量淀粉溶液。然后向其中一支试管中滴加2～3滴碘水，向另一支试管中滴加2～3滴NaI溶液。观察现象并解释发生的原因。

3. 氯、溴、碘之间的置换反应

(1) 用镊子夹取一小块湿润的KI淀粉试纸，放到盛有新制氯水的试管口，观察试纸颜色的变化。

（2）向两支试管中分别加入少量NaI溶液，向其中一支试管中滴加2～3滴氯水，向另一支试管中滴加2～3滴溴水。然后再分别向两支试管中加入少量淀粉溶液。观察现象，解释现象发生的原因，写出有关反应的离子方程式。

（3）向两支试管中分别加入1mL NaBr溶液。向其中的一支试管中滴加2～3滴氯水，向另一支试管中滴加2～3滴碘水。观察现象，解释现象发生的原因，写出有关反应的离子方程式。

任务2：卤离子的检验

1．向盛有少量稀盐酸的试管里，滴入几滴$AgNO_3$溶液，振荡并观察现象。

2．向盛有少量NaCl溶液的试管里，滴入几滴稀硝酸，再滴入几滴$AgNO_3$溶液，振荡。观察现象。写出有关反应的离子方程式。

3．向盛有少量Na_2CO_3溶液的试管里，滴入几滴$AgNO_3$溶液，振荡。再滴入几滴稀硝酸，振荡。观察现象并解释其原因，写出有关反应的离子方程式。

（四）问题和实践

1．为什么在检验Cl^-时，要向待检测溶液中加入少量稀硝酸？

2．可以用哪些方法来鉴别NaCl、NaBr、NaI三种物质？

3．有一包白色粉末，可能含有NaCl、KI和Na_2CO_3中的一种或几种，试确定该白色粉末是什么？

项目十　从海带中提取碘

（一）实训目的

1．掌握萃取、过滤的操作及有关原理。

2．了解从海带中提取碘的过程。

3．复习氧化还原反应的知识。

（二）实训原理

把干海带燃烧后生成灰烬，海带灰中的碘元素以碘离子的形式存在。加入去离子水并煮沸，使碘离子溶于水中，过滤取滤液，调节滤液pH值为中性（海带灰里含有碳酸钾，酸化使其呈中性或弱酸性对下一步氧化析出碘有利。但硫酸加多了则易使碘化氢氧化，析出碘而造成碘损失）。蒸干滤液，将得到的白色固体与重铬酸钾混合均匀，研磨。在高筒烧杯中加热混合物，此时碘单质会升华出来，用注满冰水的圆底烧瓶盖在烧杯口处，碘就会凝华在烧瓶底部。刮下生成的碘，称量计算产率。

（三）实训用品

仪器：电子天平，天平，圆底烧瓶，高筒烧杯，烧杯（50mL、250mL），酒精灯，剪子，带盖坩埚，泥三角，坩埚钳，蒸发皿，脱脂棉，研钵，pH试纸，定量滤纸，吸滤瓶，导管，橡皮管，小刀。

试剂：干海带（50g），蒸馏水，自来水，H_2SO_4溶液，重铬酸钾（s）。

（四）实训过程

1．取50g食用干海带，用刷子把干海带表面附着物刷净，不要用水洗。将海带剪碎，用酒精润湿放入瓷坩埚中，把坩埚置于泥三角上。

2．用酒精灯灼烧盛有海带的坩埚，至海带完全烧成炭黑色灰后，停止加热，自然冷却（见图12-13）。

3．将海带灰倒在烧杯中，依次加入50mL、30mL、10mL蒸馏水熬煮，每次熬煮后，倾泻出上层清液，抽滤。将滤液和三次浸取液合并在一起，总体积不宜超过40mL。再加入15mL蒸馏水，不断搅拌，煮沸4～5min，使可溶物溶解，10min后过滤。

4．向滤液中加入H_2SO_4溶液酸化，调节pH值呈中性。把酸化后的滤液倒入蒸发皿中，蒸发至干并尽量炒干，将固体转移至研钵中，加入2g重铬酸钾固体，研细。

5．将上述混合物放入干燥的高筒烧杯中，将自来水冷却的烧瓶放在烧杯口上，在烧杯的缺口部位用脱脂棉塞紧，加热烧杯使生成的碘遇热升华。碘蒸气在烧瓶底部遇冷凝华。当无紫色碘蒸气产生时，停止加热。取下烧瓶，将烧瓶凝聚的固体碘刮到小称量瓶中，称重。计算海带中碘的百分含量。

6．取少量的产品溶于蒸馏水中，加入淀粉试剂，观察是否变蓝。其余的碘单质存放于棕色瓶中。

图12-13 灼烧海带

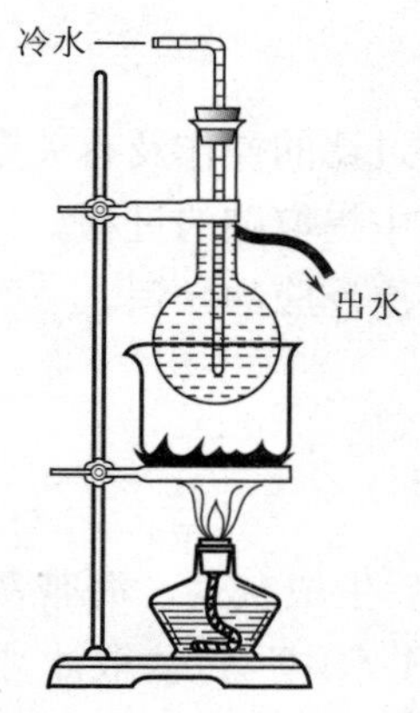

图12-14 碘升华装置

（五）问题和实践

1．用什么方法能证明碘的存在？
2．从海带中提取碘的原理是什么？

项目十一　浓硫酸的性质及硫酸根离子的检验

（一）实训目的

1．认识浓硫酸的特性。
2．学习检验硫酸根离子的方法。
3．练习吸收有害气体的实验操作，培养环境保护意识。

（二）实训用品

仪器：试管、量筒、酒精灯、玻璃棒、胶头滴管、带导管的橡胶塞、铁架台、烧杯、滤纸、纸片、镊子、去底塑料瓶（1个），废塑料桶底（1个），废塑料桶嘴（1个），40mL小烧杯（1只），10mL量筒（1个），胶头滴管（2支），气球（1个），玻璃棒。

药剂：铜片、蔗糖、$BaCl_2$溶液、Na_2SO_4溶液、Na_2CO_3溶液、NaOH溶液、浓硫酸、盐酸、品红试液、紫色石蕊试液，高锰酸钾溶液。

（三）实训过程

任务1：浓硫酸的特性

1．浓硫酸的稀释

在一支试管里注入约5mL蒸馏水，然后小心地沿试管壁倒入约 1mL浓硫酸。轻轻振荡后，用手小心触摸试管外壁，有什么感觉？稀释后的稀硫酸留待做后面的实验时用。

2．浓硫酸的脱水性

如图12-15所示。

① 在废塑料桶底中放入废塑料桶嘴，加入300mL水或300mL 1mol/L的NaOH溶液。

② 将2g蔗糖放入小烧杯中，加入几滴蒸馏水并用玻璃棒搅拌均匀；将烧杯放在废塑料桶嘴上，加入2mL浓硫酸并用玻璃棒迅速搅拌。

③ 把连有气球与品红试纸的去底塑料瓶迅速罩在小烧杯上，使小烧杯处于塑料瓶与水或氢氧化钠

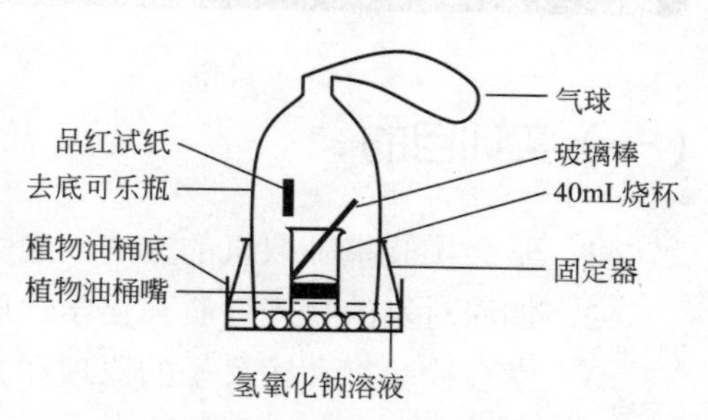

图12-15　浓硫酸的脱水性

溶液组成的密闭环境中。

④ 固定去底塑料瓶。

⑤ 等反应完全后，反复挤压气球，促进二氧化硫及二氧化碳的溶解。

⑥ 观察装置中品红试纸的颜色变化及烧杯中物质的变化。

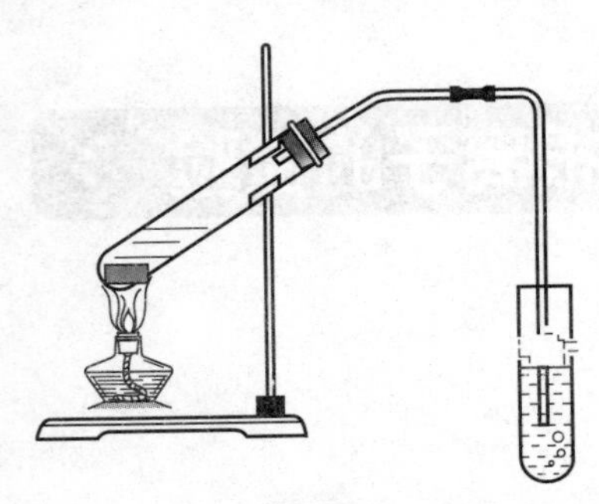

图12-16 浓硫酸的氧化性

3. 浓硫酸的氧化性

如图12-16在一支试管中加入一小块铜片，然后加入3mL浓硫酸，用装有玻璃导管的单孔胶塞塞好，加热。产生的气体分别通入紫色石蕊试液或品红溶液中。观察反应现象，后通入酸性高锰酸钾溶液中。反应完毕，冷却后，将试管中的液体慢慢倒入另一支盛有少量水的试管中，观察现象。

解释现象发生的原因，写出浓硫酸与铜反应的化学方程式。

任务2：硫酸根离子的检验

1. 在前面实验任务1中经稀释的硫酸中，滴入少量$BaCl_2$溶液，观察现象。向沉淀中加入少量盐酸，观察现象。

2. 在两支试管里分别放入少量Na_2SO_4溶液和Na_2CO_3溶液，并分别滴入少量$BaCl_2$溶液，观察现象。再分别向两支试管中滴加少量盐酸，观察现象。解释现象发生的原因，写出有关反应的化学方程式和离子方程式。

（四）问题和实践

1. 浓硫酸的特性是什么？
2. 为什么稀硫酸不与铜片反应，浓硫酸却可以与铜片反应？
3. 你认为上述浓硫酸与铜片反应的装置是环保的吗？如不是你能改进吗？
4. 为什么硫酸根离子检验过程中必须要酸化？

项目十二 氨的制取和性质及铵离子的检验

（一）实训目的

1. 学会实验室制取氨的方法，进一步巩固制取气体的基本操作。
2. 加深对氨的物理性质和化学性质的认识。
3. 学会检验氨和铵离子的原理和方法。

（二）实训用品

仪器：试管、带有直角弯玻璃导管的塞子、玻璃棒、点滴板（或玻璃片）铁架台、水槽、橡皮塞、药匙、镊子、酒精灯、纸片（或研钵）棉花、火柴。

药剂：NH_4Cl、$Ca(OH)_2$、NH_4NO_3、$(NH_4)_2SO_4$、浓NaOH溶液、稀硫酸、浓盐酸、浓硝酸、浓硫酸、红色石蕊试纸、酚酞试液。

（三）实训过程

任务1：氨的制取

实验装置如图12-17所示。

1．连接仪器，检验装置的气密性。

2．取NH_4Cl和$Ca(OH)_2$各一药匙，放在纸片上（或研钵里），用玻璃棒迅速搅拌均匀（或用研钵轻轻压碎），注意是否有气味产生？说明发生了什么反应，写出反应的化学方程式。

3．立即把上述混合物用纸筒引入试管并在试管底部展开，用带玻璃导管的塞子塞住试管口。把试管固定在铁架台上，使玻璃导管的一头向上伸入另一支倒置的干燥试管里，并在试管口处轻轻塞上一团棉花。

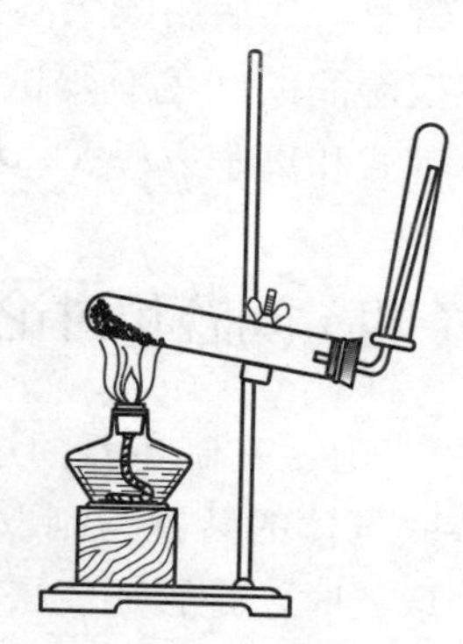

图12-17　氨的制取

4．点燃酒精灯加热，并收集气体。

5．在收集氨的试管口处，放一小块湿润的红色石蕊试纸，待红色石蕊试纸变蓝时，即说明试管中的氨已经收集满，此时停止加热。把倒置的试管轻轻取下，并用橡皮塞堵住试管口。同时在另一试管的玻璃导管口上盖一小块蘸有稀硫酸的棉花。

6．实验完毕，先拆去酒精灯，待装置冷却后拆去大试管。

任务2：氨的性质

1．观察收集氨的试管中气体的颜色。取下橡皮塞，用拇指轻轻堵住试管口，小心闻氨的气味（注意闻气体的正确方法）。

2．把上述充满氨的试管管口向下倒拿着放入水槽中（见图12-18）。将拇指稍移开试管口，有什么现象发生？为什么？

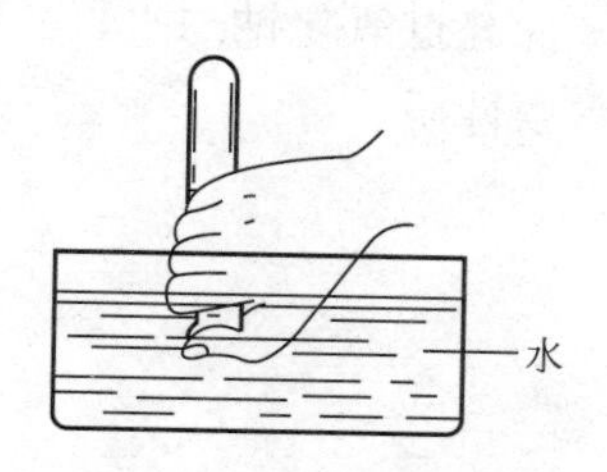

图12-18　氨在水中的溶解

3．当水进入试管后，在水面下用拇指堵住试管口，将试管从水中取出，使管口向上，并振荡试管，然后向溶液中滴入几滴酚酞试液，观察有什么现象发生？然后加入稀盐酸，观察现象并说明理由。

4．将制取氨的装置按图12-19装好。在点滴板（或玻璃片）的3个凹穴中分别滴入1滴浓盐酸、浓硝酸和浓硫酸。然后加热NH_4Cl和$Ca(OH)_2$的混合物，当有氨放出时，移动点滴板，使导管口依次对准不同的酸，观察现象并解释原因。

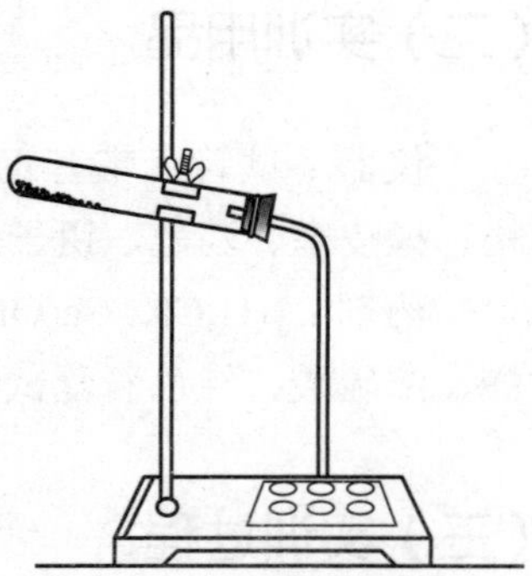

图12-19　氨与酸的反应

任务3：铵离子的检验

取少量NH_4Cl、NH_4NO_3和$(NH_4)_2SO_4$晶体，分别放在3支试管里，然后用胶头滴管分别滴入少量NaOH溶液，加热试管，再把湿润的红色石蕊试纸放在各试管口处，观察试纸的颜色有什么变化？写出反应的化学方程式和离子方程式。根据这个实验可以得出什么结论？

（四）问题和讨论

1．在制备氨的过程中，采用了固体与固体在加热条件下反应制取气体的装置。这种制取气体的装置与制取O_2、H_2、CO_2、Cl_2等气体的装置相比较，各有什么异同？思考一下制取氨时，是否还能采用其他方法？请设计制取装置？

2．实验中收集氨时，利用了氨气的什么性质？如果改为排水集气法，会有什么结果？

3．氨的水溶性好不好？哪个过程说明了这一点？

4．如何区别NaCl、NH_4NO_3和$(NH_4)_2SO_4$三种白色固体？请试一下？

5．能否用氨气作喷泉装置？试一下，请设计装置？

项目十三　碱金属单质及化合物性质的探究

（一）实训目的

1．认识金属钠和钾的物理性质，探究钠、钾与氧气、水的反应。

2．了解过氧化钠的物理性质，探究过氧化钠与水、二氧化碳的反应。

3．比较碳酸钠与碳酸氢钠的重要性质。

4．掌握焰色反应的实验操作。

（二）实训用品

仪器：玻璃片、小刀、滤纸、镊子、坩埚盖、大烧杯、酒精灯、铁架台（带铁夹）试管、火柴、铂丝(或光洁无锈铁丝）酒精灯、蓝色钴玻璃（检验钾时用）。

试剂：金属钠、金属钾、过氧化钠、水、酚酞溶液、碳酸钠、碳酸氢钠、稀盐酸、氯化钠溶液、氯化钾溶液、胆矾粉末、澄清的石灰水。

（三）实训过程

任务1：探究钠与钾的性质

1．用镊子分别取一小块钠和钾，用滤纸吸干表面的煤油，在玻璃片上用小刀切黄豆大的一小块，观察钠和钾块切面的变化。

2．在坩埚盖上分别加热金属钠和钾，观察现象。

3．向大烧杯中加适量水，滴加2～3滴酚酞溶液，分别将切好的钠和钾投入水中，观察现象。

任务2：探究过氧化钠的性质

1．将少量（约0.5g）过氧化钠加入试管中，再加入3mL水，观察，并用带火星的木条检验生成的气体。再加入10mL水，滴入2～3滴酚酞溶液，观察溶液颜色的变化。

2．将少量（约0.5g）过氧化钠加入试管中，再加入3mL稀盐酸，观察，并用带火星的木条检验生成的气体。

任务3：探究碳酸钠和碳酸氢钠的性质

1．分别取约1g碳酸钠、碳酸氢钠于试管中，慢慢滴加几滴水，振荡试管，触摸试管外底部，感知温度的变化。

2．继续加入10mL水，观察固体溶解情况，比较两种盐的溶解度大小。

3．向上述两种盐溶液中滴入2滴酚酞溶液，观察溶液颜色变化，比较两种盐水溶液的碱性强弱。

4．取等量碳酸钠和碳酸氢钠固体少许于试管中，分别加入1mL相同浓度的盐酸，观察现象。

5．分别取在一干燥的试管里放入约占试管容积1/6的碳酸钠和碳酸氢钠固体。用带有导管的塞子塞紧试管口，并将试管固定在铁架台上，使试管口略向下倾斜。导管的另一端浸入盛有澄清的石灰水的试管中，比较现象。

任务4：焰色反应

1．实验操作

（1）将铂丝用稀盐酸清洗干净，再在无色火焰上灼烧至无色。

（2）蘸取试样（固体也可以直接蘸取），在无色火焰上灼烧，观察火焰颜色，从而判断试样中所含元素的种类。

（3）将铂丝用稀盐酸清洗干净，即可继续做新的实验。

注意：若检验钾元素要透过蓝色钴玻璃观察。因为多数情况下钾离子溶液中常含有钠离子，而钠元素的焰色反应为很深的黄色，掩盖了钾元素很浅的紫色，导致无法判断。

2. 实验结果

钠元素的焰色为________，钾元素的焰色为________，铜元素的焰色为________。

（四）问题和讨论

1. 在$NaHCO_3$加热分解的实验完成时，为什么要先将导管口从试管中所盛的液体里移出，然后再熄灭酒精灯？

2. 钠和钾的化学性质谁活泼？请从原子结构上进行分析？

3. 碱金属着火时，你认为采用哪种灭火方式最好？

4. 如何区别$NaHCO_3$、Na_2CO_3、$KHCO_3$、K_2CO_3固体？

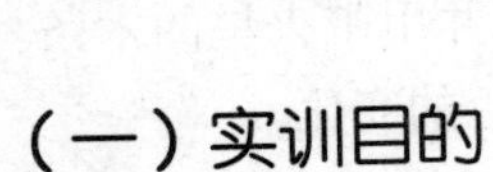

项目十四 镁、铝、铁及其化合物的性质

（一）实训目的

1. 认识镁、铝、铁的重要化学性质和氢氧化铝的两性。

2. 了解氧化铝保护膜的作用。

3. 学会铁离子的检验方法。

（二）实训用品

仪器：试管、烧杯、滴管、砂纸、玻璃片、小刀、镊子、酒精灯、火柴。

药剂：3mol/L HCl溶液、10% NaOH溶液、0.5mol/L $MgCl_2$溶液、0.1mol/L $Al_2(SO_4)_3$溶液、0.1mol/L $AlCl_3$溶液、15%$CuSO_4$溶液、浓硝酸、氨水、镁条、铝片、5% $CuSO_4$溶液、0.1mol/L KI溶液、1mol/L $FeSO_4$溶液、0.02mol/L KSCN溶液、$FeCl_3$稀溶液、0.002mol/L $KMnO_4$酸性溶液、1mol/L HCl溶液、稀硫酸、10% NaOH溶液、淀粉溶液、铁丝、铁粉、蒸馏水。

（三）实训过程

任务1：镁、铝与酸、碱的反应

1. 在两个试管中分别放入用砂纸打磨好的大小相近的镁条、铝片。然后各加入2mL盐酸，观察发生的现象。

2. 在两个试管中分别放入用砂纸打磨好的镁条、铝片，再分别加入2mL NaOH溶液，微热，观察发生的现象并解释原因。

任务2：氢氧化物的生成和性质

1. 在三个试管里各加入约1mL $MgCl_2$溶液，然后再分别滴加氨水、盐酸和NaOH溶液，观察发生的现象并加以解释。

2．在两个试管中分别加入1mL $Al_2(SO_4)_3$溶液，然后分别滴加NaOH溶液和氨水，直到产生大量的沉淀。再继续分别滴加NaOH溶液和氨水，观察现象。静置后，倒去上层清液，留待下个实验用。写出有关反应的化学方程式。

用$AlCl_3$溶液代替$Al_2(SO_4)_3$溶液重复做上面的实验，写出有关反应的化学方程式。

3．将上述实验所生成的$Al(OH)_3$沉淀分装在两个试管里，分别加入盐酸和NaOH溶液，振荡。观察发生的现象。写出有关反应的化学方程式和离子方程式。

任务3：氧化膜的保护作用

在一个50mL烧杯中放入两块铝片，再加入适量浓硝酸，使铝片浸没在酸液中，观察现象。稍待片刻，用镊子取出铝片，用水洗净铝片表面的酸液。将用浓硝酸处理过的铝片放入盛有$CuSO_4$溶液的烧杯中，浸泡片刻，观察现象。然后取出一块铝片，用小刀在其表面刻划几下（或用砂纸将表面打磨干净），再放入$CuSO_4$溶液中，观察发生的现象并加以解释。

任务4：铁及其化合物的性质

1．在两个试管里各加入少量铁粉，再分别加入少量稀硫酸和盐酸，观察现象。

2．在一个试管里加入2mL $CuSO_4$溶液，再将一段铁丝放到$CuSO_4$溶液中，过一会儿，取出铁丝，观察发生的现象并加以解释。

3．在一个试管里加入2mL NaOH溶液，再加入少量$FeCl_3$溶液，观察现象。

4．在一个试管里加入少量$KMnO_4$酸性溶液和稀硫酸。然后向试管中加入少量$FeSO_4$溶液，观察溶液的颜色变化。当溶液紫色褪去时，再滴加2滴KSCN溶液，观察现象。

5．在一个盛有3mL水的试管里加入几滴$FeCl_3$稀溶液，再滴加3滴KI溶液，观察现象。再向溶液中滴加2滴淀粉溶液，观察现象。

任务5：铁离子的检验

1．在一个试管里加入2mL水，再滴入几滴$FeCl_3$稀溶液，然后滴入几滴KSCN溶液，观察现象。

2．在一个试管里加入少量$FeCl_3$稀溶液和稀盐酸，然后加入适量铁粉，轻轻振荡片刻，再滴入几滴KSCN溶液，观察现象。

（四）问题和讨论

1．怎样使$FeCl_2$转化为$FeCl_3$？又怎样将$FeCl_3$转化为$FeCl_2$？

2．在实验制得的$Fe(OH)_3$沉淀中分别加入稀硫酸、NaOH溶液，会有什么现象发生？这与$Al(OH)_3$跟稀硫酸、NaOH溶液的反应有什么不同？

3．根据实验结果，说明铝与稀盐酸的反应和铝与浓硝酸的反应有什么不同，为什么？

4．根据实验结果，说明在用$Al_2(SO_4)_3$溶液制备$Al(OH)_3$时，为什么常用氨水而不用NaOH溶液？

5．实验说明往$AlCl_3$溶液里逐滴滴加NaOH溶液直至过量，与往NaOH溶液里逐滴滴加$AlCl_3$溶液直至过量，这两种过程中的现象是否相同？

6．怎样证明溶液中含有Fe^{3+}和Fe^{2+}。

项目十五　硫酸亚铁铵晶体成分的分析与检验

（一）实训目的

1．初步掌握结晶水和NH_4^+、Fe^{2+}、SO_4^{2-}等的检验方法。

2．掌握固体的加热、物质的溶解、试纸的使用等基本操作。

（二）实验原理

硫酸亚铁铵［$(NH_4)_2SO_4 \cdot FeSO_4 \cdot 6H_2O$］为浅绿色晶体，商品名为摩尔盐，是一种复盐，易溶于水，不溶于乙醇。硫酸亚铁铵的性质比一般亚铁盐稳定，不易被氧化，价格便宜，工业上可用做废水处理的混凝剂，农业上又可做农药及肥料。中学化学实验室在定性检验硫酸亚铁铵晶体中的结晶水和NH_4^+、Fe^{2+}、SO_4^{2-}等时，其实验原理一般可表示为：

$$CuSO_4\text{（白色）} + 5H_2O = CuSO_4 \cdot 5H_2O\text{（蓝色）}$$

$$2Fe^{2+} + Cl_2 = 2Fe^{3+} + 2Cl^-$$

$$Fe^{3+} + 3SCN^- = Fe(SCN)_3$$

$$NH_4^+ + OH^- \overset{\triangle}{=} NH_3\uparrow + H_2O$$

$$Ba^{2+} + SO_4^{2-} = BaSO_4\downarrow$$

（三）实训用品

仪器：试管、试管夹、酒精灯、药匙、滴管、铁架台（带铁夹）干燥管、玻璃棒、镊子、单孔塞、导管若干。

试剂：硫酸亚铁铵晶体、无水$CuSO_4$粉末、蒸馏水、$BaCl_2$溶液、稀HCl溶液、红色石蕊试纸、10%的NaOH溶液、KSCN溶液、新制氯水。

其他材料：脱脂棉、火柴（或打火机）。

（四）实训过程

1．检验结晶水

取一支试管，用药匙加入2g硫酸亚铁铵晶体，并在试管口塞上蘸有少量无水$CuSO_4$粉末的脱脂棉。按图12-20连接好装置后，点燃酒精灯加热试管。

2. SO_4^{2-}、Fe^{2+}、NH_4^+的检验

取一支试管，用药匙加入1g硫酸亚铁铵晶体，然后加入6mL蒸馏水，充分振荡，至固体恰好溶解。再取两支试管，将所配得的硫酸亚铁铵溶液分为三份，分别完成下列实验。

（1）检验SO_4^{2-}　取一支盛有硫酸亚铁铵溶液的试管，然后滴加几滴$BaCl_2$溶液和稀HCl溶液，观察现象。

（2）检验Fe^{2+}　取一支盛有硫酸亚铁铵溶液的试管，滴加KSCN溶液，观察现象。继续滴加几滴新制氯水，再观察现象。

（3）检验NH_4^+　取一支盛有硫酸亚铁铵溶液的试管，加入2mL 10%的NaOH溶液，加热试管，将湿润的红色石蕊试纸靠近试管口，观察现象。

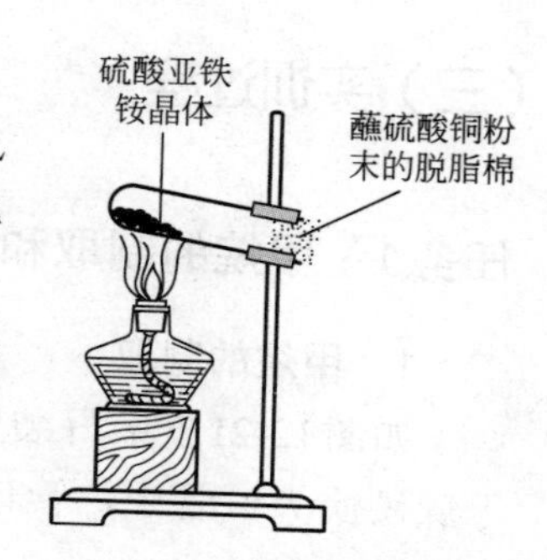

图12-20　硫酸亚铁铵结晶水的检验

（五）问题和讨论

1．现有$(NH_4)_2CO_3$、$(NH_4)_2SO_4$、Na_2CO_3、Na_2SO_4四种白色粉末，请设计实验加以鉴别。
2．检验Fe^{2+}的实验中，能否先滴加新制氯水，然后滴加KSCN溶液？试说明原因。
3．除了上述方法外，你认为还有哪些方法可用来检验硫酸亚铁铵溶液中的Fe^{2+}？
4．通过上面的实验结论，能否得出硫酸亚铁铵晶体的化学式为$(NH_4)_2SO_4 \cdot FeSO_4 \cdot 6H_2O$？

项目十六　甲烷、乙烯、乙炔的制备及性质

（一）实训目的

1．学习甲烷、乙烯、乙炔的实验室制法和原理。
2．能验证并掌握甲烷、乙烯、乙炔的主要性质，掌握它们的鉴别方法。

（二）实训用品

仪器：蒸发皿、石棉网、玻璃棒、研钵及杵、试剂瓶、试管、单孔塞、试管、导管、集气瓶、玻璃片、水槽、烧杯、橡皮塞、尖嘴导管、药匙、弹簧夹、烧瓶（50mL、100mL）碎瓷片、铁架台、酒精灯、石棉网、温度计、三角漏斗。

药剂：无水醋酸钠、碱石灰、澄清石灰水、高锰酸钾溶液（0.5%）硫酸（1 ∶ 4）饱和NaCl溶液、紫色石蕊试液、碳化钙、Br_2/CCl_4、$KMnO_4$酸性溶液、火柴、95%酒精、浓硫酸98%、Br_2/CCl_4、$KMnO_4$酸性溶液。

（三）实训过程

任务1：甲烷的制取和性质

1. 甲烷的制取

如图12-21安装好装置，取4g无水乙酸钠和8g碱石灰，放在研钵中研细混合后，移至干燥硬质大试管中，管口配带有导气管的塞子，装配好仪器后，试管口应稍微向下倾斜，防止副产品丙酮的冷凝液倒回试管底，引起试管爆裂。

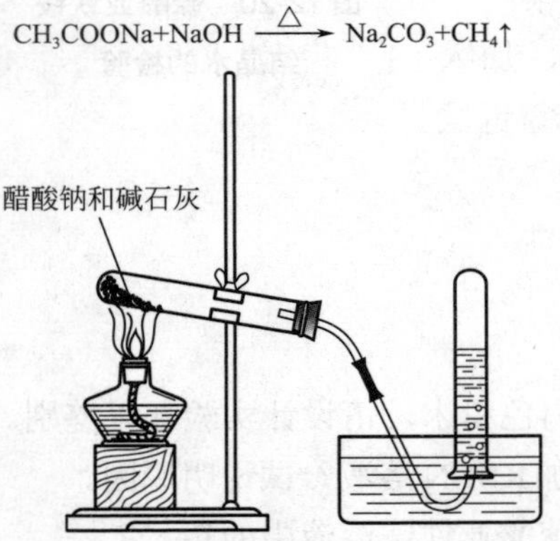

$$CH_3COONa+NaOH \xrightarrow{\triangle} Na_2CO_3+CH_4\uparrow$$

醋酸钠和碱石灰

图12-21 甲烷的制取和收集

准备好性质实验所用的试剂后，开始用小火微热试管全部，然后用较大火焰加热混合物。加热时应将火焰从试管前部逐渐向后移动，用生成的甲烷气体做下面的性质实验。

2. 甲烷的性质

（1）加成反应 在试管中滴加2mL Br_2/CCl_4，通入甲烷，观察溶液是否褪色。

（2）氧化反应 在试管中滴加1mL稀高锰酸钾溶液、1mL 6mol/L H_2SO_4溶液，通入甲烷，观察溶液是否褪色。

（3）燃烧 点燃导气管口流出的气体，观察火焰的颜色。再往火焰上方罩一个清洁干燥的小漏斗，观察漏斗内壁有何现象。将漏斗用饱和氢氧化钡（或澄清的石灰水）润湿后再罩在火焰上，观察现象，并说明原因。

任务2：乙烯的制取和性质

1. 乙烯的制取

如图12-22安装好实验装置，一个50mL的蒸馏烧瓶中加入6mL 95%的乙醇，在振荡下分批加入8mL浓硫酸，并放入几片碎瓷片，检查装置气密性后，先用强火加热，使反应温度迅速上升到170℃，再调节火源，使温度控制在170℃左右，用排水法收集一瓶乙烯气体。

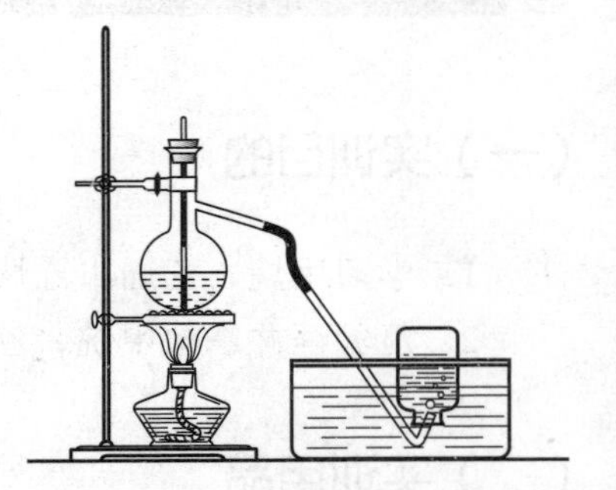

图12-22 乙烯的制取和收集

2. 乙烯的性质

（1）把乙烯通入盛有2mL Br_2/CCl_4溶液的试管中，观察有什么现象发生，写出反应的化学方程式。

（2）将乙烯通入盛有2mL $KMnO_4$酸性溶液的试管中，观察有什么现象发生。

（3）在集气瓶口点燃乙烯，观察现象。

任务3：乙炔的制取和性质

1. 乙炔的制取

如图12-23安装好实验装置，在干燥的100mL蒸馏烧瓶中，放入7g小块的电石，将烧瓶固定在铁架台上。如图装置。将15mL饱和食盐水加入漏斗中，然后缓慢滴加到烧瓶中，制取乙炔气体。

2. 乙炔的性质

（1）把乙炔通入盛有2mL Br_2/CCl_4溶液的试管中，观察有什么现象发生，写出反应的化学方程式。

（2）将乙炔通入盛有2mL $KMnO_4$酸性溶液的试管中，观察有什么现象发生。

（3）点燃导气管口流出的气体，观察火焰的颜色。

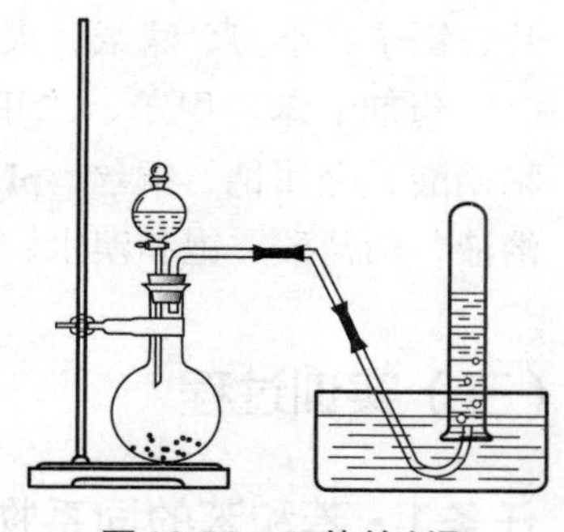

图12-23　乙炔的制取

（四）问题和讨论

1．在制取乙烯的烧瓶中，为什么要加入少量碎瓷片？怎样控制温度？在本实验中浓硫酸的作用是什么？为什么要分批加入？

2．根据实验结果，说明可采取什么方法来除去甲烷中混有的少量乙烯？

3．实验室制取的乙烯中混有刺激性气体可能是什么气体？用什么方法除去，请设计制取和收集干燥乙烯的装置。

4．在制取乙炔的实验中，为什么要用饱和NaCl溶液代替水与碳化钙起反应？

5．你认为制取甲烷的关键是什么？

6．在制取甲烷的装置中，试管口为什么要稍向下倾斜？停止加热时应如何正确操作？

7．碱石灰的成分是什么？在制取甲烷时起什么作用？

8．在实验室中，还可以设计哪些简易装置来制备乙炔？在制得的乙炔气体中混有臭味的气体是什么物质？用什么除去？请设计能得到纯净干燥乙炔气体的实验装置。

9．设计制取乙炔并通入硝酸银的氨溶液装置并解释看到的现象。

10．如何区别甲烷、乙烯、乙炔三种气体。

项目十七　芳香烃、乙醇、苯酚的性质

（一）实训目的

1．加深对苯和苯的同系物性质的认识。

2．学习硝化反应的实验操作。

3．加深对乙醇、苯酚重要性质的认识。

4．了解检验苯酚的实验方法。

（二）实训用品

仪器：试管、滴管、烧杯、温度计、铁架台、石棉网、酒精灯、药匙、试管夹、玻璃片、镊子、小刀、滤纸、火柴。

药剂：苯、甲苯、二甲苯、植物油、$KMnO_4$酸性溶液、浓硫酸、浓硝酸、无水乙醇、稀硝酸、金属钠、铜丝、pH试纸、蓝色石蕊试纸、蒸馏水、苯酚、苯酚稀溶液、10%NaOH溶液、稀盐酸、饱和溴水、$FeCl_3$稀溶液、热水、蒸馏水。

（三）实训过程

任务1：苯和苯的同系物性质探究

1．在三个试管中分别加入1mL苯、1mL甲苯、1mL二甲苯、1mL水。各滴入几滴植物油，振荡，观察现象。

2．在一个试管中加入1mL苯、甲苯、二甲苯，分别再滴加少量$KMnO_4$酸性溶液。振荡后，观察有什么现象发生。

3．在一个大试管中加入1.5mL浓硝酸和2mL浓硫酸，待混合酸冷却后，逐滴滴入1mL苯，同时振荡试管，使液体混合均匀，并不断将试管放入水中冷却。然后将盛有混合液的大试管放在60℃的水浴中加热，10min后，把试管中的物质倒入盛着大量水的烧杯中。HNO_3和H_2SO_4就溶解在水里，生成的硝基苯是一种黄色的液体，聚集在杯底。同时，可以闻到一股苦杏仁的气味。实验完毕后，把得到的硝基苯倾入教师指定的容器里。

任务2：乙醇的性质探究

1．乙醇与钠的反应

在大试管中加入5mL无水乙醇，再加入一块新切开的并立即用滤纸擦干的黄豆大的金属钠，观察实验现象。用玻璃棒蘸取2滴反应后的溶液滴在玻璃片上晾干，观察玻璃片上的残留物。向试管中滴加约10滴蒸馏水，用pH试纸检验其酸碱性。

2．乙醇氧化生成乙醛

在试管中加入2mL乙醇。把一端弯成螺旋状的铜丝放在酒精灯外焰中加热，使铜丝表面生成一薄层黑色的氧化铜，立即把它插入盛有乙醇的试管里反复操作几次，注意闻生成物的气味，并注意观察铜丝表面的变化。写出有关反应的化学方程式。

任务3：苯酚的性质探究

1．在试管里加入少量苯酚固体，再加入约2mL水，振荡，观察现象。然后加热苯酚和水的混合物，继续观察现象。再让液体冷却，然后观察有什么变化，并解释这些现象。

2．向上述溶液中注入少量NaOH溶液，振荡，观察有什么现象发生？解释这种现象，并写出反应的化学方程式。

3．在实验任务2所得的溶液中再加入少量稀盐酸，观察现象并解释其原因。写出反应的化学方程式。

4．在试管里滴入2滴苯酚稀溶液，再加入约4mL水，振荡，然后逐滴滴入饱和溴水，加到有白色浑浊现象出现为止。解释产生现象的原因，并写出反应的化学方程式。

5．在试管里滴入几滴苯酚稀溶液，再加入约3mL水，振荡，然后再逐滴滴入FeCl3稀溶液，观察现象。

（四）问题和讨论

1．在苯的硝化反应的实验里，为什么用水浴而不用酒精灯直接加热？在反应中浓硫酸起什么作用？为什么要等混合酸冷却后再逐滴滴入苯？

2．根据实验结果，说明苯与苯的同系物在性质上有哪些差别？

3．可以用什么方法检验乙醇与钠反应所产生的气体？

4．在乙醇氧化生成乙醛的实验中，加热铜丝以及将它插入乙醇的操作为什么要反复进行几次？

5．设计实验，证明苯酚是一种比碳酸还弱的酸。

6．用一种试剂签别NaOH溶液、$AgNO_3$溶液、乙醇、苯酚溶液。

项目十八　乙醛、乙酸和乙酸乙酯的性质

（一）实训目的

1．巩固乙醛、乙酸和乙酸乙酯的性质。

2．学会实验设计和性质的应用。

（二）实训用品

仪器：试管、滴管、烧杯、温度计、铁架台、石棉网、酒精灯、药匙、试管夹。

药剂：$AgNO_3$（2%）、氨水（2%）、乙醛（40%）、乙酸、碳酸钠（粉末）、NaOH（10%）、$CuSO_4$溶液（5%）、镁粉、无水乙醇、浓硫酸、饱和Na_2CO_3溶液。

（三）实训过程

任务1：乙醛的性质

1．银镜反应

在试管里先注入少量NaOH溶液，振荡，然后加热煮沸。把NaOH溶液倒去后，再用蒸馏水洗净试管备用。在上面洗净的试管中注入1mL $AgNO_3$溶液，然后逐滴滴入氨水，边滴边振荡，直到最初生成的沉淀刚好溶解为止。然后，沿试管壁滴入3滴乙醛溶液，把试管放在盛有热水（60～70℃）的烧杯里水浴加热，静置几分钟，观察试管内壁有什么现象产生。解释这种现象，并写出反应的化学方程式。

2. 乙醛被新制的$Cu(OH)_2$氧化

在试管里注入2mL NaOH溶液，再滴入$CuSO_4$溶液4～5滴，振荡。然后加入0.5mL乙醛稀溶液，给试管里的液体加热至沸腾，观察有什么现象产生。解释这个现象，并写出反应的化学方程式。

任务2：乙酸的性质

1. 乙酸的酸性

（1）向1支盛有少量Na_2CO_3粉末的试管里，加入约3mL乙酸溶液，观察有什么现象发生。

（2）向1支盛有少量镁粉的试管里，加入约3mL乙酸溶液，观察有什么现象发生。

2. 乙酸的酯化反应

（1）在一支试管中加入3mL无水乙醇，然后边摇动试管边慢慢加入2mL浓硫酸和2mL冰醋酸。在另一支试管中加入饱和Na_2CO_3溶液。按图12-24所示连接好装置。

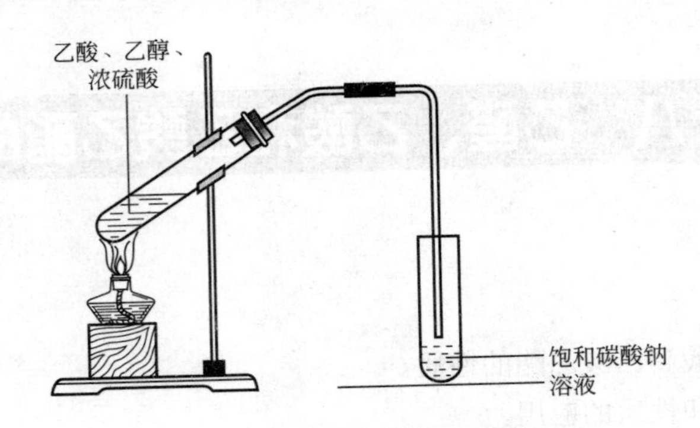

图12-24 乙酸乙酯的制取

（2）用酒精灯小心均匀地加热试管3～5min，使混合液保持微沸，产生的蒸气经导管冷凝后通到饱和Na_2CO_3溶液的液面上，注意观察液面上的变化。

（3）取下盛有Na_2CO_3溶液的试管（小心不要被烫着），并停止加热。

（4）振荡盛有Na_2CO_3溶液的试管，静置，待溶液分层后，观察上层的油状液体，并注意闻气味。

任务3：乙酸乙酯的水解

在3支试管中各滴入新制的乙酸乙酯6滴。向第一支试管里加蒸馏水5mL，向第二支试管里加稀硫酸（1 ∶ 5）0.5mL、蒸馏水5mL；向第三支试管里加30%的NaOH溶液0.5mL、蒸馏水5mL。振荡均匀后，把3支试管都放入70～80℃的水浴里加热。

结论：____。

（四）问题和讨论

1. 做银镜反应实验用的试管，为什么要用热的NaOH溶液洗涤？

2．根据实验结果，说明制取银氨溶液时，应注意什么？为什么一般用稀氨水而不用浓氨水？

3．在制取乙酸乙酯的实验中，浓硫酸和饱和Na_2CO_3溶液各起什么作用？

4．根据实验结果，说明为有利于乙酸乙酯的生成，应怎样控制反应条件？

5．乙酸乙酯的水解在什么条件下最有利？

6．在三支试管里，分别盛有乙醇、乙酸、乙醛，请用简便方法区别，写出有关方程式。

项目十九 糖类和蛋白质的性质

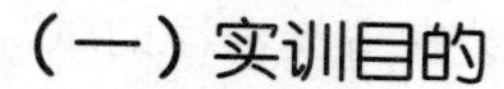

（一）实训目的

1．探究蛋白质的典型性质。

2．探究糖类化合物的典型性质

（二）实训用品

仪器：试管（ϕ15mm×150mm，ϕ25mm×200mm）烧杯（300mL）、温度计（15℃）、酒精灯、电炉。

药剂：蛋白质溶液、2%葡萄糖、2%果糖、2%麦芽糖、2%蔗糖、淀粉溶液、茚三酮试剂、苯肼试剂、碘溶液、10% NaOH溶液、5% $CuSO_4$溶液、2% $AgNO_3$溶液、3mol/L H_2SO_4溶液、0.1mol/L醋酸、饱和硫酸铵、晶体硫酸铵、5%醋酸铅溶液、2%氨水、浓氨水、浓硝酸、10% Na_2CO_3溶液、滤纸。

（三）实训过程

任务1：蛋白质的性质探究

1．蛋白质的显色反应

（1）缩二脲反应　取一支试管，加入蛋白质溶液1mL、10% NaOH溶液1mL，摇匀后加入5%$CuSO_4$溶液2～3滴，观察有何现象产生（加$CuSO_4$不要过量，否则生成的氢氧化铜会干扰对紫色的观察）。

（2）茚三酮反应　取一支试管，加入蛋白质溶液1mL、茚三酮试剂2～3滴，在沸水浴上加入10～15min，观察试管中颜色的变化。

（3）黄色反应　取蛋白质溶液1mL于试管中，加入浓硝酸5滴，观察变化，再将此试管放在水浴上加热，观察观象。再加入过量的浓氨水，黄色即变成橙色。

2. 蛋白质的变性

（1）重金属盐沉淀蛋白质　取两支试管，各加入蛋白质溶液1mL，然后分别滴加5%醋酸铅、5% $CuSO_4$溶液，观察并解释所发生的变化。

（2）加热使蛋白质沉淀　取两支试管，各加蛋白质溶液2mL，将一支试管加热，在另一支试管中加0.1mol/L醋酸1滴(不可多加)，然后加热，观察并比较结果。往试管中再加水，振摇，观察沉淀物是否溶解。

（3）盐析　往试管中加入蛋白质溶液几滴，加同体积的饱和硫酸铵溶液，混合液振摇，静置数分钟，观察析出的蛋白质沉淀。加几毫升水稀释，观察沉淀物是否重新溶解。

任务2：糖类化合物的性质

1. 糖的还原

取一支大试管，加入2% $AgNO_3$水溶液5mL，滴加1滴10%NaOH溶液，然后滴加入2%氨水，直至生成的沉淀物恰好溶解为止，将配好的硝酸银氨溶液分装在五支洁净的试管中，分别滴加5滴2%葡萄糖、2%果糖、2%麦芽糖、2%蔗糖和淀粉溶液。摇匀后放在50～60℃水浴上加热数分钟，观察并解释发生的变化。

2. 糖脎的生成

取四支试管，分别加入2mL 2%葡萄糖、2%果糖、2%麦芽糖、2%蔗糖，再各加入苯肼试剂10滴，摇匀后在沸水浴上加热（不时摇动），观察有无沉淀生成，记录成脎的时间(葡萄糖析出糖脎需要4～5min，深黄色结晶)。

若20min后未有结晶，放冷后观察。

3. 淀粉与碘反应

在试管中加入2mL水和几滴淀粉溶液，再滴加1滴碘溶液，观察现象。将此液每次稀释十倍，直到蓝色很浅，将仍显色的少量溶液加热，结果如何？放冷后，又怎样？

4. 蔗糖和淀粉的水解

在两支试管中分别加入2%蔗糖和淀粉溶液1mL，各加2滴3mol/L H_2SO_4溶液，混合均匀后，放在沸水浴中加热。蔗糖溶液加热10～15min，淀粉溶液加热20～30min，然后用10% Na_2CO_3溶液中和，直到无气泡生成为止。将所得溶液用硝酸银氨溶液检验(按照糖的还原实验方法配制硝酸银氨溶液)，观察现象，说明原因。

5. 纤维素在铜氨试剂中的溶解

取一支大试管，加入5mL 5% $CuSO_4$溶液，滴加10% NaOH溶液，直至没有沉淀物继续生成为止。用倾泻法把上层液体倒去，再把沉淀洗涤干净，然后加入浓氨水，使沉淀物恰好溶解。在生成的铜氨溶液中加一小块折皱的滤纸或脱脂棉花，用玻璃棒搅拌使之溶解，得深蓝色胶状纺丝液。

用医用注射器吸取纺丝液，然后注入盛有3mol/L H_2SO_4溶液的烧杯中，纤维素再生，聚集呈丝状析出。

（四）问题和讨论

1. 如何用化学方法鉴别葡萄糖和蔗糖？

2．用什么化学方法鉴别淀粉液和淀粉水解液？

3．用哪些简便方法来鉴别蛋白质？

项目二十　肥皂的制取

（一）实训目的

1．了解肥皂的制取过程，认识脂的重要性质——水解反应。

2．创造生产实景，激发学生学习兴趣。

（二）实训用品

仪器：烧杯、量筒、蒸发皿、玻璃棒、纱布、酒精灯、铁架台、火柴。

药剂：植物油（或动物油）乙醇、30%NaOH溶液、NaCl饱和溶液、蒸馏水。

（三）实训过程

1．在一干燥的蒸发皿中加入8mL植物油、8mL乙醇和4mL NaOH溶液。

2．在不断搅拌下，给蒸发皿中的液体微微加热，直到混合物变稠。观察现象。

3．继续加热，直到把一滴混合物加到水中时，在液体表面不再形成油滴（或者直到油脂全部消失）为止。

4．把盛有混合物的蒸发皿放在冷水浴中冷却。稍待片刻，向混合物中加入20mL热蒸馏水，再放在冷水中冷却。然后加入25mL NaCl饱和溶液，充分搅拌，观察现象。

5．用纱布滤出固态物质，弃去含有甘油的滤液。把固态物质挤干（可向其中加入1～2滴香料），并把它压制成条状，晾干，即制得肥皂。

（四）问题和讨论

1．在制备肥皂时，加入乙醇，这是利用了它的什么性质？

2．在实验过程中，加入NaOH溶液的作用是什么？

3．在实训过程第4步中，加入饱和NaCl溶液的作用是什么？

4．植物油的成分是什么？肥皂的成分是什么？

项目二十一　正溴丁烷的制备（选做）

（一）实训目的

1. 了解从醇制备溴代烷的原理和方法。
2. 掌握回流及气体吸收装置，分液漏斗的应用。
3. 培养学生分析问题、解决问题的能力。

（二）实训原理

反应历程：

$$NaBr + H_2SO_4 \longrightarrow HBr + NaHSO_4$$
$$n\text{-}C_4H_9OH + HBr \longrightarrow n\text{-}C_4H_9Br + H_2O$$

总反应式：

$$n\text{-}C_4H_9OH + NaBr + H_2SO_4 \longrightarrow n\text{-}C_4H_9Br + NaHSO_4 + H_2O$$

副反应：

$$C_4H_9OH \longrightarrow CH_3CH_2CH=CH_2 + H_2O$$
$$2n\text{-}C_4H_9OH \longrightarrow (n\text{-}C_4H_9)_2O + H_2O$$
$$2HBr + H_2SO_4 \longrightarrow Br_2 + SO_2\uparrow + 2H_2O$$

（三）实训用品

仪器：100mL圆底烧瓶、回流冷凝管、蒸馏装置、锥形瓶、分液漏斗。

药剂：浓硫酸、正丁醇、溴化钠。

（四）实训过程

（Ⅰ）投料和加热回流

1. 投料

在100mL圆底烧瓶中加入14mL水，再慢慢加入19mL浓硫酸，混合均匀并冷至室温后，再依次加入12mL正丁醇和16.5g溴化钠，充分振荡后加入几粒沸石。

2. 加热回流

在石棉网上加热至沸，调整圆底烧瓶底部与石棉网的距离，以保持沸腾而又平稳回流，并不时摇动烧瓶促使反应完成。反应约30min（注意调整距离和摇动烧瓶的操作）。

（Ⅱ）分离、洗涤粗产物和收集产物

1. 分离粗产物

待反应液冷却后，改回流装置为蒸馏装置（用直形冷凝管冷凝），蒸出粗产物（注意判

断粗产物是否蒸完)。

2. 洗涤粗产物

将馏出液移至分液漏斗中,加入10mL水洗涤(产物在下层),静置分层后,将产物转入另一干燥的分液漏斗中,用8mL浓硫酸洗涤(除去粗产物中的少量未反应的正丁醇及副产物正丁醚、1-丁烯、2-丁烯)。尽量分去硫酸层(下层)。有机相依次用等体积的水(除硫酸)饱和碳酸氢钠溶液(中和未除尽的硫酸)和水(除残留的碱)洗涤后,转入干燥的50mL锥形瓶中,加入无水氯化钙干燥,间歇摇动锥形瓶,直到液体清亮为止。

3. 收集产物

将干燥好的产物移至小蒸馏瓶中,在石棉网上加热蒸馏,收集99～103℃的馏分。

(五)相关知识点

1. 硫酸在反应中与溴化钠作用生成氢溴酸,氢溴酸与正丁醇作用发生取代反应生成正溴丁烷。硫酸用量和浓度过大,会加大副反应的进行;若硫酸用量和浓度过小,不利于主反应的发生,即氢溴酸和正溴丁烷的生成。

2. 注意圆底烧瓶底部与石棉网间的距离和防止碱液被倒吸。

3. 投料时应严格按教材上的顺序;投料后,一定要混合均匀。

(六)问题和讨论

1. 加料时,先将溴化钠与浓硫酸混合,然后加正丁醇和水,可以吗?为什么?

2. 反应后的产物可能含有哪些杂质?各步洗涤的目的何在?用浓硫酸洗涤时为何要用干燥的分液漏斗?

3. 用分液漏斗洗涤产物时,正溴丁烷时而在上层,时而在下层,你用什么简便的方法加以判断?

4. 进行溴丁烷粗产物蒸馏时,油滴蒸出时沸点约在81℃,此时正溴丁烷的蒸气压为390mmHg,水的蒸气压为370mmHg,试计算蒸馏液中正溴丁烷的含量为多少?

5. 为什么用分液漏斗洗涤产物时,经摇动后要放气?应该从哪里放气?指向什么方向?

6. 写出无水氯化钙吸水后所起化学变化的方程式?为什么蒸馏前一定要将它过滤掉?

附 录

附录一 国际单位制中七个基本物理量（SI）

量的名称	单位名称	单位符号
长度	米	m
质量	千克	kg
时间	秒	s
电流	安培	A
热力学温度	开尔文	K
发光强度	坎德拉	cd
物质的量	摩尔	mol

附录二 常见物质溶解性表

离子	OH^-	NO_3^-	Cl^-	SO_4^{2-}	S^{2-}	SO_3^{2-}	CO_3^{2-}	SiO_3^{2-}	PO_4^{3-}
H^+		溶、挥	溶、挥	溶	溶、挥	溶、挥	溶、挥	不	溶
NH_4^+	溶、挥	溶	溶	溶	溶	溶	溶	溶	溶
K^+	溶	溶	溶	溶	溶	溶	溶	溶	溶
Na^+	溶	溶	溶	溶	溶	溶	溶	溶	溶
Ba^{2+}	溶	溶	溶	不	溶	不	不	不	不
Ca^{2+}	微	溶	溶	微	微	不	不	不	不
Mg^{2+}	不	溶	溶	溶	溶	微	微	不	不
Al^{3+}	不	溶	溶	溶	—	—	—	不	不
Mn^{2+}	不	溶	溶	溶	不	不	不	不	不
Zn^{2+}	不	溶	溶	溶	不	不	不	不	不
Cr^{3+}	不	溶	溶	溶	—	—	—	不	不
Fe^{2+}	不	溶	溶	溶	不	不	不	不	不
Fe^{3+}	不	溶	溶	溶	—	—	—	不	不
Sn^{2+}	不	溶	溶	溶	不	—	—	—	不
Pb^{2+}	不	溶	微	不	不	不	不	不	不
Bi^{3+}	不	溶	—	溶	不	不	不	—	不
Cu^{2+}	不	溶	溶	溶	不	不	不	不	不
Hg^+	—	溶	不	微	不	不	不	—	不
Hg^{2+}	—	溶	溶	溶	不	不	不	—	不
Ag^+	—	溶	不	微	不	不	不	不	不

参考文献

[1] 旷英姿主编．化学基础．第2版．北京：化学工业出版社，2008.

[2] 张克荣主编．化学．北京：高等教育出版社，2001.

[3] 王秀芳主编．无机化学．第2版．北京：化学工业出版社，2011.

[4] 王秀芳主编．有机化学．第2版．北京：化学工业出版社，2006.

[5] 初玉霞主编．化学实验技术基础．第2版．北京：化学工业出版社，2012.

[6] 党信主编．无机化学．第3版．北京：化学工业出版社，2010.

[7] 王祖浩主编．化学1．第5版．南京：江苏教育出版社，2009.

[8] 王祖浩主编．化学2．第3版．南京：江苏教育出版社，2006.

[9] 王祖浩主编．化学与生活．南京：江苏教育出版社，2004.

[10] 王祖浩主编．化学与技术．第2版．南京：江苏教育出版社，2006.

[11] 王祖浩主编．有机化学基础．南京：江苏教育出版社，2004.

[12] 王祖浩主编．化学反应原理．第2版．南京：江苏教育出版社，2006.

[13] 王祖浩主编．实验化学．南京：江苏教育出版社，2006.

元素周期表

IUPAC 2013

+2 +3 +4 +5 +6	95 Am 镅▲ $5f^77s^2$ 243.06138(2)✦

- 氧化态(单质的氧化态为0，未列入；常见的为红色)
- 95 — 原子序数
- Am — 元素符号(红色的为放射性元素)
- 镅▲ — 元素名称(注▲的为人造元素)
- $5f^77s^2$ — 价层电子构型
- 以 $^{12}C=12$ 为基准的原子量(注✦的是半衰期最长同位素的原子量)

s区元素　p区元素　d区元素　ds区元素　f区元素　稀有气体

周期＼族	1 ⅠA	2 ⅡA	3 ⅢB	4 ⅣB	5 ⅤB	6 ⅥB	7 ⅦB	8 ⅧB(Ⅷ)	9 ⅧB(Ⅷ)	10 ⅧB(Ⅷ)	11 ⅠB	12 ⅡB	13 ⅢA	14 ⅣA	15 ⅤA	16 ⅥA	17 ⅦA	18 ⅧA(0)	电子层
1	−1, +1 1 H 氢 $1s^1$ 1.008																	2 He 氦 $1s^2$ 4.002602(2)	K
2	+1 3 Li 锂 $2s^1$ 6.94	+2 4 Be 铍 $2s^2$ 9.0121831(5)											+3 5 B 硼 $2s^22p^1$ 10.81	−4, +2, +4 6 C 碳 $2s^22p^2$ 12.011	−3, −2, −1, +1, +2, +3, +4, +5 7 N 氮 $2s^22p^3$ 14.007	−2, −1 8 O 氧 $2s^22p^4$ 15.999	−1 9 F 氟 $2s^22p^5$ 18.998403163(6)	10 Ne 氖 $2s^22p^6$ 20.1797(6)	L K
3	−1, +1 11 Na 钠 $3s^1$ 22.98976928(2)	+2 12 Mg 镁 $3s^2$ 24.305											+3 13 Al 铝 $3s^23p^1$ 26.9815385(7)	−4, +2, +4 14 Si 硅 $3s^23p^2$ 28.085	−3, −2, +1, +3, +5 15 P 磷 $3s^23p^3$ 30.973761998(5)	−2, +2, +4, +6 16 S 硫 $3s^23p^4$ 32.06	−1, +1, +3, +5, +7 17 Cl 氯 $3s^23p^5$ 35.45	18 Ar 氩 $3s^23p^6$ 39.948(1)	M L K
4	−1, +1 19 K 钾 $4s^1$ 39.0983(1)	+2 20 Ca 钙 $4s^2$ 40.078(4)	+3 21 Sc 钪 $3d^14s^2$ 44.955908(5)	−1, 0, +2, +3, +4 22 Ti 钛 $3d^24s^2$ 47.867(1)	0, ±1, +2, +3, +4, +5 23 V 钒 $3d^34s^2$ 50.9415(1)	−3, 0, ±1, ±2, +3, +4, +5, +6 24 Cr 铬 $3d^54s^1$ 51.9961(6)	−2, 0, ±1, +2, +3, +4, +5, +6, +7 25 Mn 锰 $3d^54s^2$ 54.938044(3)	−2, 0, ±1, +2, +3, +4, +5, +6 26 Fe 铁 $3d^64s^2$ 55.845(2)	0, ±1, +2, +3, +4, +5 27 Co 钴 $3d^74s^2$ 58.933194(4)	0, ±1, +2, +3, +4 28 Ni 镍 $3d^84s^2$ 58.6934(4)	+1, +2, +3, +4 29 Cu 铜 $3d^{10}4s^1$ 63.546(3)	+1, +2 30 Zn 锌 $3d^{10}4s^2$ 65.38(2)	+1, +3 31 Ga 镓 $4s^24p^1$ 69.723(1)	+2, +4 32 Ge 锗 $4s^24p^2$ 72.630(8)	−3, +3, +5 33 As 砷 $4s^24p^3$ 74.921595(6)	−2, +2, +4, +6 34 Se 硒 $4s^24p^4$ 78.971(8)	−1, +1, +3, +5, +7 35 Br 溴 $4s^24p^5$ 79.904	+2, +4 36 Kr 氪 $4s^24p^6$ 83.798(2)	N M L K
5	−1, +1 37 Rb 铷 $5s^1$ 85.4678(3)	+2 38 Sr 锶 $5s^2$ 87.62(1)	+3 39 Y 钇 $4d^15s^2$ 88.90584(2)	+1, +2, +3, +4 40 Zr 锆 $4d^25s^2$ 91.224(2)	0, ±1, +2, +3, +4, +5 41 Nb 铌 $4d^45s^1$ 92.90637(2)	0, ±1, ±2, +3, +4, +5, +6 42 Mo 钼 $4d^55s^1$ 95.95(1)	0, ±1, +2, +3, +4, +5, +6, +7 43 Tc 锝▲ $4d^55s^2$ 97.90721(3)✦	0, ±1, ±2, +3, +4, +5, +6, +7, +8 44 Ru 钌 $4d^75s^1$ 101.07(2)	0, ±1, +2, +3, +4, +5, +6 45 Rh 铑 $4d^85s^1$ 102.90550(2)	0, +1, +2, +3, +4 46 Pd 钯 $4d^{10}$ 106.42(1)	+1, +2, +3 47 Ag 银 $4d^{10}5s^1$ 107.8682(2)	+1, +2 48 Cd 镉 $4d^{10}5s^2$ 112.414(4)	+1, +3 49 In 铟 $5s^25p^1$ 114.818(1)	+2, +4 50 Sn 锡 $5s^25p^2$ 118.710(7)	−3, +3, +5 51 Sb 锑 $5s^25p^3$ 121.760(1)	−2, +2, +4, +6 52 Te 碲 $5s^25p^4$ 127.60(3)	−1, +1, +3, +5, +7 53 I 碘 $5s^25p^5$ 126.90447(3)	+2, +4, +6, +8 54 Xe 氙 $5s^25p^6$ 131.293(6)	O N M L K
6	−1, +1 55 Cs 铯 $6s^1$ 132.90545196(6)	+2 56 Ba 钡 $6s^2$ 137.327(7)	57~71 La~Lu 镧系	+1, +2, +3, +4 72 Hf 铪 $5d^26s^2$ 178.49(2)	0, ±1, +2, +3, +4, +5 73 Ta 钽 $5d^36s^2$ 180.94788(2)	0, ±1, ±2, +3, +4, +5, +6 74 W 钨 $5d^46s^2$ 183.84(1)	0, ±1, +2, +3, +4, +5, +6, +7 75 Re 铼 $5d^56s^2$ 186.207(1)	0, +1, +2, +3, +4, +5, +6, +7, +8 76 Os 锇 $5d^66s^2$ 190.23(3)	0, ±1, +2, +3, +4, +5, +6 77 Ir 铱 $5d^76s^2$ 192.217(3)	0, +2, +3, +4, +5, +6 78 Pt 铂 $5d^96s^1$ 195.084(9)	+1, +2, +3, +5 79 Au 金 $5d^{10}6s^1$ 196.966569(5)	+1, +2, +3 80 Hg 汞 $5d^{10}6s^2$ 200.592(3)	+1, +3 81 Tl 铊 $6s^26p^1$ 204.38	+2, +4 82 Pb 铅 $6s^26p^2$ 207.2(1)	−3, +3, +5 83 Bi 铋 $6s^26p^3$ 208.98040(1)	−2, +2, +4, +6 84 Po 钋 $6s^26p^4$ 208.98243(2)✦	±1, +5, +7 85 At 砹 $6s^26p^5$ 209.98715(5)✦	+2 86 Rn 氡 $6s^26p^6$ 222.01758(2)✦	P O N M L K
7	+1 87 Fr 钫▲ $7s^1$ 223.01974(2)✦	+2 88 Ra 镭 $7s^2$ 226.02541(2)✦	89~103 Ac~Lr 锕系	104 Rf 𬬻▲ $6d^27s^2$ 267.122(4)✦	105 Db 𬭊▲ $6d^37s^2$ 270.131(4)✦	106 Sg 𬭳▲ $6d^47s^2$ 269.129(3)✦	107 Bh 𬭛▲ $6d^57s^2$ 270.133(2)✦	108 Hs 𬭶▲ $6d^67s^2$ 270.134(2)✦	109 Mt 鿏▲ $6d^77s^2$ 278.156(5)✦	110 Ds 𫟼▲ 281.165(4)✦	111 Rg 𬬭▲ 281.166(6)✦	112 Cn 鿔▲ 285.177(4)✦	113 Nh 鿭▲ 286.182(5)✦	114 Fl 𫓧▲ 289.190(4)✦	115 Mc 镆▲ 289.194(6)✦	116 Lv 𫟷▲ 293.204(4)✦	117 Ts 鿬▲ 293.208(6)✦	118 Og 鿫▲ 294.214(5)✦	Q P O N M L K

	57	58	59	60	61	62	63	64	65	66	67	68	69	70	71
★ 镧系	+3 La★ 镧 $5d^16s^2$ 138.90547(7)	+2, +3, +4 Ce 铈 $4f^15d^16s^2$ 140.116(1)	+3, +4 Pr 镨 $4f^36s^2$ 140.90766(2)	+2, +3, +4 Nd 钕 $4f^46s^2$ 144.242(3)	+3 Pm 钷▲ $4f^56s^2$ 144.91276(2)✦	+2, +3 Sm 钐 $4f^66s^2$ 150.36(2)	+2, +3 Eu 铕 $4f^76s^2$ 151.964(1)	+3 Gd 钆 $4f^75d^16s^2$ 157.25(3)	+3, +4 Tb 铽 $4f^96s^2$ 158.92535(2)	+3, +4 Dy 镝 $4f^{10}6s^2$ 162.500(1)	+3 Ho 钬 $4f^{11}6s^2$ 164.93033(2)	+3 Er 铒 $4f^{12}6s^2$ 167.259(3)	+2, +3 Tm 铥 $4f^{13}6s^2$ 168.93422(2)	+2, +3 Yb 镱 $4f^{14}6s^2$ 173.045(10)	+3 Lu 镥 $4f^{14}5d^16s^2$ 174.9668(1)

	89	90	91	92	93	94	95	96	97	98	99	100	101	102	103
★ 锕系	+3 Ac★ 锕 $6d^17s^2$ 227.02775(2)✦	+3, +4 Th 钍 $6d^27s^2$ 232.0377(4)	+3, +4, +5 Pa 镤 $5f^26d^17s^2$ 231.03588(2)	+2, +3, +4, +5, +6 U 铀 $5f^36d^17s^2$ 238.02891(3)	+3, +4, +5, +6, +7 Np 镎 $5f^46d^17s^2$ 237.04817(2)✦	+3, +4, +5, +6, +7 Pu 钚 $5f^67s^2$ 244.06421(4)✦	+2, +3, +4, +5, +6 Am 镅▲ $5f^77s^2$ 243.06138(2)✦	+3, +4 Cm 锔▲ $5f^76d^17s^2$ 247.07035(3)✦	+3, +4 Bk 锫▲ $5f^97s^2$ 247.07031(4)✦	+2, +3, +4 Cf 锎▲ $5f^{10}7s^2$ 251.07959(3)✦	+2, +3 Es 锿▲ $5f^{11}7s^2$ 252.0830(3)✦	+2, +3 Fm 镄▲ $5f^{12}7s^2$ 257.09511(5)✦	+2, +3 Md 钔▲ $5f^{13}7s^2$ 258.09843(3)✦	+2, +3 No 锘▲ $5f^{14}7s^2$ 259.1010(7)✦	+3 Lr 铹▲ $5f^{14}6d^17s^2$ 262.110(2)✦